IT 项目管理丛书

IT 项目采购与合同管理

刘仲刚　薛　松　解春艳　编著

清华大学出版社

北京交通大学出版社

·北京·

内 容 简 介

本书针对 IT 项目特征及其管理的特殊性，借鉴工程项目管理、企业管理等领域的理论与方法，以及取得的成功经验，对 IT 项目采购与合同管理进行了较为系统的研究，初步建立了 IT 项目采购与合同管理的理论和方法框架体系。

本书可作为高等院校相关专业研究生、本科生的教材及学习参考书，也适合政府机构或行业相关人员学习提升 IT、软件或信息化知识管理水平。

图书在版编目（CIP）数据

IT 项目采购与合同管理/刘仲刚，薛松，解春艳编著. —北京：北京交通大学出版社：清华大学出版社，2017.11（2023.7 重印）

（IT 项目管理丛书）

ISBN 978 – 7 – 5121 – 3424 – 9

Ⅰ.① I…　Ⅱ.① 刘… ② 薛… ③ 解…　Ⅲ.① IT 产业 – 项目管理 – 采购管理 ② IT 产业 – 项目管理 – 经济合同 – 管理　Ⅳ.① F490.2

中国版本图书馆 CIP 数据核字（2017）第 278201 号

IT 项目采购与合同管理
IT XIANGMU CAIGOU YU HETONG GUANLI

策划编辑：吴嫦娥　　责任编辑：刘　蕊
出版发行：清 华 大 学 出 版 社　　邮编：100084　　电话：010 – 62776969
　　　　　北京交通大学出版社　　邮编：100044　　电话：010 – 51686414
印 刷 者：北京虎彩文化传播有限公司
经　　销：全国新华书店
开　　本：185 mm × 260 mm　　印张：13　　字数：325 千字
版　　次：2017 年 11 月第 1 版　　2023 年 7 月第 3 次印刷
书　　号：ISBN 978 – 7 – 5121 – 3424 – 9/F · 1750
定　　价：39.00 元

本书如有质量问题，请向北京交通大学出版社质监组反映。对您的意见和批评，我们表示欢迎和感谢。
投诉电话：010 – 51686043，51686008；传真：010 – 62225406；E-mail：press@bjtu.edu.cn。

序言（一）

信息化是继人类社会农业革命、城镇化、工业化、市场化和国际化后又一个新的发展时期的重要标志，这充分表明国家对信息化工作的高度重视。目前，我国信息产业已经成为国民经济的基础性、支柱性、先导性和战略性产业。在"以信息化带动工业化"的国家发展战略推动下，我国信息化建设的浪潮持续高涨。

人类从农业社会向工业社会的变迁经历了几个世纪，从工业社会向信息社会的过渡经历了几十年，而实现互联网的全球化只用了近十年的时间。在从农业社会向工业社会变迁的漫长时期内，人们可以逐渐地接受生产方式与生活方式的改变，而互联网全球化的发展速度之快、变化之大，使人们在短时间内难以建立和适应新的管理理念与价值观。目前，我国信息技术（information technology，IT）领域正处于高速发展阶段，呈现3个方面的发展趋势：①计算机科学技术向高速化、网络化和开放化的方向发展；②互联网将全球各地的个人和组织有机地联系在一起，已基本形成一个虚拟的网上世界；③通信与网络技术向高速、大容量、远距离和宽带化方向发展。信息技术已经从根本上改变了人类社会的经济、生态、文化，以及生产方式、工作方式、生活方式等。

随着业主需求多样化和个性化、新技术的不断引入、产品生命周期的缩短、市场竞争的加剧，以及组织外部环境的多变，信息技术领域的投资建设活动呈现出明显的项目化趋势，这客观上要求信息技术建设活动按照项目的形式加以组织实施，将项目引入信息化建设中，由此产生了IT项目及IT项目管理。信息化建设的成功经验表明，IT项目管理以面向业主为核心，在限定的资源条件下，能够最大限度地调动和利用内外部资源，有效地实现IT项目进度、费用、质量和安全等控制性目标，提高IT项目成功率，实现IT项目的功能性目标，获得最大的经济效益、社会效益和生态效益。

本套丛书的作者紧密结合信息技术行业和IT项目的特点，根据项目管理的一般理论与方法，吸取国内外其他行业项目管理的成功经验，借鉴IT项目管理现有成果，对IT项目管理进行了较为系统、全面的研究，形成了具有一定理论与实践价值的系列丛书。本套丛书具有以下特点。

（1）完善了IT项目管理的范围。将IT项目管理的研究从微观层次扩展到中观层次和宏观层次，适应了微观经济、中观经济、宏观经济管理的需要。IT项目管理的范围除了包括整体管理、范围管理、质量管理、时间管理、费用管理、风险管理、采购管理、人力资源管理、沟通管理等知识领域外，还关注IT项目管理中观和宏观层面的问题，包括IT项目投融资管理、IT项目管理体制、IT项目管理模式、IT项目运行机制等。

（2）突出了IT项目管理的关键内容。除了论述IT项目管理知识领域的一般性内容外，还突出了IT项目管理体制、IT项目管理模式、IT项目投融资管理、IT项目估价与定价、IT

项目咨询管理、IT 项目评价与审计、IT 项目采购与合同管理、IT 项目目标控制等。

（3）兼顾了 IT 项目管理理论和实践两个方面。从理论角度，系统地研究了 IT 项目管理理论与方法，初步形成了 IT 项目管理的理论与方法体系。从实践角度，对当前 IT 项目管理应用问题进行了研究和总结，形成了 IT 项目管理应用指南。

陆佑楣

2017 年 6 月

序言（二）

信息技术是当今世界发展速度最快、应用范围最广、渗透性最强的关键技术之一，它对于推动经济增长、提高经济运行效率、扩大知识传播、丰富物质文化生活、支持各行业的创新活动发挥着十分重要的作用。信息技术是实施国家信息化战略、走新型工业化道路、转变经济增长方式、加快经济结构调整、建设创新型国家和构建和谐社会的关键要素。

随着我国经济体制改革的不断深入，加入世界贸易组织，与世界经济逐渐接轨，信息技术建设活动呈现出项目化趋势等，IT项目管理在IT项目建设活动中发挥着日益重要的作用，受到了人们的普遍重视。随着信息技术的飞速发展，信息技术行业已成为项目管理应用最为广泛的领域之一。IT项目管理是一门新兴的管理学科，正在逐步形成独立的管理学科体系，成为项目管理的重要分支之一。同时，信息技术建设活动不但需要优秀的技术人才，而且迫切需要杰出的IT项目管理人才。

IT项目管理引起广泛重视源于20世纪70年代中期，当时IT项目成功率非常低。Kathy Schwalbe指出，IT项目有两个80%/20%的统计：一个是有80%的IT项目失败，只有20%的IT项目成功；另一个是在失败的IT项目中，有80%是由非技术因素导致的，只有20%是由技术因素导致的。国际著名的信息化研究机构Standish Group对IT项目的统计结果表明，IT项目的成功率不高。根据IT项目的实施结果，IT项目可以分成三类。第一类IT项目：该类IT项目取得完全成功（IT项目完全达到其预定的功能性目标和控制性目标）的比例不足20%。第二类IT项目：该类IT项目取得部分成功（IT项目只实现了部分功能性目标和控制性目标）的比例不足50%。第三类IT项目：该类IT项目彻底失败的比例为30%左右。在各类IT项目中，软件开发类IT项目的成功率最低。目前，IT项目实施状况仍不容乐观，根据美国最近公布的调查结果，在北美，IT项目完全失败的比例仍居高不下，而国内IT项目的失败率则更高。

理论研究成果和实践表明，项目管理为IT项目的实施提供了一种有效的手段，能有助于提高IT项目的成功率，取得良好的效果。据美国有关部门对2001年以来实施的IT项目的研究结果表明，项目管理的应用使IT项目成功率有了较大幅度的提高。随着我国信息化建设投入的不断增加，IT项目管理对于提高IT项目成功率、实现IT项目功能性目标、增加IT项目效益、发挥IT项目功能、提高IT项目资金使用效率等，将起到越来越重要的作用。目前，IT项目管理的作用与日俱增，人们对其重要性也逐步认同。IT项目管理将由起步阶段进入一个快速发展的时期，有关IT项目管理的研究也必将进入一个百家争鸣的时期。

本套丛书的作者紧密结合IT项目的特点，充分考虑目前IT项目管理理论与实践方面的不足，通过对IT项目管理理论与实践进行系统深入的探讨，以及对IT项目宏观管理、中观管理、微观管理层面问题的潜心研究，建立了较为完善、系统的IT项目管理理论与方法体系，形成了这套包括《IT 项目管理理论与方法》《IT 项目投融资管理》《IT 项目估价与定价》《IT 项目管理咨询》《IT 项目采购与合同管理》《IT 项目目标控制》《IT 项目评价与审计》《IT 项目管理应用手册》等分册的系列著作。相信本套丛书能为 IT 项目管理的理论与实践应用提供依据，为进一步开展相关研究和制定相关文件提供重要参考。

秦丽生

2017 年 6 月

前　言

IT项目采购与合同管理是社会化大生产的产物，随着信息技术的飞速发展，IT项目投资规模不断扩大，专业分工日益细化，IT项目采购与合同管理在现代社会中发挥着重要作用。近年来，随着国家信息化战略的逐步实施及市场在资源配置中起决定性作用，为IT项目采购与合同管理提供了大量实践机会，同时，也对IT项目采购与合同管理提出了更高的要求。相比传统项目，IT项目在其应用领域、管理模式、复杂程度等方面都存在较大差异，因此，需要采取系统科学的理论去研究IT项目采购与合同管理的相关理论与方法。为此，本书针对IT项目特征及其管理的特殊性，借鉴工程项目管理、企业管理等领域的理论与方法，以及取得的成功经验，对IT项目采购与合同管理进行了较为系统的研究，初步建立了IT项目采购与合同管理的理论和方法框架体系。

目前，在系统集成、软件开发、通信工程、网站建设中，IT项目目标控制的一些称谓还不统一，包括客户、用户、委托人、集成商、开发商、承包人、投标商等不同的称谓，为了避免混淆，本书采用以下称谓：业主、设计人、承包人、监理人、咨询方、供货人、总承包人、分包人等。在涉及IT项目采购时，采用招标人、投标人、中标人、招标代理机构等，IT项目分为订单IT项目（在合同环境下生产的IT项目）、非订单IT项目（在非合同环境下生产的IT项目）。

本书适合于政府机构、行业主管部门中负责信息化建设和IT项目规划的有关管理人员、实施人员、监理人员、咨询人员、采购及招投标人员、合同管理人员；IT企业负责项目（系统集成项目、软件开发项目、网站建设项目、通信工程项目等）的高层管理者、项目总监、信息总监、技术总监、项目经理、技术经理、产品经理、部门经理和项目组骨干等人员；科研机构和高等院校的科研人员、教师及学生；IT项目服务业、金融投资、通信、商业智能、交通智能、教育、文化等行业IT部门的IT项目管理人员；有志学习IT、软件或信息化知识和提升管理水平，拓展职业生涯和优势的相关人员。同时，本书也可作为高等院校相关专业研究生、本科生的教材及学习参考书。

全书共11章，分别为：第1章IT项目采购管理概述、第2章IT项目采购管理过程、第3章IT项目采购招投标、第4章IT项目采购成本管理、第5章IT项目合同管理概述、第6章合同法的基本知识、第7章IT项目合同前期准备、第8章IT项目合同支付、第9章IT项目合同变更与索赔、第10章IT项目合同争议解决、第11章IT项目合同条款及合同条件。

刘仲刚、赵颖萍负责撰写第1章、第2章与第5章，薛松、杨圣涛负责撰写第3章与第4章，刘仲刚、朱军、王西帅负责撰写第6章，解春艳、梁玉勤负责撰写第7章、第8章与第9章，刘仲刚、王沙沙负责撰写第10章与第11章，李晶、龚寻负责撰写各章案例。全书由刘仲刚、薛松和解春艳统稿，丰景春教授对书稿提出了宝贵的修改意见。

IT 项目合同管理是 IT 项目管理的组成部分，相关理论研究和应用实践起步较晚，缺乏相关的法规和规范性文件，加上作者水平所限，书中难免有疏忽、不完善之处，敬请各位读者、专家、同行批评指正，对此表示不胜感激。同时，对书中和书后所列参考文献资料的作者一并表示衷心的感谢。

作者

2017 年 6 月

目 录

上篇　IT 项目采购管理

下篇 IT 项目合同管理

上 篇

IT项目采购管理

第1章
IT 项目采购管理概述

1.1.1　IT 项目采购管理内涵

1. IT 项目采购内涵

采购是指从外界获得货物或服务的完整的采办过程，政府及工程领域通常使用该术语。有些行业则使用其他同义术语来描述这一行为，许多私营企业使用"购买"这个词，而 IT 行业则使用"外包/外购"这一术语。IT 项目采购是指对咨询服务、软件开发、网站建设、系统集成、通信工程等五类项目进行采购，以不同的方式通过努力从系统外部获得货物或服务的整个采办过程。

2. IT 项目采购管理内涵

项目采购管理是"从项目团队外部购买或获得为完成工作所需的产品、服务或成果的过程"，项目采购管理几乎贯穿于项目全生命周期，是项目管理中的重要环节。受组织内部资源的限制及 IT 项目建设的需要，组织为实现 IT 项目目标而需要从组织外部获取货物、服务，并进行与 IT 项目采购相关的一系列管理工作，即 IT 项目采购管理。IT 项目采购管理是从买方—卖方关系中买方（即业主方）的角度进行讨论，在 IT 项目的各个层次上，都存在买方—卖方关系。IT 项目采购管理对 IT 项目整体管理、减少投资和成本、提升资金使用效率、确保质量与进度都起着至关重要的作用。

1.1.2　IT 项目采购管理目的

（1）提供企业所需物料及服务。这是 IT 项目采购管理的最根本目的，采购部门最初就是为此目的而设立的。采购部门的首要任务便是保证不间断物料和服务的供给，用以支持整个组织的正常运转。如果原材料等缺货，会造成一定的固定成本支出，致使运营成本增大，导致企业面临巨大的损失。

（2）力求最低成本。一般典型企业中，采购部门活动消耗资金最大。采购活动经济杠杆效用非常显著。当确保质量并满足服务方面的需求时，采购部门要努力争取采购物料及服务的价格最低。

（3）将存货及损失降至最低限度。保持大量库存是保证货物供应不间断的一个方法。但保持库存会占用资金，这就使得资金无法再用于其他方面。企业应当保持能够保证其正常运作的合理库存以节省存货费用，而不是一味地提高库存。

（4）保持并提高自己的产品或服务质量。产品的生产及服务的提供，都需要确保投入的物料达到其质量要求，否则将造成最终产品及服务不满足预期要求，或生产成本大大增加。而且，为纠正低质量物料而投入生产的内部成本很可能是巨额的。

1.2　IT 项目采购管理现状

1.2.1　国外 IT 项目采购管理的研究现状

随着经济全球化加速，以电子商务为基础的供应链管理越发重要。项目管理理论的研究在国外较为成熟，许多国外的学者基于项目管理采购，研究企业 IT 项目采购管理。

国外对于 IT 项目采购管理的研究大致分为以下几个方面。

（1）理论建立。采购管理包含于美国项目管理协会归纳的九大领域当中。《项目管理知识体系指南》中将项目采购管理定义为由项目团队外部购买或获得完成工作所需的产品、服务及成果的过程，以及由管理项目团队授权人员签发的合同或采购订单所需的合同管理和变更控制的过程。对于 IT 项目而言，从 IT 项目采购规划开始，经历发包规划、询价、选择卖方等过程，最后以合同管理收尾。

（2）IT 项目采购管理对于企业的意义。对于企业而言项目采购管理意义重大，特别是 IT 项目采购管理需要达到各部门信息共享、利益分摊及协作共赢的目标。IT 项目采购成本相对较高，需要企业规划采购流程，做好每一阶段的计划及核算，尽量减少 IT 项目采购成本，最终提高企业经济效益。

（3）对 IT 项目采购管理的绩效的评价。这主要分为定性及定量两种评价方法。定性评价是管理者依据现实情况制定客观和公正的评价标准，而定量评价是利用企业财务报表的各相关指标进行评价。定量评价主要进行运作性和战略性两方面的考察，其中运作性标准，以避免故障为特征；战略性标准，以利用机会为特征。

（4）IT 项目采购管理发展的趋势及其与供应链的结合。随着市场经济不断发展及成熟，IT 项目采购也面向全球化发展。IT 项目采购今后的发展方向有：供应链化，IT 项目采购将成为供应链中一个环节的物流活动，而不再是只属于企业自身的买入活动；全球化，地域及国家不再成为企业 IT 项目采购的限制因素，采购的资源实现全球共享；商务电子化，IT 项目采购将得到作为信息载体的因特网及各类先进管理系统的支持，这也正是 IT 项目全球化采购的关键；IT 项目采购人员专业化，为满足市场发展的需求，必须提升 IT 项目采购人员的专业技能及素质。曾有专家提出供应链作为企业的网络系统，包括供应商、制造商、销售商，涵盖了物流、资金流及信息流，并列举企业 IT 项目采购，以此说明对供应链进行优化，最终达到减少企业采购管理成本及提升采购管理效率的目的。作为企业自身，也必须密切关注项目采购管理活动，努力构建长期稳定的供应商来源，并尽力与之达成联盟合作关系。

1.2.2　国内 IT 项目采购管理的研究现状

近年来，项目管理理论不断成熟，国内也涌现出越来越多的关于项目采购管理的研究，其中大部分集中于政府和事业机构。

国内对于 IT 项目采购管理的研究大致分为以下几个方面。

（1）政府 IT 项目采购管理：制订科学合理的采购计划是政府在 IT 项目采购中的要务，IT 项目采购需要重视绿色节能，并强化 IT 项目验收管理及重视售后服务成本。确保采购管理规范操作、优化采购程序、创新采购方法、加强采购管理过程信息化和采购人员管理及培训，这些都是可以促使 IT 项目采购管理效率得以提升的措施。

（2）如何做好 IT 项目采购管理：采购之前应完成采购预算管理，认真实施采购管理监控，应当特别注意采购合同的履行，尽可能以集中支付方式完成采购货款的支付。选择 IT 项目供应商时，需建立供应商选择机制及评价指标体系。确定采购计划前，公司需要完成项目采购分析，得出采购需求、预算、流程及顺序，甄选合适的合同种类，降低采购风险。采购实施之前，询价工作需保证全部完成。考察及评价 IT 项目供应商时，可以从以下几个方面进行：售后服务、零配件、运输费、交货期及付款条件。

（3）商业银行的 IT 项目采购管理：国内商业银行进行 IT 项目采购时，需全面实施预算管理，增强谈判管理及对供应商的管理，并且在企业内部强化 IT 项目管理的监督及评审工作。

（4）供应链角度的 IT 项目采购管理：核心为从外部资源管理的供应链角度出发，对 IT 项目采购进行管理，企业和供应商达成双赢的合作关系，实现采购流程的信息化及自动化。

（5）IT 采购招投标视角的 IT 项目采购管理：严格审核招投标书、审查投标人资质及等级是招标单位应当做好的工作。对投标人而言，需要做好的是：提交合理及完善的招投标文件、合理进行投标报价、承诺保修期及售后服务。

1.3　IT 项目采购方式与类型

1.3.1　IT 项目采购方式

针对不同的 IT 项目采购对象，业主可以选用不同的采购方式。目前，常用的采购方式有：招标采购、竞争性谈判采购、单一来源采购、询价采购等，其中招标采购又分为公开招标采购和邀请招标采购。

1. 公开招标采购

1）公开招标采购的概念

公开招标采购（又称无限竞争性采购）是指招标机关或其委托的代理机构（统称招标人）以招标公告的方式邀请不特定的供货人（统称投标人）投标的采购方式。公开招标是 IT 项目采购的主要采购方式。招标人不得将应当以公开招标方式采购的货物或服务化整为零或以其他任何方式规避公开招标采购。

2）公开招标采购的程序

公开招标采购的程序包括：公布招标公告、编制招标文件及投标文件、资格审查、开标、评标和定标、授予合同等。

3）公开招标采购的优缺点

优点：将平等竞争机会提供给任何有能力的承包人，进而甄选管理水平及技术高、实力高、信誉好的承包人来建设 IT 项目，帮助 IT 项目达到社会平均（先进）技术水平，同时在造价和工期方面实现预期的目标。

缺点：所需要的时间较长、费用较高。

4）公开招标的注意事项

采取公开招标的关键是要防止投机商取得竞标机会，因此需要强化资格预审工作，杜绝他们故意压低报价以挤掉态度严肃认真但报价较高的承包人。

2. 邀请招标采购

1）邀请招标采购的概念

邀请招标采购（又称有限竞争性采购）是指招标人以投标邀请书的方式邀请规定人数（《招标投标法》规定 3 人，《政府采购法》规定 5 人）以上的供货人投标的采购方式。通常情况下，邀请招标需要具备一定的条件；特别情形下，应当具备的邀请招标条件不同。《中华人民共和国政府采购法》规定符合下列情形之一的货物或者服务，可以采用邀请招标方式进行采购：

（1）具有特殊性，只能从有限范围的供货人处采购的；

（2）采用公开招标方式的费用占政府采购项目总价值的比例过大的。

2）邀请招标采购的程序

邀请招标采购的程序原则上需要经历两个阶段：

（1）以公开招标的方式来确定供货人资格；

（2）对所有通过资格预审的供货人发出前来投标的邀请。

3）邀请招标采购的优缺点

优点：由于不需要发布招标公告及资格预审，或简化了资格预审工作，费用及时间得以节省，效率得以提高；此外，由于对承包人较为了解，降低了承包人违约引发的风险。

缺点：较低的竞争性，或许会排除优良的承包人，且可能造成报价的提升。

4）邀请招标采购的注意事项

业主较为了解市场供给及承包人情况是选取邀请招标采购方式的核心。在此基础之上，还需要考虑 IT 项目的实际情况：一是招标项目专业性较强或技术新颖较为复杂，便只能在有限范围中选择承包人；二是招标项目自身价值低，合同金额较小，招标人为节约成本及提升效率只能限制投标人数；三是招标项目有诸如其时间紧迫性等其他例外的原因。

3. 竞争性谈判采购

1）竞争性谈判采购的概念

竞争性谈判采购是指采购机关直接邀请规定人数以上的供货人谈判采购事宜的采购方式。《中华人民共和国政府采购法》规定符合下列情形之一的货物或服务，可以采用竞争性谈判方式进行采购：

（1）招标后没有供应商投标或者没有合格标的或者重新招标未能成立的；

（2）技术复杂或者性质特殊，不能确定详细规格或者具体要求的；

（3）采用招标所需时间不能满足用户紧急需要的；

（4）不能事先计算出价格总额的。

2）竞争性谈判采购的程序

竞争性谈判采购的程序包括以下步骤：

（1）成立谈判小组；

（2）制定谈判文件；

（3）确定邀请参加谈判的供货人；

（4）开展谈判；

（5）确定成交供货人。

3）竞争性谈判采购的优缺点

优点：适宜对现成的及标准化的货物或服务的采购。

缺点：易造成采购方指定品牌进行询价的情况。

4）竞争性谈判采购的注意事项

与公开招标采购方式相比，竞争性谈判采购的较强主观性和不易控制的评审过程极易导致不公正的交易，进而造成腐败。因此，必须严格限制此类采购方式的适用条件并严格控制谈判过程。

4. 单一来源采购

1）单一来源采购的概念

单一来源采购（直接采购）指采购机关直接向供货人进行购买的一种采购方式。例如，《中华人民共和国政府采购法》规定货物或服务符合下列情形之一的，可以选用单一来源方式实施采购：

（1）只能从唯一供货人处采购的；

（2）发生了不可预见的紧急情况不能从其他供货人处采购的；

（3）必须保证原有采购项目一致性或服务配套的要求，需要继续从原供货人处添购，且添购资金总额不超过原合同采购金额百分之十的。

2）单一来源采购的程序

单一来源采购的程序包括以下八个步骤：

（1）接受委托；

（2）采购方式申请报批；

（3）成立谈判小组；

（4）组织谈判并确定成交供货人；

（5）成交供货人提交履约保证金；

（6）组织签订合同，根据采购人的委托要求，按规定做好合同签订工作；

（7）单一来源采购资料归档；

（8）合同的履行和验收。

3）单一来源采购的优缺点

优点：作为国际通用的采购方式，单一来源采购活动是一对一的，且采购人处于主动地位。

缺点：不规范行为及腐败（商业贿赂）行为较易在采购交易过程中发生，对规范化原则的放弃，致使价格过高且不合乎情理。

4）单一来源采购的注意事项

发生了不可预见的紧急情况除外，采购人员应当尽可能不选择单一来源进行采购。若采购对象实属特殊，必须要采用单一来源采购方式时，应对供货人提供的产品性能和成本进行深度了解，方便同供货人有效协商价格问题，尽量减少采购支出。

5. 询价采购

1）询价采购的概念

询价采购指对三家以上供货人提供的报价进行比较，以确保价格具有竞争性的采购方式。《中华人民共和国政府采购法》规定，采购的货物规格、标准统一，现货货源充足且价格变化幅度小的政府采购项目，可依照本法采用询价方式采购。

2）询价采购的程序

为保证询价采购的公平及公正性，询价采购的程序大致分为以下几个步骤：

（1）成立询价小组；

（2）确定被询价的供货人名单；

（3）询价；

（4）确定成交供货人。

3）询价采购的优缺点

优点：简便，采购成本较低。

缺点：供货人数量影响采购价格，供货人易构成价格联盟。

4）询价采购的注意事项

询价采购有以下一些注意事项：一是公开询价信息；二是邀请更多符合要求的供货人参加询价；三是积极响应的供货人不再局限于"三家以上"的条件；四是不得指定品牌采购；五是不单纯以价格取舍供货人。

目前，《中华人民共和国招标投标法》规定采购方式为公开招标与邀请招标，而《中华人民共和国政府采购法》规定以上五种采购方式均可采用。在上述五种采购方式中，公开招标为 IT 项目采购的首选方式，也是最为主要的采购方式。

1.3.2　IT 项目采购类型

1. 分类标准 I：IT 项目采购形态

1）货物采购

货物采购属有形采购，指购买 IT 项目建设需要的投入物，如建筑材料、办公设备、仪表、机械、设备、仪器等，且包含与之相关的服务，如运输、初期维修、安装、培训、保险、调试等。另外，还有书籍、计算机等专项合同采购，尽管它们采用不同的标准合同文本，但仍可归入上述采购种类当中。

2）工程采购

工程采购也属有形采购，指以招标或其他方式选择工程承包人，即确定合格的承包人负责 IT 项目建设任务及其相关服务。

3）咨询服务采购

咨询服务在广义上是指人类为求生存不断获取知识及信息的一种本能，咨询服务无所不在的特质也是由这种本能所决定的，是普遍存在于人类社会的现象。狭义上讲，自从咨询活动进入经济领域（第二次世界大战后），咨询服务就成为一种知识服务型产业，将专业的经验、知识、技能及信息作为资源，以辅助业主处理各类复杂问题，针对某一问题提出解决的方案或建议，或为领导决策提供参谋性意见。常见的 IT 咨询服务包括：IT 项目投资前研究、准备性服务、执行服务、技术援助等。咨询服务采购是 IT 项目采购的重要方面，属于无形采购，包括聘请咨询方或单个咨询专家等。

2. 分类标准 Ⅱ：IT 项目采购竞争程度

1）招标采购

招标采购包括公开招标采购及邀请招标采购。

2）非招标采购

非招标采购包括竞争性谈判采购、单一来源采购、询价采购、自营工程采购等。

3. 分类标准 Ⅲ：IT 项目采购人

（1）个人采购，指个人运用资金进行采购的行为。

（2）家庭采购，指以家庭为单位进行采购的行为。

（3）企业采购，指企业发生的采购行为。

（4）政府采购，指各级国家机关、事业单位和团体组织，运用财政性资金对依法制定的集中采购目录以内的或采购限额标准以上的工程、货物及服务进行采购的行为。政府是市场上最大的买家，我国每年政府采购资金占 GDP 的 10% ～ 15%。

4. 分类标准 Ⅳ：IT 项目采购最终提供物

IT 产业是指向企业、政府和个体消费者提供信息、通信服务的相关产业群体，它们构成了一条紧密的 IT 产业链。处在该产业链上游的是软硬件系统提供商，处在中游的是通信服务提供商，处在下游的是信息服务提供商。在 IT 产业上游，根据提供产品的差异，承包人分为三类：一是系统承包人（如 IBM）；二是设备制造商（如思科、朗讯）；三是软件承包人（如东大阿尔派）。可见，根据 IT 产业的特点和 IT 项目的最终提供物，IT 项目采购可以分为以下五类。

1）软件开发采购

软件开发采购一般可以分为两大类：一类是软件开发的订单采购，即采购已于市场之中流通的软件产品；另一类是软件开发的非订单采购，即软件开发的外包采购，它是指当市场上没有出现现成的产品或没有适合自己企业所需求的产品时，需要以定制方式将软件开发（包括信息系统的设计、开发、提供和安装等）发包给承包人。

2）系统集成采购

系统集成采购包括复杂的软件、硬件系统工程或系统集成等的采购。

3）通信工程采购

通信工程采购包括长途通信光（电）缆工程、微波通信干线工程、地球站通信工程、移动通信工程、长途电信枢纽工程、市话通信工程、邮电通信工程等的采购。

4）网站建设采购

网站建设采购包括网站开发、网站管理、网站维护等的采购。

5）咨询服务采购

咨询服务采购包括单纯的 IT 咨询服务、非订单 IT 项目（如现成 IT 产品）的培训和维护等的采购。

由于通信工程采购相对比较成熟，2000 年 9 月信息产业部颁布了《通信建设项目招标投标管理暂行规定》，随后又制定了《通信建设项目招标投标管理实施细则》，均对此作了较为明确的规定，因此本书重点阐述除通信工程以外的其他 IT 项目的采购管理。

5. 分类标准 V：IT 项目采购复杂程度

1）简单 IT 项目的采购

（1）咨询服务的采购。咨询服务采购模式与一般咨询服务项目相似，因此可以采用一般咨询服务项目采购模式。

（2）非订单 IT 项目的采购。非订单 IT 项目的采购与货物的采购有许多类似之处，可以参照货物采购制定采购程序。

2）复杂 IT 项目的采购

当 IT 项目具有特定业主，即按照特定业主的要求建设 IT 项目时，即属于复杂 IT 项目采购。复杂 IT 项目包括按照特定业主要求而实施的软件开发、网站建设、系统集成及通信工程等。对于这些复杂的 IT 项目，其成功的关键在于业主与承包人的综合能力、专业知识、IT 项目管理能力和风险管理能力等。换句话说，这些 IT 项目的特征是含有特有的和深入的专业服务的需求。由于这类项目的参与方众多（如大型 IT 项目的参与方可能有：业主的项目管理机构和管理人员、业主的技术人员、系统的最终使用权拥有者、承包人的项目管理人员、众多的分包人、制造商等）而存在众多的界面和潜在的冲突，从而使项目管理难度和风险大大增加。

1.4 IT 项目采购管理主要内容

1.4.1 咨询服务采购管理

1. 咨询服务的含义

咨询服务是指咨询方以专门的知识、信息、技能和经验为资源，为业主组织 IT 项目的实施提供建议或方案，以帮助业主有效地解决 IT 项目全生命周期中技术复杂、涉及面广的问题而实施的 IT 项目。咨询服务是围绕 IT 项目所展开的 IT 咨询服务，咨询活动贯穿于 IT 项目全生命周期，包括 IT 项目前期的咨询业务、IT 项目建设期的咨询业务、IT 项目运营期的咨询业务。

2. 咨询服务的内容

IT 项目决策及实施的整个过程中都涵盖着咨询服务，其中包含对 IT 项目前期、建设期及运营期的咨询，IT 项目建设期的咨询又可以归类为实施准备阶段及实施阶段的咨询。

3. 咨询服务采购的特点

（1）咨询服务常涉及无形商品，对其质量及内容难以进行定量描述，有时也很难对其技术规格进行精确描述。

（2）咨询服务注重投标人的能力及质量，并非价格。在采购过程中，选择咨询方时应以技术方面的评审为主，不应以价格最低作为主要衡量标准。工程采购一般是将技术达到要求作为前提，将合同授予评标价最低的投标者。

（3）对于咨询服务采购，业主在邀请初期指明的任务范围只充当合同谈判内容中的一项，通常情况下咨询方会对其提出改进意见。而工程采购，业主提出的采购内容则构成正式合同条件，投标人无权修改，只有在必要时才能按规定予以调整。

（4）当涉及某些特定的技艺时，咨询服务通常和知识产权的保护紧密相连，可以满足要求的咨询方范围将受到一定限制。

4. 咨询服务采购的方法

1）基于质量和费用的采购方法

在选择咨询方时，需要综合考虑咨询方的质量和费用选定咨询方。其中质量包括咨询方及其人员的能力和资历、咨询意见的质量、业主与咨询人员的关系等；费用是指咨询方的财务条件，包括报价等。

2）基于质量的采购方法

在选择咨询方时，只考虑咨询方的质量，而不考虑费用因素。该采购方法适用于技术复杂程度高、工作任务对最终产品影响大的咨询服务。基于质量的采购方法的具体做法有两种：一种是采用双信封制；另一种是只提交技术建议书。

3）基于最低费用的采购方法

在选择咨询方时，只考虑咨询方的费用，而不考虑质量因素。该采购方法适用于具有标准或常规性质的咨询服务。基于最低费用的采购方法的具体做法：第一步，在建议书邀请函中，规定咨询方应达到的"最低"技术"合格"分值；第二步，咨询方按双信封制分别提供技术建议书和财务建议书。

4）其他采购方法

咨询服务其他采购方法包括固定预算下的采购方法、基于咨询方资历的采购方法、单一来源的采购方法、单个咨询专家的采购方法、特殊类型咨询方的采购方法等。

1.4.2　软件开发采购管理

1. 软件开发的含义与特点

软件开发是指为实现与计算机系统操作有关的规则、程序、文档、规程及数据而进行的 IT 项目。软件开发是在规定的成本和时间条件下完成满足业主需求的软件产品的 IT 项目。

软件开发具有以下特点：规模大、较为复杂、投资高；创造的价值大；高度密集的智力，产品属于纯知识型；不易估量开发进度和质量，难以预测及保证生产效率；风险难以预见和控制；具备渐近性、不确定性、阶段性等特征。

2. 软件开发采购的内容

软件开发方式有四种：独立开发、委托开发、合作开发及购买现成软件后二次开发。从采购角度，软件开发采购分为以下两类。

1）非订单软件开发的采购

它属于简单 IT 项目的采购范畴。例如，业主实施的 IT 项目涉及数据库，如 Oracle 公司的 Oracle 数据库，Microsoft 公司的 SQL Sever 数据库，IBM 公司的 DB2 数据库等采购属于非订单软件开发的采购。该类采购比较简单，已经形成通用的采购方案，包括需求分析、询价、签合同、安装培训等过程。

2）订单软件开发的采购

该类采购一般采用外包采购方式。在市场上现成的产品不能满足或没有适合业主需求产品的情况下，业主需要采用定做的方式采购。例如，当业主在实施企业资源计划（ERP）IT 项目时，虽然可以采购 BAAN 等软件，但由于业主自身业务流程管理的特殊要求，因此需要定做软件，即订单软件开发的采购。

3. 软件开发外包采购的模式

减少 IT 项目费用、提升交付效率是软件开发外包的目标。因此，IT 项目外包管理工作和开发责任主体及其相互关系等问题由外包模式的选择所决定。

1）整体外包

在整体外包模式中，承包人需要负责软件开发的设计、开发、测试、交付和项目管理等所有工作。该模式适合于双方之间具有高度信任，而且承包人对所有环节都具有较高的专业水平的情况。此时，业主的重点是过程控制，需要投入的资源较少。整体外包的风险取决于承包人的技术能力、项目控制能力。

2）买入式外包

在买入式外包模式中，承包人只向业主提供技术资源，业主需要组织实施软件开发的设计、开发、测试等工作。该模式适合于业主单纯因为自身有较为充裕的人力资源而采购外部资源的情况。业主的重点是对承包人提供的资源进行有效管理。业主方需要确定拟投入的资源，并负责对外包项目进行管理。

3）选择性外包

在选择性外包模式中，承包人负责完成软件开发中的大部分工作，业主负责提供工作场地。同时，业主需要参与设计确认、测试和项目监控等工作。该模式可以保证项目过程的可控性、把握设计/开发的思路和方向，它属于介于整体外包模式和买入式外包模式之间的一种外包模式。

4. 软件开发外包采购的管理模式

软件开发外包采购的管理规范包括"项目管理知识体系指南"（PMBOK）、国际标准 ISO 9000－3 和"软件能力成熟度模型"（CMM）等。其中，PMBOK 体系适用于各行各业，满足外包过程管理的一般原则，却缺乏针对软件领域的特点，操作过程不够明确；ISO 9000－3 系列标准适用于软件领域，侧重于过程，不注重效果和后续改善，包括水平评估、项目收益等，对提高组织级的外包管理水平不利；CMM 则强调持续改进过程能力，着重关注软件开发过程管理及产品管理。以自身情况为基础，结合内部软件管理规程，可制定出恰当的软件外包管理规程及裁减策略。

5. 软件开发外包生命周期

软件开发外包采购贯穿于项目全生命周期，它是为 IT 项目的总目标而服务的。从采购开始孕育直到采购全部完成，通常要经历许多过程，包括项目总体需求的分析和设计、承包人的选择、外包采购合同的签订、承包人的开发、业主阶段的评估、验收与测试、维护与培训、后评价。

1）总体需求分析和设计

编制业主总需求规格说明书及外包采购需求说明书是软件开发外包采购的首要任务。根据外包采购规模的大小等性质选择不同的采购方式进行采购。

2）承包人的选择

根据需求说明书、质询调查表、报价指南、综合条款及条件等文件，编制采购质询技术文件，并将其提供给供货人进行质询。通过质询，业主选择三家以上的供货人，并最终选定承包人。进行选择时，需要考虑技术开发成熟度、资源、资格及信誉、曾经的合作关系、费用、售后服务、分包组织配置结构、与质询规定的差异等条件。

3）外包采购合同的签订

业主选定承包人后，还需与其签订外包采购合同。相关采购文件及承包人报价等是签订合同的依据。

4）承包人的开发

在合同生效后，承包人进入设计和开发阶段。根据软件开发管理的需要，业主可以委派监理人对承包人的行为及其工作进行监督管理。除此以外，业主自身还应当对承包人的行为及其工作、监理人的行为及其工作，以及进度、质量、费用、安全等进行检查、评估，并形成检查评估建议书。承包人需要对评估建议书的建议进行书面回复，并确保实施。根据采购文件和合同等的要求，承包人需编制工作说明书、业主需求说明书、软件需求规格说明书、软件开发详细计划，明确目标控制方法和测试计划，以及知晓拟采用的软件工程标准和软件生命周期等，并将这些文件报送业主审核和批准，得到批准后，才能开始开发。

5）业主阶段的评估

所有要采购的软硬件及人力资源等都由承包人负责进行检验。业主有权在任何时候验证承包人所采购的资源，判别资源是否符合规格说明书、规范、标准及其他技术文件所规定的要求。

6）验收与测试

当软件开发具备验收与测试条件时，业主需要做好验收的组织评估准备工作，根据承包人和业主预先共同定义的测试计划和验收方案进行验收与测试，详细测试需求规格说明书中的各项内容，并将软件开发的测试评估报告以书面形式提出。

7）维护与培训

利用各种维护活动满足业主对软件开发的要求是维护的首要任务。维护活动有以下四种：改正性维护，即诊断并修正于使用过程中发现的软件错误；适应性维护，也就是为适应环境变化修改软件；完善性维护，指根据业主的要求改进或扩充软件使其趋于完善；预防性维护，指修改软件为未来的维护活动做好预先准备。

软件开发培训需要贯穿整个流程。在项目启动之前，对管理层进行信息化认识与知识的培训；在项目启动时，进行信息化基础知识的普及教育培训；在项目小组成立后，进行需求调研的相关培训；流程调查、重组与优化过程中进行有关业务流程优化的相关培训；数据准备与系统测试时对相关业务人员就原始数据采集、录入、准备方面进行的培训；在软件开发切换前，进行系统切换前后的相关培训等。

8）后评价

作为外包采购的最终阶段，后评价涵盖三个方面：一是评价承包人的技术开发成熟能力、资源、信誉、组织配置结构、管理能力及企业文化；二是评价采购经验及教训，包括对进度、质量、成本、业主关系、流程、风险等的控制；三是评价软件的质量，这可以参照现有的方法、模型、标准进行，包括软件能力成熟度模型、全面质量管理及相关国际、国家标准。

6. 软件开发采购的过程

软件开发采购根据软件复杂度来确定采购过程。简单的软件开发采购通常采取单阶段采购过程，一次性采购适用于软件开发整个生命周期各阶段的工作任务。较为复杂的软件开发采购通常选用两阶段采购方式，包含两种过程：一是在编制完成软件需求规格说明书的基础上，软件开发采购随之进行；二是优先分析业主需求，然后根据业主需求说明书实施软件需求规格说明、开发采购。

1.4.3　系统集成采购管理

1. 系统集成的含义

系统集成指利用结构化的综合布线系统及计算机、通信、网络等技术，将各分离的设备、功能和信息等集成至相互关联的、统一和协调的系统中，达到充分的资源共享，实现集中、高效、便利的管理。因此，系统集成的应用包括功能集成、网络集成、软件界面集成等多种集成技术，归纳起来，系统集成包括业主行业知识、应用系统模式和技术解决方案、产品技术、IT 项目管理、服务等要素。

2. 系统集成采购的内容与特点

系统集成采购内容包括硬件设备采购（如系统集成设备交换机、服务器等）、软件采购（如信息系统的开发等）、建设工程采购（如网络通信系统的建设等）、咨询服务采购（如方案设计、系统维护、现成 IT 产品的购买和维护等）等。系统集成是所有 IT 项目中最为复杂的。

系统集成采购有以下四个特征：系统集成承包人不仅需要精通软件，还需要掌握硬件技术；清晰的业务及目标，需要行业和业务的支撑；业主的需求多样化；IT 项目管理的复杂性。

3. 系统集成采购的过程

系统集成采购通常采取两阶段采购过程，两种具体方法：一是先实施技术方案及设备配置设计采购，进而实现系统集成及应用系统开发采购；二是设计采购在先，再根据选定的设计方案实施采购。

1.4.4　网站建设采购管理

1. 网站建设的含义

网站建设指网站开发项目。网站开发项目是依据特定的规范，并于预算范围内按时完成的。其中网站建设是指网站的管理及控制方法，是一种标准的操作程序。保证网站建设的高效率、高质量、低风险是网站工程的目标。

2. 网站建设的分类与特点

网站建设分为任务型项目及产品型项目。其中任务型项目的主要目标是完成业主预期目的，项目目标较为明确，但任务自身不具有完整的产品形态；产品型项目以完成业主所描述产品的功能及性能为主要目标。

网站建设的特点包括 4 个方面：一是涉及的领域很多；二是参与项目的角色多、水平参差不齐；三是网络应用的开发技术日新月异；四是网站应用系统的开发模式多。

3. 网站建设生命周期

1）需求说明书

网站建设采购首先要编制业主需求说明书，包括交付功能，同时要满足开发能力和系统环境下实现需求的可能性，实现交付功能要求，尤其注意减少使用专业网络术语。在此基础上对需求进行检测。

2）网站总体设计

根据业主需求说明书，承包人需要对 IT 项目进行总体设计及详细设计，向业主提供网站总体设计。总体设计是网站建设采购中至关重要的一步。

3）网站建设方案

根据网站总体设计，承包人需要向业主提供网站建设方案。网站建设方案应当在完成需求说明书和网站总体设计后提交，否则，实际结果与需求之间会存在很大的差异。

4）网站详细设计

根据总体设计文件，承包人负责进行详细设计。网站建设的详细设计是指程序开发的设计。详细设计应明确程序开发的详细规格说明，包括程序界面、表单、需要的数据等。

5）网站开发与维护

在完成详细设计后，网站建设进入开发阶段。当网站建设通过验收并交付业主后，进入维护阶段。

4. 网站建设采购的过程

网站建设采购通常采取两阶段采购过程，两种具体方法：一是网站总体设计采购在前，之后为网站建设方案、详细设计及开发采购；二是详细设计采购在前，开发采购于详细设计之后进行。

第 2 章
IT 项目采购管理过程

2.1 采购计划编制

2.1.1 采购计划分析

一般情况下，采购前首先要进行采购计划分析，以确定是否需要进行采购、如何采购、采购什么、采购多少及什么时候进行采购等。

采购计划分析主要对采购中可能发生的直接成本、间接成本、自行制造及采购能力等进行分析比较，进而决定给单一或多个供应商提供采购所需的全部或部分的货物和服务，或者不从外部进行采购而自行制造。

合同类型的选择是确定需要采购时，买卖双方的关注重点。不同合同类型影响着买卖双方的风险分配结果。把最大的实施风险转移至卖方，维护项目经济高效执行是买方的最终目标；而将风险降至最低，同时使得利润最大化是卖方的目标。常见的合同类型有以下 5 种，不同的情形适合采用不同合同类型，买方可依据实际情况进行选择。一般来说，其适用情况如下。

(1) 成本加成本百分比合同：由于不利于控制成本，目前很少采用。

(2) 成本加固定费用合同：适合于研发项目。

(3) 成本加奖励费用合同：主要用于长期的硬件开发和试验要求多的合同。

(4) 固定价格加奖励费用合同：长期的高价值合同。

(5) 固定总价合同：买方易于控制总成本，风险最小；卖方风险最大但潜在利润可能最大，因而最常用。

2.1.2 采购计划编制

编制采购计划的依据为采购分析的结果和所选择的合同类型，并对如何管理采购过程进行说明。具体包括：合同类型、组织采购的人员、管理潜在的供应商、编制采购文档、制定评价标准等。

根据项目的需求，采购计划可以是正式的，也可以是非正式的，可以是详细的，也可以是概括的。

决定如何在组织之外对产品及服务进行采购，以求更好地满足项目需求是采购计划编制过程要解决的问题。需要考虑是否采购、采购什么、采购多少及何时采购。

项目采购管理的第一个阶段就是采购计划编制。它的输出会成为之后进行其他过程的输入，并决定之后的过程是否发生。如若确定向外采购产品，则对每一项产品执行从招标计划编制到合同收尾的过程。如若确定以内部生产满足需求，则不再强制执行这些步骤。

分包情况经常出现在 IT 项目中，因此采购计划编制还需要考虑潜在分包合同，尤其是当买方期望给分包决策施以一定的影响或控制时。

2.1.3　采购计划输入

采购计划输入包括以下几个方面。

（1）范围描述：对当前项目范围进行描述。关于项目需求及策略的重要信息需要在采购计划编制中及时提供。

（2）产品描述：在采购计划编制时，提供必须考虑的有关技术问题及注意事项。产品描述和输出部分的工作描述有所不同。产品描述对应的是整个项目的最终产品。工作描述对应的是由卖方提供的项目产品的部分。但当企业决定采购整个产品时，二者差别较小。

（3）采购资源：用以支持项目采购的资源。当企业拥有独立于项目队伍的专门合同机构时，合同机构则可以对合同事项进行负责，项目队伍不再需要采购资源。

（4）市场条件：市场可以提供何种产品，谁来提供及依照何种条款提供，哪些供应商可以给予优良的服务及商业折扣等。

（5）其他计划输出：当其他计划编制发生输出时，采购计划编制应对此予以考虑。一般如初步成本及进度计划估算、工作分解结构、质量管理计划、鉴定的风险、资金流动预测及计划的人员配备等这些计划输出必须予以考虑。

（6）限制：指限制买方选择的因素。对多数项目来说，最常见的就是资金可行性。

（7）假定：指为编制计划而定为事实或确定的因素。

项目组织进行采购计划编制时都需要充分考虑这几个方面。

2.1.4　采购计划编制的方法和技术

1. 自制－采购的分析

自制－采购的分析作为一项管理的通用技术，在获得某个具体产品时，可用于决定生产或采购哪一项更为经济。分析时，需要综合考虑直接成本及间接成本。当自己生产时，生产费用一般就是直接成本，生产过程的管理费用和由生产所引起的其他费用为间接成本。类似地，采购费用就是采购的直接成本，采购过程的管理费用和其他费用就是间接成本。自制－采购分析还需要将产品于整个使用期的总成本纳入考虑范畴，而不是只注重项目期内的成本。

2. 专家的评审

在进行采购计划编制时，应该咨询专家的意见。这些专家可以是具备专业知识的团体或个人。专家来源十分广泛，有咨询机构、工业集团、企业其他部门、行业及技术协会等，甚而包括一些潜在的供应商。无论属于内部还是外部，对于决策者来讲，专家的意见都是宝贵的财富。

3. 合同类型的选择

不同的合同类型适用于不同的采购情况。总体来说有三大类型的合同：固定价合同或总价合同、成本补偿合同、单价合同。下面将具体阐述各种合同类型。

（1）固定价合同或总价合同，涉及定义详细明确的产品的固定总价。采购那些定义不够清晰的产品时不宜使用此类合同，否则买方及卖方都要分担较高风险，买方有可能无法得到满意产品，卖方在提供产品时可能会产生额外的费用。此类合同还可能包括完成或超出既定项目目标的奖励。固定价合同或总价合同运用得当时对买方来说风险最小，其次是固定总价加奖励费合同。

（2）成本补偿合同是指按卖方的实际成本进行支付，包括直接成本及间接成本。项目直接发生的成本为直接成本，如项目人员的工资及采购项目所需物资材料的花费等。分摊至项目的业务费用则为间接成本，如电费等。一般按照直接成本的百分比计算间接成本。此类合同一般还包含利润百分比、完成或超出既定目标的奖励等激励费用。采购涉及新技术产品项目时常使用此类合同。相比于固定价合同或总价合同，买方在此类合同中承担了更大的风险。成本补偿合同分为三种，按买方承担风险的大小从低至高依次为：成本加奖励费合同、成本加固定费合同、成本加成本百分比合同。

成本加奖励费合同：买卖双方允许的完成任务的成本和事先决定的花费及激励奖金。如果最终成本低于预期成本，双方再对节省的成本以事前约定的分配公式进行分配。

成本加固定费合同：买方支付给卖方允许的完成任务的成本，加上按估算成本一定百分比计算而得的固定费用。这个固定费用一般不受成本变化的影响，除非合同范围发生改变。

成本加成本百分比合同：买方支付给卖方允许的完成任务的成本，加上事先约定的总成本的一定百分比。此类合同所有风险由买方承担。由于卖方不但不具备减少成本的动机，还有可能为使利润按成本百分比增长而增加成本，所以买方通常不采用此类合同。

（3）单价合同也称时间及物料合同，买方按单位服务将预定金额支付给卖方。此类合同常含数量折扣，适用于服务采购，通常难以清晰描述其中的工作，且无法估算合同总成本。

单价合同有可能是高风险合同，也有可能是低风险合同。这主要由项目性质及合同其他条款所决定。通常买方为降低风险，会在合同当中加入一个终止条款，定时评价卖方完成的工作，以确定是否继续履行合同。或者，买方依据承包人经验的丰富程度在合同中约定不同的单位费用。这些合同条款都能降低买方的风险，又能使工作的完成更具机动性。

2.1.5　采购计划输出

1. 采购管理计划

采购管理计划描述如何管理从招标计划到合同收尾这些剩余的采购过程。它需要回答下列问题：

（1）采用何种合同类型；

（2）如果标底用作评审标准，由谁来进行评审，何时评审；

（3）如果企业设有采购部，项目管理队伍本身采取何种措施；

（4）如果需要标准采购文件，应到何处去找；

（5）如何对多个供货商进行管理；

（6）采购如何与项目其他方面（如进度计划和执行情况报告）协调。

根据项目需要，采购管理可以是正式的，也可以是非正式的，可以是详细的，也可以是简要概括的。它是总体项目计划的分项。

2. 工作描述

工作描述指对采购项进行充分详细的描述，帮助潜在的卖方确定是否可以提供此类采购项。通常将工作描述以工作说明书的形式表达，包含于合同中。根据采购项的性质、买方需求及预计合同形式决定说明书的详细程度。工作描述应尽力明确、完整及简练，将描述要求的附属服务包含在内，并包括绩效报告。工作描述时，需参考行业标准及注意应用行业术语。工作描述的定义在相关领域有所不同，一般将工作描述用以明确指定产品及服务的采购项，而对要解决问题的采购项运用需求描述。

采购过程中，买方修订及简化工作描述。如潜在供应商推荐较之于最初规定更为高效的方法或成本更低的产品时，买方可据此修订工作描述。又如在网站建设项目或系统集成项目中，买方可能并不擅长项目产品，刚开始无法对自身需求进行准确表达，给出的工作描述不够准确，所用方法有效度不足。因此，买方需要依据潜在供应商提供的建议书对工作描述进行修订，使可能的最终项目产品更符合本身需求。

各个采购项需要单独的工作描述。一个采购项可由多种产品组合而成，进而运用一份工作说明书。一份好的工作说明书应对工作的具体地点、完成的预定期限、具体的可交付成果、何时付款、适用的标准、验收的标准及特殊要求等进行明确的表述，并应成为正式合同的一部分。这样可以让投标方较为清楚地了解买方需求，也利于买方确保获得卖方所投标的产品。

2.2　招标计划编制

招标计划编制包括准备招标所需文件及确定签订合同的评判标准，采购计划编制的输出在这里将作为招标计划编制的输入。同时，在进行招标计划编制时应该把其他计划的输出也考虑进去，尤其是招标计划应与项目进度计划密切协调的时候。

2.2.1　常用的项目采购方式

常用的项目采购方式有下列几类。

（1）公开竞争性招标：项目组织利用报刊、广播、电视等媒体工具进行招标广告的发布。凡是对此招标项目有兴趣又符合投标条件的法人，都可在规定时间内向项目组织提交意向书，由项目组织进行资格审查，核准后即可购买招标文件，进而投标。公开竞争性招标向一切合格招标者提供平等竞争机会，能够吸引到众多的投资者。

（2）有限竞争性招标：项目组织根据自己积累和搜集的资料，或权威咨询机构提供的信息，向一些合格的企业发出邀请。应邀企业于规定时间内将投标意向提交给项目组织，购买投标文件并进行投标。有限竞争性招标方式的优点是应邀企业在技术水平、经济实力、信誉等方面较有优势，基本上能保证招标顺利完成；缺点是会使一些有竞争力的企业失去机会。较之于公开招标，这种方式节省了广告费用及招标工作量。

（3）两阶段招标：法规之外的一种采购方法。两阶段招标是在采购物品的技术标准很难确定的情况下，为确定技术标准而设计的。第一次招标是采购实体要求供应商提交不含价格的技术标，旨在征求各供应商对拟采购项目在技术、质量或其他方面的建议。一旦技术标准确定后，则完全按照公开招标方式进行第二次招标。根据第一阶段征求的建议，采购实体对招标文件进行修改，并要求供应商将最终的技术标及价格标按修改之后的招标文件进行提交。因此，两阶段招标是公开招标方法的变通方法，目的是通过第一阶段的技术磋商工作，协助采购者决定技术规格，使得公开招标方法最终得以适用。

（4）竞争性谈判采购：采购机关就采购事宜直接邀请三家以上供应商进行谈判的采购方式。适用于招标失败或不适宜招标，而采购产品的价格不易确定，或价格并非唯一决定因素的情况。

（5）询价采购：也称比价方式，适用于现货采购或采购标准规格的产品，对小型、简单的工程承包也同样适用。询价采购是比较来自于几家供应商所提供报价的采购方式，旨在保证价格的竞争性。

（6）直接签订合同：直接签订合同，即不进行竞争而直接签订合同的采购方式。当不能或不便进行竞争性招标，以及竞争性招标不占优势的情况下采用这种方法。

上面所列的采购方式可归纳为两种，招标方式和非招标方式。招标过程的绝大部分工作都由潜在的卖方完成，而买方主要负责为招标做广告，并举行一些投标会议来回答招标的相关问题。

一些项目企业存有合格的卖方名单，名单上包含潜在卖方的信息、相关经验及其他特点。若潜在供应商积极反应，双方即可寻求进一步合作。这种就是邀请招标方式。但现有名单上的企业可能无法满足买方的需求，买方为吸引更多供应商参与竞争则通过多种途径为项目采购做广告，进而扩大合格卖方名单。通过这种竞标战略买方以低价获取了更好的产品。这种就是公开竞争性招标方式。在 IT 业中，有时企业不能决定其项目的技术标准及解决方案，此时会利用两阶段招标方法，依据供应商的反馈确定相关标准。

卖方准备建议书之前买方通常会举行投标会。投标会也称供应商大会，这类会议有利于确保对于买方想要的产品，买方与供应商都有一个明确及共同的认知。卖方在会前、会中、会后对问题的反应通常会被买方列入修正案，体现在采购文件中。

招标过程的最后，买方会从潜在的卖方处获取建议书。卖方准备的建议书是用以说明其提供产品的能力及意愿的文件。若企业选用非招标方式，采购过程即直接进入合同谈判阶段。

2.2.2 电子采购和网上电子采购方式

作为电子商务的重要形式，电子采购是今后采购的发展方向。它对采购过程进行了优化，采购效率得以提升，减少了采购成本。使用电子目录，企业可以迅速锁定更多供应商；依据供应商的历史采购数据，企业可以甄选最佳货物来源；实现端对端采购，企业可在很大程度上减少采购成本；企业通过对市场行情及库存情况的迅速了解，可制订出科学的采购计划。以上这些都是传统采购方式所无法实现的。

当前网上电子采购方式包含：网上招投标方式、目录式方式、反向拍卖方式及谈价议价方式。采购量较大时多选择招投标方式。目录式方式依照供应商提供的产品目录及固定价格实施采购。反向拍卖方式是供应方在采购方将采购需求发布于网上的一定时间段内进行出价，最终由出价最低的供应方赢得合同。谈价议价方式是指签订采购合同能够在网上虚拟空间与供应商进行协商来签订。

招标过程如下。

（1）招标书发布：企业制作电子标书在网站上发布。若采用第三方的网站平台，企业可以先下载现成的标书模板，完成标书后再上传到网站。

（2）招标申请：想参与招标的供应商提出招标申请。项目组织根据要求筛去不符合最低要求的供应商。

（3）购买标书：通过筛选的供应商从网站购买并下载标书。

（4）投标书上传：供应商完成投标书后，再上传到网站。

（5）评审：根据选定的评审方式，电子评标系统对各份标书进行评审。

（6）选择供应商：项目组织选取得分最高的供应商。

（7）合同签订：经过谈判后，双方在网上签订合同。

（8）合同管理：双方可以在网上对合同进行管理。

此类招标过程适用于各类招标采购方式。但邀请投标方式中可能不包含招标申请的过程，两阶段招标法的前期阶段也需要事先完成。招标会不便召开是网上招标的缺点，因此供应商可能不够了解进行招标的产品，生产的产品可能不能完全满足项目组织的需求。所以要求项目组织将产品描述在招标书发布时做得详尽清晰，以避免不必要的麻烦。对各类非招标的采购方式，可能聚焦于合同谈判。企业谈判时可选用视频会议，而合同签订的流程则可以与网上招标相同。

2.3　询　价

依据有关情况获得报价、投标书或建议书，即从潜在的卖方获得满足项目需求的信息。

2.3.1　制定合理的采购询价制度

造成 IT 项目采购活动低效的一个原因是公司没有事先做好原来的 IT 项目采购流程中的采购询价管理。因此，公司需制定合理完善的 IT 项目采购询价制度。在这一制度要求下，对于公司主要的 IT 项目采购产品，采购人员需要定期独立地对其进行询价。IT 产品价格不会长久稳定，为保持 IT 市场走势敏锐度，采购人员必须进行定期的询价。同时，以第三方形式进行询价，尽量杜绝 IT 项目供应商对公司进行歧视性定价，以估算 IT 项目供应商提供给公司的价格是否低于市场价。IT 项目供应商联盟建立后，同供应商签订框架协议，可从 IT 项目联盟供应商处直接采购部分 IT 项目产品/服务，这一价格通常低于市场价，但采购部为使公司的采购价格更具竞争力，仍会对一些备用供应商进行询价，只是询价频率可以适当降低。及时将询价结果录入电子招投标系统的询价数据库，电脑资讯部协助采购部定期抽查询价结果，以确保询价的有效性。创建电子招投标系统的询价数据库后，采购人员可全面掌控 IT 市场走势及企业 IT 项目的询价信息，可依据市场价格的历史变动情况预测价格走势，为 IT 项目采购规划量化提供参考数据。此外，也有助于管理层和采购人员对采购价格的合理性进行评估，并在与供应商关于价格的谈判中取得必要的筹码。

2.3.2　询价的输入

询价是指从预期的卖方那里获取意见反馈（建议书或投标书）的过程。此过程大部分工作由卖方承担。此时，项目一般没有成本发生。

询价的输入：采购文档与合格的卖方清单。

一些组织会保存有可能的卖方清单或资料文件。这些清单中通常包括可能的卖方的相关经验及其他特点等信息。

若没有卖方清单，项目组织应自己寻找信息来源。一般信息可利用因特网、图书馆目录、相关地方协会、商业目录及类似渠道获取。关于特定供方的详细资料可能需要更深入的工作，例如现场考察、与以往的顾客联系。

2.3.3 询价的工具和技术

1. 投标人会议

投标人会议（也称标前会议）是指买方于准备建议书前所主持召开的会议。该会议旨在确保所有潜在的卖方对采购（技术要求、合同要求等）有清晰及共同的理解。问题的答复可以作为补充内容合并进采购文档之中。在此过程中，所有可能的卖方应当处于完全平等的地位。

2. 广告

可在报纸、专业杂志、信息网络等媒体上刊登广告，来扩充已有的卖方清单。对于某些类型的采购项目，一些政府管辖组织要求刊登公开广告；大部分政府组织要求在对政府合同进行分包时，必须刊登公开广告。

2.3.4 询价的输出

由卖方准备的建议书（或投标书）向所有买方展示提供所要求产品的能力和意愿。按有关采购文档的要求准备建议书（投标书）可以弥补口头介绍的不足。

2.4 供方选择

项目单位接受建议书后，需要依据评审准则来审议所有建议书，进而确定一家供应商，或取消此次采购计划。这一环节对于整个项目采购过程来说十分重要，项目单位相关人员应直接参与。

2.4.1 供应商的选择

企业与优秀供应商建立合作关系，可以优化 IT 项目的采购流程，使 IT 项目的采购效率得到提升，并付出相对较低的采购成本。

（1）制定 IT 项目供应商的评核指标。为使企业与 IT 项目供应商之间的合作关系高效、稳定，对供应商的企业规模、提供产品/服务的能力有一定要求，产品/服务的质量、响应订单的速度、新产品开发能力等都是供应商选择过程中企业需要考虑的方面。对此，企业将IT 项目供应商五个方面的能力作为评核指标，其中主要包括：企业竞争力、产品/服务质量、技术能力、成本控制、服务及订单响应速度。对每个评核项赋予一定的权重值，将评核标准进行量化。

IT 项目采购类型不同，其评核准则也不同。价格是现成产品采购中最主要的因素，但同时要考量供应商是否能够及时交货，若无法按时交货，最低采购成本不等于最低价格。

（2）筛选 IT 项目供应商。首先，建立 IT 项目供应商评估小组。其次，确定 IT 项目供应商的选择范围。分析企业未来对 IT 项目的主要需求，以需求分析结果作为依据，对 IT 项目供应商进行筛选。

针对大型 IT 项目，企业通常不以一次评核结果就确定最终的 IT 项目供应商，往往在进行第一次评核后，筛选出 3~5 名供应商进行下一次更为严格细致的评审，项目单位相关人员应直接参加最后一次的评核工作。在一些情况下，企业会选择多个供应商作为关键产品的供方。

（3）确定目标 IT 项目供应商。在筛选划定 IT 项目供应商选择范围后，通过事先制定的综合评价表对供应商的企业竞争力、产品/服务的质量、技术能力、成本控制、服务及订单响应速度等作量化评核。通过评核，确定了备选供方之后，联系各个供应商，了解 IT 项目供应商的合作意愿，并通过签订协议的方式规定合作双方的权利和义务。

企业与 IT 项目供应商建立合作关系后，继续以年度为周期开展评核工作，评核结果是其年度业务量分配比例的决定因素。企业还需要按周期向供应商反馈评核结果，供应商应回复改进方案，促使其对自身不足的方面作出改善。

2.4.2　项目采购供方选择

供方选择的工作内容包含：接受建议书，按既定评价准则评估供应商并进行选择等。在项目采购供方选择的决策过程中，不仅需要考虑成本，还可能要衡量许多除价格以外的影响因子。

（1）现货采购的决定性因素可能为价格。但是，当供应商无法及时提交货物时，则最低采购成本不一定为最低价格。

（2）建议书（或投标书）基本上可以分为技术（方法）和商务（价格）这两个部分，可以根据这两部分内容分别对项目采购供方进行评价。若建议书针对的产品并不具体，可以把建议书划分成技术、管理、成本控制等不同的部分，由不同的小组分别评核相应的内容。专家建议可考虑成本、技术能力、管理方法等因素作为评核指标对这种建议书进行评价，并为各项标准给定一定的权重值。需要注意的是，若技术能力方面的权重值过大使企业过于关注技术标准，往往会导致成本超支、无法按时完工等不良后果。IT 项目采购成功的关键通常并不在于供方技术能力，而是其对项目的管理方法。

（3）针对关键产品，可能需要确定多个供方作为项目采购来源。

在选择供应商的过程中，可以单独或综合运用各种工具和技术，下面将介绍几种供方选择的工具和技术。

2.4.3　供方选择的工具和技术

1. 合同谈判

合同谈判是在双方签署合同之前，对合同本身和要求做出澄清并达成一致意见，在可能的范围内，最终签署的合同内容需要能够反映谈判过程中双方所达成的所有条款。合同谈判主要涉及的主题包含（但不局限于）技术和管理方法、合同融资和价格、有关各方的责任与权利及相关适用的条款和法律等。

对于大型 IT 项目，买卖双方的主要负责人都会出席参加最后一轮评核过程，由备选供应商提供最终报价。

2. 加权系统

加权系统是一种将定性数据进行量化的方法，采用加权系统对供方进行定性分析可减少人为偏见对供方选择过程的影响。其方法步骤包括：① 将合适的权重值赋给各项评价标准；② 根据每项评价标准对可能的卖方进行打分；③ 将卖方各分项所得分数乘上其被赋予的权重值；④ 合计各项评价标准的乘积结果，计算出卖方的汇总分数。

3. 筛选系统

筛选系统的工作原理是针对一项或多项评价标准设立其最低要求。例如，在考虑建议书的其余部分之前，要求可能的卖方推荐的项目经理必须已通过项目管理专业人士资格认证。

4. 独立估算

独立估算又称为"合理成本"的估算。对于一些采购项目，采购方为检查供方报价的合理性可以自己编制一份独立估算。当报价和独立估算之间差距较大时，说明可能的卖方对工作说明书存在误解或者工作范围不恰当。

2.4.4 供方选择的输出

合同作为供方选择的输出，也可以称为采购订单、分包合同或协议。合同条款可简可繁，主要取决于产品复杂程度。许多组织单位对于合同的签订拥有成文的规定和程序，通常会指定能够签订这种合同的组织单位为代表，被称为采购当局的授权。

所有的项目文档都要在经过一系列的审查和批准之后才能被确立，而合同是具有法律约束性质的，这就意味着合同在被确立之前需要经过更为广泛的审批过程。总体来说，审批过程中的关键是应保证合同文本说明，以及产品和服务是否能够满足指定需求。对于公众机构执行的重要项目，其审批过程更为严格，还需要包括公众对合同的审查。

2.5 IT 项目合同管理与合同收尾

为确保卖方能按合同要求全面履行各项条款，需要采购方管理与卖方之间的关系。对于拥有多个产品和服务供应商的大中型 IT 项目，如何管理各个供货人之间的接口（界面）是合同管理的关键所在。

2.5.1 合同管理的目标

业主方、承包方、监理方等 IT 项目的有关各方都有各自的合同管理目标。业主方的合同管理工作是为了保证 IT 项目的顺利实施，承包方、监理方的合同管理工作不仅仅关注 IT 项目本身，更注重于维护各自的利益。归纳起来，合同管理目标包括下列内容。

（1）保证 IT 项目目标的全面实现。IT 项目合同条件作为合同中的主要内容，会对项目目标的实现进行明确规定。IT 项目的目标又分为总体目标和子目标，主要包括项目进度、项目质量、项目投资等。大型的 IT 项目往往会被分为多个标段，企业需要与多个 IT 项目供应商签署多份合同。若 IT 项目的子目标无法达到，其总目标也将受到波及，导致不良后果。因此，合同管理工作能对 IT 项目目标的实现进行合理控制，保证 IT 项目目标的全面实现。

（2）保证 IT 项目实施工作的顺利进行。IT 项目合同涉及的内容还包含合同双方的权利义务、违约责任、风险分摊及争议解决方法等内容。当合同双方产生分歧时，对于问题的解决方法有理可循。由此可见，合同管理工作能保障 IT 项目实施工作的顺利进行，并降低产生合同纠纷的可能性。

（3）保证 IT 项目合同符合法律要求。对于 IT 项目合同的合法性，必须注意两个方面：一是合同条款不得与法律、法规相抵触；二是协议内容不能侵害国家及公共利益。因此，IT 项目合同的签署、实施、变更、解除等一系列过程都需要符合法律规定。

（4）保证 IT 项目采购的成功。IT 项目合同管理的核心目标是保证 IT 项目采购的成功，主要体现在：业主按预期获得合格的 IT 项目；合同双方对合作过程感到舒适；承包方通过项目验收，公司赢得信誉与预期的利润。

2.5.2　合同管理的流程

IT 项目合同管理工作任务从合同的谈判开始，经过合同的签订与生效，直至合同失效。可见，合同管理经历 IT 项目全生命周期，其管理流程如图 2-1 所示。

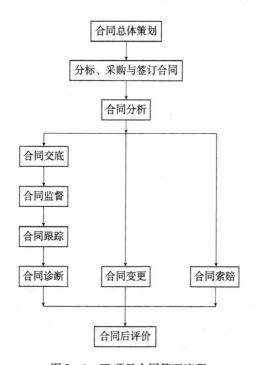

图 2-1　IT 项目合同管理流程

1. 合同的总体策划

在这一阶段，研究 IT 项目合同的最关键问题，分析影响合同的主要因素，从而确定合同体系、类型、风险分摊等。

2. 分标、采购与签订合同的管理

对 IT 项目进行标段的划分，按招标等方式对一个或多个标段分别进行采购，并签署相应的合同。

3. 合同实施的控制

项目合同实施的控制工作包含合同的分析、交底、监督、跟踪、诊断、变更和索赔等几个方面。每份合同都有其单独的实施过程，而各个合同的实施过程构成整个 IT 项目的实施。

4. 合同的后评价工作

在合同管理工作结束后，对于整个过程中的管理方法、内容及成效等，进行经验和教训的总结，以便更好地服务于今后的合同管理工作。

2.5.3 各方的合同管理工作

在整个 IT 项目中，项目参与者和相关各方都需要开展相应合同管理工作。然而，像业主、承包人、监理人、政府行政管理部门、律师及仲裁机构与法院等不同的单位或人员，在 IT 项目中有着各自不同的角色，其合同管理工作的角度、性质、内容和侧重点也不尽相同。

1. 业主

业主是合同的参与者，依据合同开展项目，进而达成 IT 项目的总体目标。业主的合同管理工作主要包括：

（1）对合同进行总体策划，确定合适的合同类型，选择合理的 IT 项目的管理模式及承发包模式等；

（2）委托监理人负责的业主需要完成相应的合同管理工作；

（3）确定与合同的签署相关的事项，选出项目的承包人及监理人等，向有关各方委派相应的 IT 项目任务，并组织合同的签署工作；

（4）在宏观层面上控制 IT 项目合同的实施过程，主要负责对实施过程中产生的重大问题进行决策；

（5）在合同规定工期内验收已完工项目，按协议向承包人支付 IT 项目价款等。

2. 承包人

承包人是 IT 项目合同的实施者，需要与业主在同一组织层面上开展合同管理工作。由于整个 IT 项目实施的主导活动通常是承包合同中所协定的项目活动，因此承包人的合同管理工作对项目的实施影响最大。

承包人的合同管理工作开始于参加相应 IT 项目的投标阶段，贯穿于整个在承包合同中确定的项目范围，直到竣工交付，运维期结束为止。在整个 IT 项目合同管理工作中，承包人需要具体地进行投标报价，按照所签署的承包合同，完成项目的设计、实施、供应、竣工和运维任务，并且计划、组织、协调和控制相关 IT 项目的实施，遵循合同中所约定的承包人应尽的义务。

3. 监理人

监理人受业主委托，负责合同管理工作中的决策咨询及具体事务等，如草拟合同、合同解释、到场监督、协调业主与承包人及有关各方间的合作关系等。

4. 政府行政管理部门

政府行政管理部门是 IT 项目的市场管理者，按照相关法律规定管理和监督 IT 项目合同的签署和履行过程，并做好服务工作。政府行政管理部门的目标是：保证 IT 项目合同符合法律规定，维护社会公众利益。其合同管理工作主要包括：管理 IT 项目合同双方资质，监督合同签订规则和过程，确保公平、公开、公正，并处理好合同签署过程中发生的违反法律、法规的行为等。

5. 律师

律师接受委托或指定为企业提供法律服务，因此更关注合同中存在的法律问题，其主要工作是为合同的一方对合同的合法性进行控制与审查，并帮助解决合同争执。

6. 仲裁机构与法院

当业主和承包人难以采用协商、调解等手段解决合同纠纷时，需要通过仲裁或诉讼等法律手段加以解决。此时，合同管理还需要涉及仲裁机构、法院等。

各方的合同管理工作中，业主和承包人的合同管理工作是基础与重点。

2.5.4　主要合同关系

IT 项目的合同往往数量众多且类型不同。一般是通过合同建立各项目参与方之间的内部联系，形成以 IT 项目为主导、以业主为主线、以承包人为重要节点的合同网络。

1. 业主的合同关系

业主作为 IT 项目的发起者、组织者，往往根据项目的需求分析结果，制定项目总体目标，并控制目标的具体实现。然而业主的行为属于投资行为，大多数情况下不具备相应的专业资质。因此，为确保项目目标的实现，业主需要将 IT 项目的项目咨询、设计、实施、设备供应等工作委托出去，组织市场上各方力量，合作参与 IT 项目建设，形成各种合同关系。

业主的合同关系与承发包和采购模式有着重要关联。从承发包范围角度，业主的合同关系包括 IT 项目总承包合同、设计总承包合同、总实施合同等。从 IT 承发包内容角度，业主的合同关系包括 IT 项目设计合同、实施合同、监理合同等。

2. 承包人的合同关系

承包人与业主签订 IT 项目合同后，需要完成合同规定范围内的项目设计、开发、实施、运维等工作，并为完成这些工作投入劳动力、设备等生产要素。当承包人受到项目规模或人员、技术力量等条件的限制，不可能或不必要单独完成所有项目时，作为总承包人，可以将项目分包出去，从而形成以总承包人为核心，总分包合同为基本格局的合同关系。承包人的合同关系包括劳务分包合同、专业分包合同、租赁合同等。当业主采用 IT 项目总承包模式时，承包人的合同关系还包括设计分包合同、实施分包合同等。

2.5.5　合同收尾

合同收尾包含项目核验及管理收尾这两方面的工作。合同中对合同收尾的工作流程作出规定，其中将合同提前终止作为合同收尾的一种特殊情况。

这些过程与其他知识领域的过程相互作用，而且每个过程都涉及来自一个人、多个人或团体的工作。虽然这里把各个过程分开来进行描述，但实际上他们可能是相互重叠的。这些过程一般是按顺序发生的，前一过程的输出结果会成为后续过程的输入。但其中某些过程可以不发生或以非正规方式发生。IT 项目采购管理的工作流程应包含采购前准备、采购方案评核和采购计划的实施。

合同收尾即终止合同，解决尚未了结的事项。

1. 合同文件整理归档工作

（1）合同本身及所有有关的表格和清单的整理归档。

（2）经过批准的合同变更的整理归档。

（3）承包人提出的技术文件、承包人的进度报告、单据和付款记录等财务文件及所有相关检验报告的整理归档。

2. 特殊情况下的合同收尾

（1）单方解除时的合同收尾。《中华人民共和国合同法》第九十七条规定，合同解除后，尚未履行的，终止履行；已经履行的，根据履行情况和合同性质，当事人可以要求恢复原状、采取其他补救措施，并有权要求赔偿损失。

（2）因当事人违约无法按原合同规定履约时的合同收尾。在合同因当事人违约无法按原合同约定履行时，一方面应当积极追究违约当事人的违约责任，另一方面应当及时做好合同的收尾工作，包括合同文件的整理归档，总结合同签署和履约过程中的经验教训等。

（3）合同义务的履行。IT 项目合同中通常有 IT 项目后期维护和修理的约定。因此，合同履行完毕后，当事人应当遵守项目相关约定，提供 IT 项目的后期维护和修理。

2.6　案　例

1. 项目背景

某石油分公司（以下简称为分公司）成立于 1999 年 5 月，按照国际石油公司惯例组建运行，承担了中国大部分的天然气、石油的勘探开发工作。此公司由勘探开发部、技术部、生产部、钻井部等 16 个单位和部门组成；拥有一支年轻、精干、知识程度高、现代化、结构合理的高素质领导班子。目前，分公司已在中国南海海域发现油气田十多个，其中投入生产的已有 2 个气田和 5 个油田，公司天然气和原油年均生产产量可观。

2. 分公司采购计划的编制

采购计划编制是项目采购管理过程中需要考虑的第一步，确定项目的哪些需求是项目所必需的，它包括决定是否需要采购、采购什么、如何采购、采购数量及采购时间等问题。在这个阶段，对大部分的项目而言，计划编制人员必须要有创新性，并且要考虑到项目的各个方面。它的输出会影响采购后续过程的输入，会作为紧邻其后过程的起点，并且对后续过程的发生与否产生决定性的作用。一旦决定对外采购，则必须对每项所需的产品进行一次全过程的管理。若决定不对外采购仅仅利用内部资源就能够满足生产需求，则不需要执行以上程序，此种情景一般在一些小型的内部项目和企业想要保密项目技术研发的情况下发生。

影响采购计划编制的关键因素有：① 采购周期，采购方对需要进行采购的物资归类整理，决定订购并下订单到发货运送整个过程所经历的时间，也就是周期性两次采购间隔的时间；② 计划方式，规划不同的物资采购方式；③ 订货点，计算仓库必须发出订货通知的物资储备量极限值；④ 批量政策，有针对性地定义不同的物资采购批量政策；⑤ 批量值，若使用的不是直接批量，则需要对相关物资批量采购的数量进行限定；⑥ 分批原则，若计划采用分批方式采购，则需要制定分批采购的原则及相邻两批采购任务相差的时间；⑦ 取整倍数，某些物资必须按照整数或者一定的批量单位采买，必须要制定与其相匹配的按打或按箱等的采购数量原则；⑧ 批破坏量，针对需要进行毁坏性查验的物资制定计划增补量。

3. 分公司采购计划编制流程

目前分公司主要采用电子采购方式，电子采购是由采购方发起的一种网上采购行为，是一种线上行为。分公司电子采购主要使用的是 SAP 系统，采购计划也是根据 SAP 系统给出的流程编制而成，主要流程有集团集中采购（如图 2-2 所示）、自行招标采购（如图 2-3 所示）等。

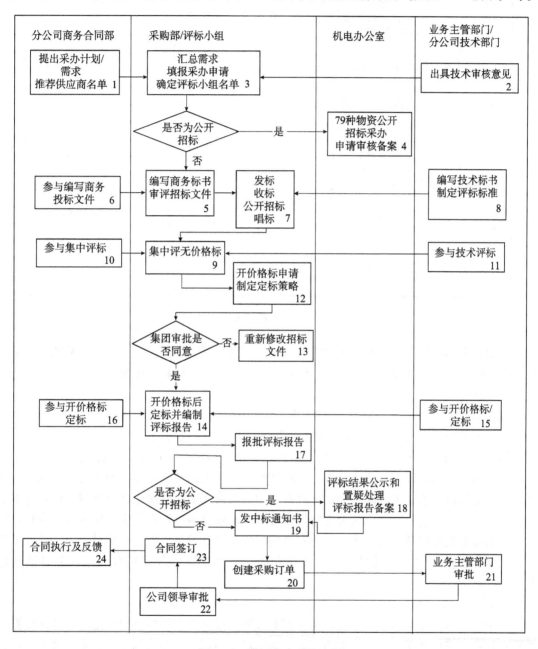

图 2-2　集团集中采购流程

就整体而言，此物资采购系统缜密周详，基本涉及流程的方方面面。但我们实地了解调查分公司后，发现这个系统的实用性并不是很强，实际使用率也不高，原因在于虽然系统严谨周密，但是过多的程序设置相反使工作变得烦琐而降低了工作效率。为提高系统的实用

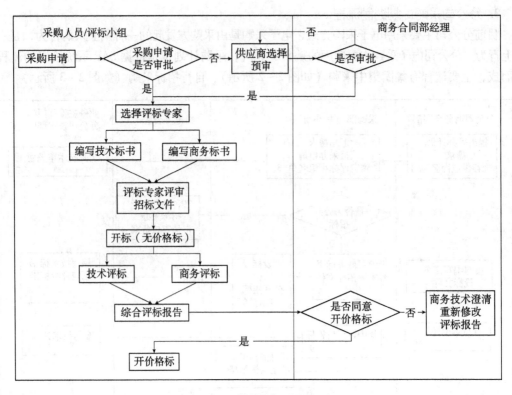

图 2-3　自行招标采购流程

性，考虑到实际使用中的影响因素和应用对象，在此基础上应充分考虑系统程序间的集成性，最大限度地适应企业的实际需要，建立一个符合企业需求的应用模型。

4. 询价

询价是作业流程中不可缺少的一个阶段。所谓询价，指在潜在的供方候选人当中挑选出最有资格完成任务的候选人，即供方资格确认。一般通过指定网站上的招标公告或刊物等媒体获取相关询价信息，采购人就是在这个阶段获得供应商的投标建议书。

在请购单送达分公司，分公司充分了解当前的采购预算及库存情况的前提下，应第一时间与供应商取得联系。供应商一般不会对常态性采购或者采购标准零件有疑问。他们对于那些非标准品尤为关注，在询价时为方便报价要再三确认给供应商提供完整且正确的资料。因为供应商要想在短时期内及时作出正确有效的报价文件必须要借助这些资料。为了减少日后双方在产品质量认知上的意见不一及其他纠纷，在准备询价所需材料的工作上必须慎之又慎。

5. 供方选择

所谓供方选择简单来说就是选择供应商的过程。在这个阶段分公司根据已有的评价标准在潜在的供应商中选择一个合格的供应商，当然对于不同类型的采购品分公司会采用不同的评价标准。

采购方接到采购任务单后，首先根据既定的评价标准选择出一家合适的供应商。如果要寻找新的供应商，则要重新按照选择步骤进行预选和评定。如果供应商被厂家或用户指定，采购方应该根据既定的规范评估供应商，若供应商某些方面不符合要求，应该及时主动与厂家或用户进行协商解决，若无法变更供应商，采购方应从采购合同条款上约束该供应商并书面通知用户相关供货情况。

常规型采购品项指的是那些供应风险小、支出少的采购品项，采购时要着重注意尽可能使花在采购上的时间和精力最小化。当采购规模达到一定标准时，应该采用邀请招标的方式。在选择供应商时，应该在达到技术要求的供应商中选择有良好的历史业绩并且价格最优惠的一方。

杠杆型采购品项指的是那些供应风险小、支出大的采购品项，采购时要着重注意尽可能使采购的价格和成本最小化，主要采用单次多家询价的采办方式。在选择供应商时，应该在达到技术要求的供应商中选择价格最优惠的一方。

6. 分公司合同管理

合作双方为了达成合作，从有合作意向伊始到签订合同这段期间往往会付出巨大的人力和物力。双方在合同签署前会仔细斟酌条款的设置为己方争取最大的权益，然而合同签署后的态度又截然不同。在中国，通常情况下，合作的双方往往不会花费过多的精力来管理合同，除非出现某些特殊问题才会有针对性地采取解决措施。这种事后处理的管理模式，费时费力不说，还有可能使双方对接下来的合作失去信心，不利于合作的成功。如果能在问题出现之前，就能预测问题的发生并采取预防措施，那么许多问题就能在出现之前得到避免或解决，使双方合作更加融洽满意，为此分公司开发出一套合同管理流程，如图 2-4 所示。

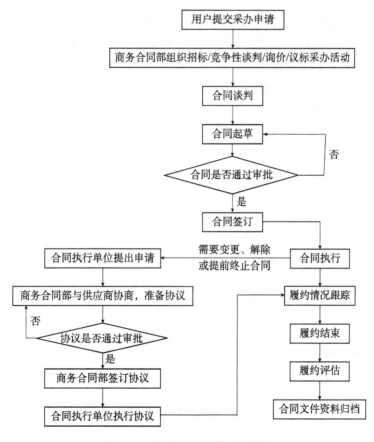

图 2-4　分公司合同管理流程图

分公司与合作方的合作法律关系，很显然是通过合同实现的。合同是企业日常经营活动的准则，在企业活动中是使用得最频繁、最无可或缺的法律文书，相当于企业的"法律"。合同在企业的经济交往中越来越重要，企业的日常经营必须以合同（法律文书）为约束，随着经济全球化进程的加深，企业的经济交往更加密切，因此合同管理的作用也在企业管理中愈加突出。在实际管理时，合同管理通常被分为专业管理和综合管理。对合同进行综合管理是从对当事人资格审查到合同履行的全过程的管理，在合作的整个过程中合同管理起着保驾护航的作用，这有利于所签合同当事人考察合作伙伴是否合格合法，保证合同的合法和有效执行，一定程度上能降低经营风险，并能够有效督促合同双方严格履行合同义务。当产生纠纷时，合同是一个有效的约束文件，能有效减少违约事件的发生。

合同管理的作用并不局限于简单地约束双方履行合同义务，还在于合同签订后双方的合作出现意外情况时，为管理合同变更服务提供依据，如改正错误或提供额外服务等。好的合同管理，有利于预先避免可能引发的额外成本、质量下降、工期延误等问题。合同管理的方式多样，企业选择合同管理的方法主要根据合同的性质、签订合同的双方之间的关系及合同标的性质来决定。合同管理时可以选择全过程密切监督合同的执行，当然这容易引起合作伙伴的防备心理，使对方觉得自己不被信任，一定程度上不利于合作的顺利完成；另一种情况是对某些特定的、较为重要的环节或指标加以特殊监督。一旦发现问题，既可以选择与对方协商解决，也可以严格执行合同条款规定的内容。

7. 案例分析

以某石油分公司采购过程管理为例，分析探究石油分公司采购过程管理的实际情况，可以得出如下结论：应该围绕项目管理的中心思想来探讨石油分公司的采购工作，在采购过程中采购方要事先做好采购计划编制，严格按照采购编制的流程，重视与供应商之间的关系管理；采购工作关系到多个部门，要注意协调好各部门之间的任务分工，确保职能分工明确；处理好部门利益与集体利益的关系，要站在整个企业的高度制定企业目标和部门目标，尽量避免两者之间的冲突。

第 3 章
IT 项目采购招投标

3.1 招标原则与分类

国际上使用招标方式采购较早，而我国从改革开放后才开始引入这种采购方式。随着经济发展不断加快，招标方式逐渐涉及越来越多的行业和领域，例如利用国外贷款、机电设备进口、IT 项目采购发包、成套设备等。总体来看，通过招标这种采购方式能够营造更加公平的竞争环境，更好地规范交易者行为，提高资金的使用效率，具有较大的优势。

3.1.1 招标原则

招标投标活动必须遵守的基本原则包括"三公"原则和诚信原则。

1. 公开原则

公开原则是指招标的所有程序都必须公开透明，保证每一个参与者有同等的知情权。

2. 公平原则

公平原则要求给予投标人平等的机会，保障权利同等于义务，无任何歧视。

3. 公正原则

公正原则要求招标过程必须严格遵守相关的法律法规，公正对待所有参与者。招标人须按照事先确定的定标原则依法确定中标人。

4. 诚实信用原则

诚实信用原则是招标最基本的原则之一。诚实信用原则要求参与者要考虑其他人的利益，不得故意损害他人利益，以相关法律法规为依据行使自己的权利，不得出现规避招标、泄露标底等违法行为。

3.1.2 招标分类

《中华人民共和国招标投标法》在公开、公平、公正、诚实信用原则的基础上，将招标投标活动直接分为公开招标和邀请招标这两种方式。

关于公开招标和邀请招标的具体阐述如下。

1. 公开招标

1）公开招标的概念

公开招标是指通过招标公告公开邀请投标人参与投标的招标方式。

2）公开招标公告

（1）标讯发布媒介。公开招标是一种比较传统的招标方式，以招标公告为标底，通过相关的媒体进行公开发布。在我国，标讯大多发表在《经济日报》《人民日报（海外版）》《中国日报》等报纸上，《联合国发展论坛》则是刊登世界银行招标信息的园地。此外，越来越多的招投标通过互联网平台进行发布，如中国的"中国采购招标信息网"、欧盟的"招标电子日报""采购改革网络"等。

（2）招标公告内容。招标公告的内容应该符合相关规范，应包含投标人需要的各方面的信息。具体包括项目的性质、规模、实施地址、实施时间、投标情况及招标人的具体名称与招标地址等。项目的性质就是指该项目是属于公共事业、基础设施、政府投资、私人投资还是国外资金投资等。项目的规模即要指出该项目是大型项目还是小型项目，项目的预算投资资金数量是多少等。项目的实施时间涉及的内容较多，包括材料交付日期、采购周期、竣工日期等。

3）公开招标优缺点

（1）公开招标的优点。参与公开招标的承包人拥有一个平等的竞标机会，能够使得招标项目被合适的投标者承包，在造价和工期方面更好地实现预期目标。

（2）公开招标的缺点。公开招标所需要的时间较长、费用较高。

4）公开招标注意事项

公开招标要注意不能将关键的信息提前泄露给部分投标者。在公开招标的过程中必须加强监管工作，防止作弊行为发生。

2. 邀请招标

1）邀请招标的概念

邀请招标也称选择性招标，是指招标人可以根据供应商或承包人的资信和业绩选择合适的投标人（不能少于三家），并通过发出投标邀请书邀请其参加投标活动。

2）投标邀请书

（1）被邀请的条件。邀请招标是为了让投标人选择合适的承包人进行投标，排除一些不符合条件的法人或者相关组织。首先，招标人发出投标邀请书的数量不得少于三个，无投标邀请书的承包人不得参与竞标活动；其次，参与竞标的法人或者相关组织必须具备良好的声誉，排除那些不符合投标资格的承包人，而且承包人须有能力承担招标项目。邀请招标可以进行资格审查，以确定投标人是否达到投标要求。

（2）投标邀请书内容。邀请招标所发出的投标邀请书即相当于招标公告，是招投标活动最基本的招标文件。投标邀请书须包含必要的投标信息，投标人根据相关信息确定是否能够接受投标条件，以及具体的投标程序与参与过程。投标邀请书须列明招标项目的性质、规模、实施地址、实施时间及实施的具体要求等，当然招标人也可以根据具体情况进行适当的补充。

3）邀请招标优缺点

（1）邀请招标的优点。邀请招标不需要发布招标公告，省去了资格预审这一项工作，节约了一些时间和成本，提高了投标活动的效率。而且相对于公开招标，邀请招标的招标人对承包人具有更深的了解，减少了由于承包人违约所带来的风险。

（2）邀请招标的缺点。邀请招标中参与投标的投标人数量较少，导致各投标人间的竞争力较小，这样可能会排除一些更加合适的承包人。因此，以下几种情况可以考虑使用邀请招标的方式：招标项目的技术新而且复杂或专业性很强，只能从有限范围的供应商或承包人中选择；招标项目的价值低，合同金额不大，招标人只能通过邀请招标来限制投标人数量，节约成本，提高效率；工程招投标有其他特殊原因，如时间限制等。

3. 公开招标与邀请招标的区别

1）发布信息方式

公开招标是通过招标公告的方式来发布信息；而邀请招标则是通过投标邀请书的方式来发布信息。

2）选择范围

公开招标面向的是所有符合招标公告要求的法人或者相关组织，其范围相对较大；而邀请招标是只面向招标人发出投标邀请书的承包人，招标人事先知道投标人的数量，与公开招标相比，范围相对较小。

3）竞争范围

由于公开招标面向的范围较大，竞争者相对较多，导致竞争范围也相对较大，激烈的竞争更容易做出更加合理的投标决定，得到最好的投标结果；而邀请投标则由于其面向的范围相对较小，竞争力相对较弱，其竞争范围比较小，因此招标人的选择较少，可能导致一些技术更好、竞争力更强的承包人被排除在外。

4）公开程度

公开招标必须按照相关的法律法规进行各项程序，本着"三公"原则与诚信原则，其公开程度较高，作弊的可能性较小；而邀请招标的公开程度相对较低，发生违法作弊行为的可能性相对较大。

5）时间和费用

邀请招标不发出通知，只需要发出几次投标邀请书，招标文件相对较少，因此节省了一些招标时间，同时也减少了招标成本；而公开招标的程序较多，招标公告、评标及合同的签订等都需要大量的文件，因此招标时间较长，成本也较高。

3.2　IT 项目招标与投标程序

IT 项目招标（竞争性采购）是最富有竞争性的一种采购方式，是 IT 项目采购的首选方式。招标是指业主对 IT 项目潜在投标人进行审查、评比和选定的过程。IT 项目的招标是国际与国内普遍采用的、比较成熟的而且科学合理的采购方式。IT 项目招标方式既能为业主选择一个高效率的承包人，又能保证按规定的时间和成本圆满完成 IT 项目。对投标人而言，给他们提供了一个公平竞争的市场环境，从 IT 项目建设市场上靠自己的能力和实力获得 IT 项目任务和相应的报酬。在我国社会主义市场经济条件下推行招标承包制，对于健全 IT 市场的竞争机制，促进资源的优化配置，提高 IT 项目管理水平和经济效益，保证 IT 项目工期和质量都具有十分重要的意义。

3.2.1 招标

1. 制定招标计划

根据国家有关规定、IT 项目特点及 IT 项目的组成情况，按照有利于 IT 项目实施和便于控制的原则，系统地将 IT 项目分为若干个标，一般可以分为项目工程建设标、硬件采购标、软件开发标、系统集成标、网站建设标、咨询服务标等。在此基础上，将标的划分、计划招标时间、招标内容、招标方式、投标人资格要求等内容予以明确，编制成招标计划，如有必要，还需报 IT 项目主管部门批准。

2. 发布招标公告

当采用公开招标方式时，需要发布招标公告。招标公告是指招标人以公开方式邀请不特定的潜在投标人就 IT 项目某一标的进行投标的明确意思表示。公开招标的招标信息必须在相关媒体上通过公告的方式予以通告，使所有合格的投标人都有同等的机会了解招标要求，以形成尽可能广泛的竞争局面。发布招标公告是公开招标的第一步，也是决定投标竞争的广泛程度，确保招标质量的关键一步。

3. 资格预审

1）投标人投标合法性

投标人投标合法性审查包括投标人是否是正式注册的法人或其他组织；是否具有独立签约的能力；是否处于正常经营状态，是否被责令停业，有无财产被接管、冻结等情况；是否有相互串通投标等行为；是否正处于被暂停参加投标的处罚期限内等。经过审查，确认投标人有不合法的情形的，应将其排除。

2）投标人投标能力

了解投标人的概况，即投标人的名称、住所、电话，经营等级和资本，近几年的财务状况，已承担的 IT 项目任务，目前的剩余能力等；审查投标人的经验与信誉，看其是否有曾圆满完成过与招标 IT 项目在类型、规模、结构、复杂程度和所采用的技术及实施方法等方面相类似 IT 项目的经验，是否受到以前 IT 项目业主的好评，在招标前一个时期内的业绩如何，以往的履约情况等；审查投标人的财务能力，审查其是否具备完成 IT 项目所需的充足的流动资金及有信誉高的银行提供的担保文件，审查其资产负债情况；审查投标人的人员配备能力，对投标人承担招标 IT 项目的主要人员的学历、管理经验进行审查，看其是否有足够的具有相应资质的人员具体从事 IT 项目的实施；审查完成 IT 项目的硬件设备配备情况及技术能力，审查其是否具有实施招标 IT 项目的相应硬件设备，并是否处于良好的工作状态，是否有技术支持能力等。根据规定，国家对投标人的资格条件有明确规定，招标人应以此为标准审查投标人的投标资格，同时，国家规定有强制性标准的，投标人必须符合该标准。

3）审查方式

招标人对投标人的资格审查可以采用资格预审和资格后审两种方式。资格预审是指招标人在发出招标公告或投标邀请书以前，发出资格预审的公告或邀请，要求潜在投标人提交资格预审的申请及有关证明资料，经资格预审合格的，方可参加正式的投标竞争。资格后审是指招标人在投标人提交投标文件后或经过评标已有中标人选后，再对投标人或中标人选是否有能力履行合同义务进行审查。实践中，对于大型或复杂的 IT 项目，在正式招标前，一般都采用资格预审的办法确定潜在投标人。

4）审查要求

审查投标人的投标资格是招标人的一项权利，但由于资格审查的结果直接导致潜在投标人或预选中标人投标或中标权利的丧失，因此，如果招标人滥用这一权利，将会直接侵害潜在投标人的合法权益，影响招标的公正性。为此，招标人应当根据招标 IT 项目本身的要求对投标人进行资格审查，不得以不合理的条件限制或者排斥潜在投标人，不得对潜在投标人实行歧视待遇。

4. 编制招标文件

招标人应当根据国家有关规定，结合 IT 项目特点和需要编制招标文件。根据有关规定，应该使用示范文本，示范文本的合同条件中"通用合同条件"应全文引用，不得删改。"专业合同条款"则应按其条款编号添加内容，并根据 IT 项目实际情况进行修改和补充。

5. 招标申请

在招标文件（应经专家审查）编制完成后，招标人将招标公告发布的时间及公布的媒体、开标时间、评标办法及招标文件等递交 IT 项目主管部门，提出招标申请，经批复后实施。

3.2.2　投标

1. 投标准备

投标准备中既有投标人应做的工作，也有招标人的工作。招标人必须对投标人应做什么有所了解，这样才能对各阶段内应完成的相应工作有的放矢，让工作更有针对性。所以招标人应起引导作用，为获得一个满意的投标人奠定坚实基础。

2. 标书编制

投标人应当按照招标文件的要求编制投标文件。投标文件应当对招标文件提出的实质性要求和条件做出响应。对于有些 IT 项目，其投标文件的内容应当包括拟派出的 IT 项目负责人与主要技术人员的简历、业绩和拟用于完成招标 IT 项目的机械设备等。

3. 文件送达

按照通常的理解，投标文件应当按照招标文件要求的时间地点送达，送达包括直接派人将投标文件送到招标地点（直接送达）、通过邮局将投标文件寄给招标人（邮寄送达）、委托他人将投标文件带到招标地点（委托送达）等方式。从投标的严肃性和安全性来讲，直接送达更为适宜。投标人将投标文件按照招标文件规定时间、地点送达以后，招标人应当签收。如果投标人送达投标文件时已经超过了招标文件所确定的截止时间，招标人应当拒收。

3.2.3　投标文件递交与签收保存

投标人应当在招标文件要求提交投标文件的截止时间前，将投标文件送达投标地点。招标人收到投标文件后，应当签收保存，不得开启。投标人少于三个的，招标人应当重新招标，这种情况在国外称之为"流标"。按照国际惯例，至少要有三家投标者才能带来有效竞争，因为两家参加投标缺乏竞争，投标人可能提高采购价格，损害招标人利益。在招标文件要求提交投标文件的截止时间后送达的投标文件，招标人应当拒收。

3.2.4　开标

开标应在招标公告（国家指定的报刊、信息网络或者其他媒介发布）或者投标邀请书规定的时间、地点公开进行，所有的投标人均应派代表参加，并在招标人指定的登记册上签名报到。由招标人或委托的招标代理机构的代表主持开标会议，招标人和有关单位派代表参加，必要时主管部门和贷款单位派代表参加。开标时间应当在招标文件中明确规定，于提交投标文件截止的同一时间开标，以免造成投标文件失密或被怀疑泄密。经确认无误后，按投标文件接到的时间次序，公开启封投标文件正本，并公布投标人名称、投标总价（如国际招标要宣读人民币和外币部分）、投标价格折扣或修改函、投标保函、投标替代方案价格等。

3.2.5 评标

1. 评标委员会组成

评标由招标人依法组建的评标委员会负责。依法必须进行招标的 IT 项目，其评标委员会由招标人的代表和有关技术、经济、法律等方面的专家组成，成员人数为 5 人以上单数，其中技术、经济、法律等方面的专家不得少于成员总数的 2/3，经济、法律方面的专家应占相当的比例，不能少于 2 人，如果评标专家 9 人以上，经济、法律方面专家应在 3 人以上。专家应当从事相关领域工作满 8 年并具有高级职称或者具有同等专业水平，由招标人从国务院有关部门或者省、自治区、直辖市人民政府有关部门提供的专家名册或者招标代理机构的专家库内的相关专业的专家名单中确定。一般招标 IT 项目可以采取随机抽取方式，特殊招标 IT 项目可以由招标人直接确定。评标委员会成员名单在中标结果确定前应当保密。

2. 评标要求

招标人应当采取必要措施，保证评标在严格保密的情况下进行。评标委员会成员不得与外界有任何接触，有关检查、评审和授标的建议等情况，均不得向投标人或与该程序无关的人员透漏。任何单位和个人不得非法干预、影响评标的过程和结果。在评标过程中，评标委员会可要求投标人对投标文件中含义不明确的内容进行澄清或说明，但不得超出投标文件的范围或改变投标文件的实质性内容。

3. 评标标准和方法

评标方法是指依据招标文件中载明的评标标准对投标文件进行评审的具体方法。根据招标项目规模的大小、技术复杂程度、招标范围和评标内容的不同，招标人在制定评标标准的同时制定出相应具体、详细的评标方法，并在招标文件中注明。一个招标项目只能有一个评标方法。

按照招标文件规定的评标方法，对投标文件进行评审。根据评标标准，评标方法包括合理最低投标价格评标法、综合评标法两种基本方法。结合 IT 项目采购特点，IT 项目评标方法可以采用合理最低投标价格评标法、综合评标法、寿命周期收益法、两阶段评标法、投票表决法和其他评标方法等。

4. 评标报告

评标委员会完成评标后，应当向招标人提交书面评标报告，并推荐合格的中标候选人。评标报告是评标委员会评标结束后提交给招标人的一份重要文件。在评标报告中，评标委员会不仅要推荐中标候选人，而且要说明推荐的具体理由。评标报告作为招标人定标的重要依据，一般应包括以下内容：评价投标人的技术方案，分析技术、经济风险；评价投标人技术力量、设施条件；对满足评标标准的投标人的投标进行排序；需要进一步协商的问题及协商应达到的要求。

3.2.6　定标

招标人根据评标委员会提交的书面评标报告，结合具体情况在推荐的中标候选人（通常为 1~3 个）中确定中标人。招标人可以选择排序第一的中标候选人为中标人，也可以选择排序第二或第三的中标候选人为中标人。例如，当采用综合评分法评标时，三个中标候选人的得分相差无几，尽管排序第三的中标候选人比前两位候选人评分低，但是如果其技术实力雄厚、技术方案先进（尤其是技术复杂的项目），此时，招标人可以选择排序第三的中标候选人中标。在某些情况下，招标人也可以直接授权评标委员会确定中标人。中标人确定后，招标人应当向中标人发出中标通知书。

3.2.7　合同订立与签订协议

按照合同法及《中华人民共和国招标投标法》的规定，自招标人发出中标通知书之日起，承诺生效，合同成立。同时相关法律法规规定，在合同订立后，还需要签订协议书。自中标通知书发出之日起 30 日内，招标人和中标人应当按照招标文件和投标文件订立书面协议，中标人应提交履约保函。签订书面协议的目的是：一方面可以弥补中标通知书过于简单的缺陷；另一方面可以将招标文件和投标文件中规定的有关实质性内容（包括对招标文件和投标文件所做出的澄清、修改等内容）进一步明晰化和条理化，并以协议形式统一固定下来，保证合同的履行。

3.2.8　合同生效与合同履行

1. 合同生效

合同生效分为 4 种情况：一是国家法律法规有规定者，遵照其执行，例如需要报请行政主管部门批准、鉴证、公证后生效；二是合同当事人双方附条件、附期限生效；三是双方约定生效日期；四是招标人向中标人发出中标通知书时开始生效，即自合同成立时合同生效。由此可见，除第四种情况外，其余三种规定表明，合同成立与合同生效有一定的时间间隔，合同成立并不意味着合同马上生效。

2. 合同履行

当合同生效后，当事人双方履行合同，自此，IT 项目招标采购结束，IT 项目合同进入履行阶段。合同订立并不是履行合同的标志，合同生效才是履行合同的标志。招标文件中的投标须知、合同条件、协议书格式、履约担保证件格式、IT 项目采购预付款保函格式、技术条款和图纸等一般不需附入投标文件。投标文件内容通常可分为商务文件、技术文件、价格文件。

3.3　IT 项目标准招标文件

3.3.1　标准文件

《标准施工招标资格预审文件》和《标准施工招标文件》（以下简称《标准文件》）于 2007 年由国家发展和改革委员会、财政部、建设部、交通部、铁道部、信息产业部、水利部、民用航空总局、广播电影电视总局联合发布，并于 2008 年 5 月 1 日起试行。

《标准文件》是国务院九部委在总结现有行业招标文件模板实施经验的基础上，针对实际中存在的问题，并借鉴世界银行、亚洲开发银行的做法，在实践的基础上编制的。《标准文件》需要努力解决行业在编制招标文件中具有普遍性和共性的问题，规范参与投标活动的当事人的权利和义务，标志着政府对招标投标活动的管理已经从单纯依靠法律制度深化到结合运用技术操作规程进行科学管理。实施标准化文件对于进一步完善统一招投标规则、规范招标文件质量、规范招标投标活动，加强政府投资管理，防止和遏制腐败，促进形成统一、公开、竞争、有序的竞争性招标市场，具有重要意义。

《标准文件》包括《标准施工招标资格预审文件》和《标准施工招标文件》两部分。前者包括资格预审公告、申请人须知、资格审查办法、资格预审申请文件格式等；后者分为招标公告（或投标邀请书）、投标人须知、合同的评估方法和格式条款、工程量清单、图纸、技术标准和要求、投标文件格式等。

《标准文件》和行业招标文件范本采取两个本子的形式，《标准文件》规定通用部分，行业招标文件范本规定本行业专用部分，两个本子结合起来，构成完整的招标文件。《标准文件》发布实施后，已有行业招标文件范本的，要尽快根据《标准文件》修订形成新的行业招标文件范本；准备编制行业招标文件范本的，根据《标准文件》并结合本行业招标特点和管理需要编制；不准备编制行业招标文件范本的，遵照《〈标准施工招标资格预审文件〉和〈标准施工招标文件〉试行规定》执行。

3.3.2　IT 项目采购招标文件

IT 项目采购最主要的采购方式是招标采购，而招标采购必须编制满足规定要求的招标文件。IT 项目采购招标文件包括以下相关内容。

1. 招标文件组成

1）投标邀请函

投标邀请函包括招标通告的内容，采购部门打算签订的具体采购合同等，它是投标人作出投标决定的基本资料。

2）投标人须知

投标人须知应可以向投标人提供编制具有响应性投标文件所需的相应信息，并介绍评标程序等内容。

3）招标资料表

招标资料表应包含具体的采购信息。

4）通用合同条件

通用合同条件即合同条件的第一部分，是适用于所有 IT 项目采购的标准合同条件。

5）专用合同条件

专用合同条件即合同条件的第二部分。它又分为 A 和 B 两部分。A 部分为标准专用合同条件，B 部分为 IT 项目专用合同条件。标准专用合同条件是对通用合同条件中的相应条款予以修改、增删。IT 项目专用合同条件和投标文件附录是对通用合同条件和标准专用合同条件中的相应条款加以修改、补充，以反映合同的具体情况。

6）业主的技术要求

业主的技术要求是招标文件的关键部分，它规定了所采购货物的性能、标准及技术服务的要求等。

7）样表

编写样表的目的是使投标人对采购要求一目了然，便于投标人有效、精确地准备符合业主需求的相应报表。

2. 投标邀请函、投标人须知和招标资料表

1）投标邀请函

投标邀请函是业主向投标人发出的投标邀请文件，其内容要与投标人须知及招标资料表相一致。投标邀请函不属于合同文件的一部分。

2）投标人须知

投标人须知中的说明、要求和规定用于告知投标人投标时应注意的事项。投标人须知的内容应该明确、具体。投标人须知包括六部分：总则、招标文件、投标文件的准备、投标文件的递交、开标和评标、授予合同。

3）招标资料表

业主在发售招标文件之前，需对应投标人须知中有关条款编写招标资料表，并将与采购信息系统、采购程序有关的特殊信息单独列出，目的是为投标人提供具体的资料、数据、要求和规定，这是对投标人须知的补充、修改和具体化。

招标资料表中的信息由业主填写完成，投标人必须无条件遵守。投标人须知的文字和规定是不允许修改的，业主只能在招标资料表中对其进行补充和修改。投标人须知与投标资料表之间的关系类似通用合同条件与专用合同条件之间的关系。当招标资料表中的内容与投标人须知不一致时，以招标资料表为准。

3. 合同条件

合同条件是合同中商务条款的重要组成部分。合同条件规定了在合同执行过程中当事人双方的职责范围、权利、义务和风险，工程师的职责和授权范围，遇到各类问题时双方应遵守的原则及应采取的措施等。

1）通用合同条件

通用合同条件规定合同双方基本的、一般的权利和义务，它是构成合同文件的核心部分。如果通用合同条件中的某些条款需要修改、补充或删除，则要在专用合同条件中进行说明。

2）专用合同条件

IT 项目专用合同条件应列出通用合同条件没有能够给出的信息，并对通用合同条件进行必要的补充、修改、删除和完善。

4. 业主的技术要求

IT 项目采购招标文件中业主的技术要求应包括 IT 项目实施计划在内的所有技术细节，使投标人能提供有竞争力的响应性投标文件。

业主的技术要求应能明确表达业主的业务要求，而不仅仅是纯技术层面上的需求。相对而言，简单的 IT 系统项目采购，投标人更需要业主提供明确的业务与技术要求，以便在投标时更好地满足业主的业务需求。

5. IT 项目实施计划

（1）IT 项目实施计划的内容。IT 项目实施计划是业主技术要求的重要组成部分，应包括：关键信息技术、材料、其他货物和服务，以及子系统的分解；关键的信息技术、材料、

其他货物和服务的数量；系统安装、实施、提供服务的现场情况；对子系统、主要组成部分及系统整体设立安装和接收的里程碑，具体运输方法和交货日期则可由投标人确定。

（2）IT 项目实施计划的作用。里程碑是业主向承包人支付的依据；IT 项目实施计划是业主用来监督承包人日常工作实施情况的重要工具，是确定 IT 项目误期损害赔偿费的依据；IT 项目实施计划中的数量是用来确定各项数量变化的依据。

3.4 案 例

1. 项目背景

某重型机械公司（以下简称 T 公司）是我国重型机械业的产业领头人，每年的物资采购金额巨大，且采购品种繁多，其物资采购又以招标采购为主，采购中心需要开标的数量惊人。T 公司目前采用的采购招标方式主要有公开招标、邀请招标和议标等，评标方法有专家评标法、综合评标法等，繁重的工作量使得采购部门的工作人员疲于奔命，单靠手工完成这些作业效率低下不说，还费时费力，容易出现纰漏。在信息化时代下，公司迫切需要借助网络化的优势，开发研究出一种符合 T 公司特色的采购招标评标系统，来改善目前这种低效率、高成本的情况。

2. 采购招标评标指标体系的构建及评标模型的研究

1）采购招标模型的评标决策思想与目标

T 公司不是对所有的采购物资都采用同一种招标采购方式，而是根据不同采购物资的特点选择不同的招标采购方式，招标结果一般呈现为：标书内容、投标价格及最终的报价。过去公司使用的评标决策方法一直是最低价中标法，长时间以来这种方法的弊端日益显现。由于我国市场的信用体系还不太健全，各项保障措施还不到位，再加上市场竞争越来越激烈，最低价中标并不能保证采购物资的质量，特别是在重型机械这种需要复杂技术性零件的企业中缺点更为突出。在供应链采购领域的招标中，价格虽然是采购需要注意的重点，但也不能顾此失彼，必须在保证质量的前提下追求低价。为了提高采购质量，T 公司采购部门应该对供应商进行多目标评价，综合考虑质量、技术、价格及服务等因素的作用。

为了改善现状，T 公司相关研究人员建立了基于模型驱动的决策支持系统，在公司采购招投标过程中运用多属性评标模型，改善了现有的评标体系，使评标决策更为科学合理。评价模型的建立首先就是要确定评标对象，在评价评标对象时，需要注意以下几点。

第一，合理选择与物资种类相匹配的模型。对于竞价采购或询价比价采购法，适用于技术含量低和集中采购品。这类物资标准化生产，质量相差不大，价格是采购时考虑的最重要的因素，货比三家，有利于节约成本。由于这类物资大部分属于单因素评价物资，计算时只需要进行简单的加减乘除，建立模型计算只会使工作变得更复杂。而对于多指标综合评价，是指将界定的多个评价指标整合在一个框架中，通过模型从整体上综合评价多个影响因素，使决策更为科学合理。

第二，合理构建评价指标体系。每个评价对象都是一个多维度的个体，一个或两个评价指标不能全面地体现评价对象的特征，因此在选择评价指标时，必须考虑到评价对象的方方面面，结合主观因素和客观因素的影响。为了保证评价结果的客观性，还应该结合定性分析与定量分析，使评价对象的各个侧面特征能够从不同的评价指标中反映出来。

第三，合理参考评价结果作出决策。建立评价模型就是为了对待解决的问题作出合理的决策。评价工作是一个人为的活动，主观性色彩很强。上文中已经提到过，为了保证评价结果的客观性，在构建评价指标体系时应该将定量分析和定性分析结合起来。我们应该尽量减少主观成分，加强评价工作的客观性，提高评价方法的科学性，保证评价结果的有效性。

2）采购招标的评标决策流程

T 公司基于模型的采购招标评标决策运作流程，如图 3-1 所示。

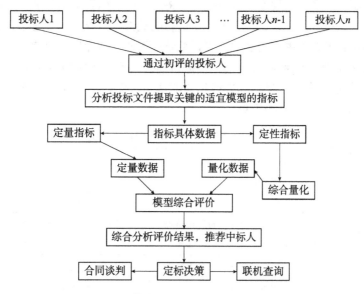

图 3-1　基于模型的采购招标评标决策运作流程

3. T 公司评标指标体系的构建

具体问题具体分析，T 公司实事求是根据自身采购部门的需求建立评标指标体系，这也是建立评标模型的前提和基础。建立评标指标体系首先要了解指标构建的原则，清楚评价的目标和评价对象的需求，分析评价的影响因子，进而才能确定初选指标。在建立初选指标集时，需要运用完备性原则，通常为了全面体现供应商及物资的特征，尽可能地选取较多的指标，这使得指标不够精简有效。对于具体的物资评价体系，初选指标体系的针对性就不够强，这就需要紧紧围绕公司需求点，对初选指标集进一步筛选处理。可以咨询专业人士的意见，减少不必要的指标，使体系更为科学全面，以避免因指标过多引起信息冗余，影响评价效率，最终确定指标体系的层级结构。建立指标体系的基本原则有：简明性与完备性、非相容性与关联性、定量与定性、代表性与差异性相结合。

T 公司按照重型机械制造业物资采购价格的高低、物资对企业影响的大小及对引发企业风险的不同将需要招标采购的物资分为正常物资、集中物资、瓶颈物资及战略物资。前文已经描述过，前两者物资不需要建立模型计算，根据简单的四则运算就可得出，后两者就需要建立模型来计算。因为是重型机械，产品使用材料主要是刚材，价格高、成本占比大。同时又由于对技术性能参数及可靠性能的要求高，T 公司对这些材料长期依赖于进口，因此一直被作为公司招标采购的瓶颈物资，应高度重视、重点管控。

综上所述，T公司重点研究花费成本高、招标次数多、对公司采购有指向性的物资的指标体系构建，即瓶颈物资指标体系构建。这就是上文提及的明确目标和需求，T公司建立评标体系本质上来讲就是针对标的及投标方，明确公司的需求，最终目的是寻找最优的物资供应商。明确了目标与需求后，T公司进一步细化投标方及标的的概念及属性，用相关评价因素来描述它们。目前对于供应商的评价因素主要包含供应商自身的因素及其产品的因素。其中对于供应商自身的评价因素主要有：供应商的企业资质、经营经验、财务状况、企业声誉、履约率、供应商销售类似产品的业绩等。对于供应商产品的评价主要有：价格、质量、生产计划、技术、服务、产品抽检率、故障率等。将以上评价因素细化分解，用精练易懂的语言表示，便形成了初选指标集，在这里为了防止信息的缺失，应该选取足够多的指标。T公司按照目前的资格预审标准及标书评价影响因素，总结如下初选指标集（见表3-1）。初选指标集完成之后，针对不同类型的物资及需求，根据目前公司实际评标过程中的记录情况，再结合相关技术、经济专家的意见，对指标进行相应的增加、删减、选择与优化。经过处理后的指标集即为最终进入模型计算的指标集。

表3-1 T公司标书初选指标集示例

指标层1	指标层2	指标层3	说明
商务评价	资质	注册资金	要达到一定的注册资金
		银行资信	B级、A级、AA级及AAA级
		财务状况 资产负债表	偿债能力
		利润表	获利能力
		现金流量表	未来的发展趋势
		人力资源	管理人员及技术人员的数量
	业绩		本次投标前已生产并已投入使用的与本次投标产品相同的产品数量及使用效果
	标书响应	交货期	交货期的长短
		投标文件的完整性 资质文件	资质文件提供是否完整
		标书完整性	投标人标书制作是否完整、有效
		商务偏离 付款方式	能否接受招标书中的付款方式
		供货方式	供货能力符合招标文件要求
		运输	能否接受招标书中的运输方式
		交货	能否接受招标书中的交货方式
价格评价	总价格		总报价
	价格分解与组成		价格分解
	降价程度		可降价的程度
技术评价	一般技术评价		具体物资决定
	正偏离指标		具体物资决定

续表

指标层 1	指标层 2	指标层 3	说明
质量评价	质量认证体系	ISO 9000 系列	质量认证情况
		质量过程体系	质量认证情况
	产品可靠性		可靠性的评价
	抽检质量		抽检质量
	产品质量证书		产品质量证书
	来料免检		来料免检情况
服务评价	反应时间		对于出现的问题多长时间能够解决
	服务质量		服务质量的好坏
	质保期		质保期的长短
	沟通渠道		沟通渠道是否便利
	参与开发		是否参与开发
	投诉受理		投诉受理的情况

4. T 公司物资招标采购评审过程

翻阅 T 公司的历史招标资料，可以发现 T 公司以前的评标方式是采用综合评分的方法，其标准如表 3-2 所示，评标就是对标书价格、商务、技术三个方面进行打分，得分最高者中标。

表 3-2　以往 T 公司综合评分标准

评审方面	序号	评审因素	分值	评分标准说明
价格评审				排名以有效投标报价由低到高排序，评分分值为：40，35……依次排序
	合计		40	
商务评审	一	资格预审	22.5	资格预审附加合格条件评审标准及条件分乘以 30%
	二	付款条件的偏差情况	2	
	三	交货期的偏差情况	2	
	四	其他商务条款的偏差	3.5	
	合计		30	
技术评审	一	投标文件对招标文件技术部门中"货物技术规格、参数与要求"的响应程度	6	
	二	投标货物技术的先进性与可靠性	4	
	三	投标货物的主要性能指标和生产率	3	
	四	投标货物在使用周期内累计的运营费和维护费	3	
	五	投标货物零部件、备品备件供应情况	2	
	六	对投标货物安装调试的要求	3	

评审方面	序号	评审因素	分值	评分标准说明
技术评审	七	质保期及售后服务保证措施	3	
	八	技术培训措施	2	
	九	招标文件技术部分其他具体标准	4	
	合计		30	

5. 结论

T 公司以往运用的综合评分法，评标标准不够周密，指标的划分也不够严谨，区分度不大。评标专家在评标过程中以主观判断为主的情况不胜枚举，详尽了解、细致分析商务技术部分之后，根据一系列评标标准量化评定的指标，一锤定性。指标量化发挥作用小，经常出现以行业经验判断为主的评标现象；评价指标在设置上有导向性，容易使评标专家特别重视某些要求，而忽视其他方面的重要性；最后，只是简单列出几项评标指标，没有构建合理的评标模型，很容易出现意见相左的情况，出现人为定标的结果。

为了改善现有的评标方法，T 公司依据《中华人民共和国招标投标法》，并结合自身实际情况，运用现场二次报价法和最低中标法。也就是在开标时，在标书通过资格预审的前提下，现场公布其价格，然后由相关技术专家以非公开的形式评定各个方案的可行性；通过以上评定程序的投标方再以密封形式进行第二次报价，最低报价者即为最终中标者。所谓资格预审，就是在评标之前 T 公司需要对参与投标的投标方进行资格预审，挑选出符合要求的少量投标方，来减少评标的负担，提高工作效率，降低成本。结合实际需求及相关专家咨询意见，按照指标设计的原则及资格预审的要求，建立如图 3 - 2 所示的资格预审指标体系。T

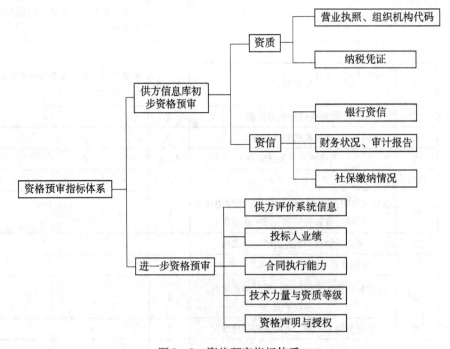

图 3 - 2　资格预审指标体系

公司之所以选择这种评标方法，是因为我国物资招投标采购还处于初级阶段，主要是借鉴工程建设领域的招投标模式。但是，企业物资采购又不同于工程建设领域的招投标。工程建设的特点是暂时性、耗时长、成本高、风险大，评标专家选择中标方时往往非常慎重。但对于 T 公司这样的制造业来说，对物资的需求是连续的，再加上现代化生产大多标准化了，T 公司所需要采购的物资都具有严格的技术规范与标准，这就需要招标系统能满足其招标频率高、耗时短和定标快的要求。

第 4 章

IT 项目采购成本管理

4.1 IT 项目采购成本构成

4.1.1 项目采购成本

采购成本控制是指在成本限额的前提下,以开支限额为基础,通过实际值与限额值的比较,以此来衡量经营的成果,并运用例外管理原则来纠正其不利差异。采取一系列措施降低成本称为广义成本控制,其目的是以最低成本完成预先规定的质量和数量。成本下降直接表现为产品成本降低、利润增加,而这也意味着企业现金流出的减少。作为采购管理的重要组成部分之一,采购成本管理同样对提高企业经营业绩起到重要作用。

4.1.2 采购成本的影响因素

项目采购成本的影响因素有很多,对于 IT 项目采购而言,影响因素包括以下几个方面。

1. 项目采购产品质量对成本的影响

项目采购产品的质量越低,由于质量不合格引起的损失就越大,即故障成本增加;质量越高,相应的质量保证成本也就越高,故障就越少,由故障引起的损失也就相应减少。

2. 工期对成本的影响

缩短工期需要更多的、技术水平更高的人员,直接成本费用就会增加。

3. 管理水平对成本的影响

项目采购成本预算和估算的准确度差,预算过粗会使得项目采购费用的随意性较大,准确度降低;预算过细会使得项目采购控制的内容过多,弹性差,变化不灵活,管理成本加大。

4. 人力资源对成本的影响

员工作为人力资源的主体与企业管理的关键,他们的决策与行为是成本波动的主要因素,而这也就是为何称员工为企业成长的主要推动源。为改善公司产品质量,提高工作效率,降低成本,应在公司员工中树立榜样,培养成本管理意识,建立并培养出一种组织文化,以此降低企业成本。

5. 价格对成本的影响

价格对成本有着最直接的影响,原材料价格提高,成本必然随之上涨。同理,价格的降低也会对项目成本的降低有着积极的影响。

4.1.3　采购成本构成

1. 采购机构所付出的采购成本

从事政府采购所花费的资金与劳动力被称为采购机构所付出的采购成本。采购机构资金成本主要体现在以下几个方面。

（1）评委评标费用：一般定为一个标 100 元，与此同时还需考虑外地评委及其差旅费、住宿费、招待费等。

（2）标书论证成本：包括聘请专家费用、答疑成本、考察费用等。

（3）租用场地费用：有些政府强制政府采购进入招投标市场，而当地采购机构并无开标大厅与投标室，因此需租用场地，付场地租用费。

（4）网站维护费用：包括租用空间费用、域名注册费用、年度审核费用、应用程序开发费用及相应的日常工作费用等。

（5）信息发布费用：采购机构在当地报纸、电台、电视台上发布诸如定点招标与协议供货招标信息、中标信息等，而当地主要媒体把招标信息归入广告经营范畴，且政府没有此方面的优惠政策，因此需支出大量此类费用。

（6）办公费用：包括电话费、加班工资、福利费用、办公用品费用，甚至还包括其他不可推卸的支出等。同时，应把采购机构的采购人力成本物化，用单位时间所完成的工作量与成效来考核。

2. 采购人所付出的采购成本

采购人所付出的采购成本并不如表面上简单，也有很多问题存在。其主要内容包括以下三点：采购项目预算成本、技术参数确定成本、租用开标场地成本（采购机构支付的场地租用费，采购人按一定比例承担相关费用），若采购人员技术匮乏，还需聘请专业人士提供相关方案，并且采购人本身还需花费时间与精力查询相关资料，与潜在供应商洽谈。在不确定具体的要求时，采购人要组织相关人员到外地考察，而这也是总成本的一项重要内容。上述成本均为正成本，与其对立的也就有负成本，它是指采购人在前期准备阶段或者考察过程中为了个人利益，指定或变相指定中标人，从而损害部门利益，导致财政上的资金流失。

3. 供应商所付出的投标成本

根据投标成本性质可将其分为固定成本和非固定成本两类。固定成本具有公开性，它是在投标人事先约定好的情况下，按约定交纳一定比例的费用，包括标书工本费、公证费、中标服务费、场地租用费、招标项目采购预决算费用等。非固定成本指因采购方式的不确定性、投标人的考虑存在差异性、操作存在的误差等导致供应商承担的隐形的投标成本，主要体现在采购机构标书购买方式、投标市场环境、答疑方式、标书条款限制、履约合作顺畅程度、付款方式、整个采购系统工作效率等方面。招标项目采购费用采用之前的招标方式，政府采购方面取消了采购预算这一过程，由于市场管理体制的混乱，一些中介代理机构与采购人想搞所谓的项目采购预算，从而就有了"寻租"行为，这是体制极端不顺造成的。有经验的中标人会把所有的成本都转到投标报价中，以此节约采购成本，节省财政资金。该费用由预算机构做出测算，然后中标人按一定比例付费。公证费的收取标准，一般是小的项目采购按固定值收取，大的工程项目采购可以按中标额的一定比例收取。场地租用费虽然明知是一种浪费但由于政府强制又不得不作为成本的一部分。

4.1.4 采购成本分类

1. 分类原则 I：过程角度

采购成本是以"一次性"开发过程所花费代价来计算，而不是重复的制造。由开发和维护这两个成本组成的 IT 项目采购，从其开发和维护阶段来看，其开发成本由软件开发成本、硬件成本和其他成本组成，包括软件的分析/设计费用（包含系统调研、需求分析、系统设计）、实施费用（包含编程/测试、硬件购买与安装、系统软件购置、数据收集、人员培训）及系统切换等方面的费用。维护成本包括运行费用（包含人工费、材料费、固定资产折旧费、专有技术及技术资料购置费）、管理费（包含审计费、系统服务费、行政管理费）及维护费（包含纠错性维护费用及适应性维护费用等）。

2. 分类原则 II：财务角度

从财务角度来看，列入 IT 项目采购的成本如下：硬件购置费；软件购置费；人工费；培训费；基本建设费；财务费用；管理费用；材料费；水、电、气费；专有技术购置费；通信费；其他费用。

4.2 IT 项目采购成本估算

4.2.1 采购成本估算概念

根据项目采购活动所需消耗的各种资源及资源的市场价格信息，对完成项目采购所必需的各种资源、费用做出估算。成本估算是对为完成项目采购各项活动所需要的资源的成本的近似估算，主要是针对资源需求进行的。项目经理如果想在预算限制内完成项目采购，就必须进行严格的成本估算。成本估算因项目采购性质的不同可进行多次。对于独特的项目采购产品所进行的逐步细化，需要进行多次成本估算。

4.2.2 采购成本估算的影响因素

1. 质量因素

质量是影响 IT 项目采购费用的重要因素之一。质量要求越高，IT 项目采购投资金额越高；质量要求越低，IT 项目采购投资金额越低。

2. 工期因素

IT 项目采购时间会对项目采购费用造成较大的影响。通常情况下，合理工期的安排有利于节省费用。在进行 IT 项目采购进度安排时，非合理工期会导致费用的增加；在 IT 项目采购实施过程中，赶工期、进度优化等也有可能增加费用。

3. 商务因素

商务因素包括物价波动、汇率变化、担保方式、合同类型、计价方式等。若 IT 项目采购工期超过 12 个月，应当需要考虑价格波动因素，考虑因可能发生的通货膨胀等而增加的项目采购费用。除物价因素外，汇率的波动也将影响 IT 项目采购的费用。

4. 技术因素

IT 项目采购技术难度也是影响 IT 项目采购费用的一个重要因素。如果该 IT 项目采购属于经验型项目采购，对技术的掌握程度比较熟练，那么技术对项目采购费用的影响较小；如果是新型项目采购，需要采用新技术，技术则对项目采购费用的影响较大。

5. 风险因素

IT 项目采购的实施具有较大的风险，风险是影响 IT 项目采购估算的重要因素之一。IT 项目采购风险越大，估算时需要考虑的风险金越高。因此，在进行 IT 项目采购估算时，应当全面分析可能存在的风险类型、风险量等因素，并在此基础上，分析风险给 IT 项目采购估算可能带来的影响。

4.2.3　采购成本估算方法

1. 整体估算法

IT 项目采购整体估算法是指将 IT 项目采购作为一个整体进行估算的方法。IT 项目采购整体估算法具有估算工作量较小、估算过程较为简单、估算耗时少、不需要过多的基础资料等优点，其缺点是估算精度不高。整体估算法适用于两种情况：一是适用于 IT 项目采购前期的估算，包括投资估算、设计概算等估算文件；二是适用于标准化（结构形式相同、工艺相同、方法相同等）程度较高的 IT 项目采购，包括 IT 项目采购投资估算、设计概算、项目采购管理预算、设计预算、标底、报价等估算文件。

2. 类比估算法

类比估算法是 IT 项目采购成本估算的一种最简单的估算形式。类比估算法是指在 IT 项目采购成本估算过程中，根据拟开发 IT 项目采购与历史资料数据库中某些项目采购之间存在的相似性，所采用的一种简单的成本估算方法。类比估算法一般用于项目采购的早期估算，是一种概念上或者较大范围类的估算。在进行类比估算时，尽量多地使用可交付产品的各个指标的值，如类型、功能、需求、设计特征和质量期望、项目采购语言、开发方法和项目采购开发的复杂度等。

3. 效率指数估算法

效率指数估算法是指根据与 IT 项目采购的性质相似或者已完成的投资额和利率与假设的采购效率来拟建项目的投资额，计算公式如下：

$$Y_2 = Y_1 \times \left(\frac{X_2}{X_1} \right)^n \times C_f \qquad (4-1)$$

式（4-1）中：Y_2——拟建设 IT 项目采购的投资额；Y_1——已建设类似 IT 项目采购的投资额；X_2——拟建设 IT 项目采购的效率；X_1——已建设类似 IT 项目采购的效率；C_f——建设间隔期内单价、定额、费用变更等新老项目的综合调整系数；n——效率指数，$0 \leqslant n \leqslant 1$。

4. 经验估算法

当估算人员具有较为丰富的估算经验，并且 IT 项目采购费用与 IT 项目采购的一个或多个基本特征或性能特征之间存在一定的关系时，估算人员可以借鉴其经验数据，利用 IT 项目采购的基本特征或性能特征与 IT 项目采购费用之间的比率或利用率对 IT 项目采购进行估算。经验数据表明，IT 项目采购高层次的设计费用约占整个 IT 项目采购全部费用的 30%，代码费用约占 IT 项目采购全部费用的 20%；人员费用约占 IT 项目采购全部费用的 50%。这类估算方法一般适用于那些具有较好相似性项目采购的估算，并且主要用于项目采购初期的估算。

5. 比率估算法

以拟建设 IT 项目采购的全部设备费用为基数进行估算，此种方法根据已建设的同类项目采购费用等占设备费用的百分比，求出相应的 IT 项目采购费用，加上拟建设 IT 项目采购的其他有关费用，其总和即为 IT 项目采购投资额。计算公式如下：

$$C = E \times (1 + f_1 \times P_1 + f_2 \times P_2 + \ldots + f_n \times P_n)^n + I \qquad (4-2)$$

式（4-2）中：C——拟建设 IT 项目采购投资额；E——根据拟建设 IT 项目采购当时当地价格计算的设备费用（含运杂费）的总和；P_1、P_2、P_n——已建设 IT 项目采购费用等占设备费的百分比；f_1、f_2、f_n——由于时间因素引起的定额、价格、费用标准等综合调整系数；I——拟建设 IT 项目采购的其他费用。

以拟建设 IT 项目采购的最主要工艺设备费为基数进行估算，计算公式如下：

$$C = E \times (1 + f_1 \times P_1' + f_2 \times P_2' + \ldots + f_n \times P_n')^n + I \qquad (4-3)$$

式（4-3）中：C——拟建设 IT 项目采购投资额；E——根据拟建设 IT 项目采购当时当地价格计算的设备费用（含运杂费）的总和；P_1'、P_2'、P_n'——各专业费用占工艺设备费用的百分比；f_1、f_2、f_n——由于时间因素引起的定额、价格、费用标准等综合调整系数；I——拟建设 IT 项目采购的其他费用。

6. 范围估算法

范围估算法是提高 IT 项目采购前期估算精确度的方法之一。范围估算不仅对要素进行费用估算，还提供详细的特定要素的可能费用值。范围估算法需要确定三个参数：一是可能费用估计值；二是悲观费用估计值；三是乐观费用估计值。

IT 项目采购费用期望值计算公式如下：

$$T_E(C) = \frac{(T_O + 4 \times T_M + T_P)}{6} \qquad (4-4)$$

式（4-4）中：$T_E(C)$——费用期望值；T_O——乐观费用估计值；T_M——可能费用估计值；T_P——悲观费用估计值。

考虑到在不同情况下，这三个参数的权重不同，按照各自的权重结算费用期望值更为精确，公式如下：

$$T_E(C) = \frac{(T_O + k \times T_M + T_P)}{k + 2} \qquad (4-5)$$

式（4-5）中：k——T_M 的权重，其余符号含义同式（4-4）。

7. 因素估算法

因素估算法是一种传统的较为科学的估算方法。根据相关数据，利用规模和费用之间的关系，预测 IT 项目采购费用。根据过去类似 IT 项目采购的资料确定规模和费用（费用包括不同的组成部分，如设备、人工和实施费用等）之间的关系函数，计算公式如下：

$$C = k \times f(m) \qquad (4-6)$$

式（4-6）中：C——拟建设 IT 项目采购投资额（费用）；k——系数；$f(m)$——IT 项目采购规模的函数。

按照拟建设 IT 项目采购的规模，利用规模和费用之间的关系函数，可以求出拟建设 IT 项目采购的费用。

8. 参数估算法

参数估算法是以历史数据作为估算基础的一种估算方法。当采用参数估算法时，需要确定输入信息，包括速度、容错性、可靠性、友好性、出错率、可交付产品的环境复杂性等。参数估算法的输出结果包括 IT 项目采购各主要阶段的费用、工期及 IT 项目采购总费用和资源需求量。参数估算法一般用于软件开发类 IT 项目采购和系统集成类 IT 项目采购的估算。在 IT 项目采购前期，因只有少量的项目采购数据可以利用，此时只能得到一个粗略的估算结果。在 IT 项目采购建设期（设计阶段、实施阶段等），因有充分的项目采购数据可以利用，因此利用该法进行估算，可以获得较为准确的估算结果。

以软件开发类 IT 项目采购为例，输入参数包括可靠性、数据库规模、数据库记录的数量、每秒查询的速度、最大的出错率、功能点、项目采购环境指标、项目采购团队的性质、技术水平、地点和性质隶属。输出结果包括需求分析、系统设计、系统代码、测试、集成、文档、系统转换所需要的资源、项目采购要素及整个 IT 项目采购费用和工期。

9. 指标估算法

指标估算法是指按照指标进行估算的一种方法。采用指标估算法时，只需要具备较为可靠的指标参数，人工、机械、材料的预算价格和 IT 项目采购整体工程量，即可获得较为准确的估算结果。该方法较为简单、估算速度较快。

10. 朗格系数估算法

朗格系数估算法的估算公式如下：

$$C = D\left(1 + \sum K_i\right) \times K_d = D \times K_L \qquad (4-7)$$

式（4-7）中：C——建设所需总费用；D——主要设备费用；K_i——些项目的估算系数，如管线、仪表、软件等；K_d——总估算系数，即管理费、合同费、应急费等间接费。

IT 项目的采购总建设费用与设备费用之比为朗格系数 K_L，即 $K_L = \left(1 + \sum K_i\right) \times K_d$。

11. Putnam 估算法

1978 年 Putnam 提出的一种动态多变量估算方法，其估算方法如下：

$$L = C_k \times K^{\frac{1}{3}} \times T_d^{\frac{4}{3}} \qquad (4-8)$$

式（4-8）中：L——源代码行数（以 LOC 计）；K——以人年计法来统计的整个建设工作量；T_d——以年来计算的持续建设期间；C_k——技术状态常数，其取值因建设环境而改变，为了反映出"阻碍开发进展的限制"，其典型值如表 4-1 所示。

表 4-1　C_k 的典型值与建设环境表

典型值	建设环境	建设环境举例
2 000	差	没有系统的开发方法，缺乏文档和复审
8 000	好	有合适的系统的开发方法，有充分的文档和复审
11 000	优	有自动的开发工具和技术

为得到可估算工作量的公式，可将式（4-8）加以变换，得到如下公式：

$$K = \frac{L^3}{C_k^{\,3} \times T_d^{\,4}} \qquad (4-9)$$

除此以外，还可以估算建设时间，公式如下：

$$T_{\mathrm{d}} = \left[\frac{L^3}{C_{\mathrm{k}}^{\;3} \times K}\right]^{\frac{1}{4}} \qquad\qquad (4-10)$$

对于 IT 项目采购不同阶段的估算，需要选用相应的估算方法。有些方法只适用于 IT 项目采购前期的估算，有些方法既适用于 IT 项目采购前期的估算，也适用于建设期的估算。

4.3　IT 项目采购成本控制

4.3.1　采购成本控制含义

通过成本限额预定，并且将限额与实际成本作比较，以此来衡量其经营活动的成效，根据例外管理原则来纠正不利差异叫作采购成本控制。从广义上来讲，一切降低成本的方法都叫作成本控制，即以最低的成本达到规定的额度。作为采购管理的重要工作之一，采购成本管理对一个企业的业绩至关重要。成本下降直接体现在现有产品的成本降低、利润增加、企业竞争压力加大，还从企业现金流出的减少中有所体现。IT 项目的采购成本主要为 IT 设备、设施维护等技术含量较高的部分，即资产和技术密集型两类，从而我们可以看出其与项目采购有很大区别。

4.3.2　采购成本控制的主要任务

IT 项目采购成本控制分为项目采购前期成本控制及项目采购实施成本控制两部分，具体包括设计阶段、实施准备阶段、实施阶段和决策阶段这几个方面。

1. IT 项目采购设计阶段的成本控制

IT 项目采购设计阶段成本控制的内容：首先，向所有设计者提出要求，让他们提供招标文件和设计方案，并从中评选出优秀的设计方案；其次，寻找节约费用的方法及可能性，为此对设计进行技术分析，尽可能进行技术挖潜；编制工程资金使用计划，鼓励其开展限额设计，从而达到控制性付款；根据可行性研究报告中的费用估算出初步设计概算，审查其结果保证不突破标准。

2. IT 项目采购实施准备阶段的成本控制

IT 项目采购实施准备阶段成本控制的内容：在实施招标阶段，准备与发送招标文件，以初步设计文件和概算文件为依据，结合 IT 项目采购的具体情况，编制工程量清单和招标标底，确定 IT 项目采购承包合同价格；评审投标书，提出评标建议；与承包人签订承包合同。

3. IT 项目采购实施阶段的成本控制

项目采购实施阶段成本控制的内容：依据 IT 项目采购合同条款、详细设计图及设计文件对 IT 项目采购目标制定防范对策、进行风险分析；审查变更方案，并在变更实施前与承包人协商好变更价款，从而预防和减少风险干扰；按照 IT 项目采购合同进行工程量计算和合同款支付，防止和减少索赔；按 IT 项目采购合同的有关规定进行竣工结算，对竣工结算的价款总额与承包人进行协商，使实际费用额不超过 IT 项目采购的计划费用额。

4. IT 项目采购决策阶段的成本控制

作为决策阶段的成本控制，估算管理起着决定性作用，而为了能够对项目采购进行科学决策，通常需要对项目进行可行性研究。IT 项目采购决策阶段的费用控制主要内容为以下几点：在建设前期阶段对项目进行机会研究、初步可行性研究、编制项目建议书、对拟建的项目进行市场调查，进行环境、财务、国民经济和社会评价。对 IT 项目采购的可行性在技术、经济、实施上进行全面分析、论证和方案比较，从而确定费用估算数，而费用的估算是设计概算的编制依据，因此应把它控制在允许范围内。

4.3.3 采购成本控制方法

IT 项目采购成本控制涵盖 IT 项目采购前期和建设期，重点是项目采购前期和实施期的设计阶段。在 IT 项目采购不同时期和不同阶段，成本控制应当采用相应的方法。有些方法只适用于部分阶段的成本控制，如限额设计法只适用于设计阶段、赢得值法只适用于实施阶段等，有些方法适用于各阶段的成本控制，如费用分析表法、费用因素分析法等。总体来说，IT 项目采购成本控制方法与传统工程项目采购成本控制方法基本相同。

1. 费用分析表法

IT 项目采购的费用分析表法是利用 IT 项目采购实施中的各种表格进行费用分析和费用控制的一种方法。在表格中反映出三个内容：IT 项目采购实际的实施进度和费用完成情况、计划的实施进度和费用预算情况、实际与预算的比较。应用费用分析表可以清晰地进行费用追踪和比较研究。费用分析表分为费用日报表、周费用对照表和月费用对照表三种。

2. 费用审核法

项目采购实施过程中，经常会发生项目采购变更、项目采购索赔、政策性调整、物价波动等问题，业主需要对因项目采购变更、项目采购索赔、政策性调整、物价波动造成的费用变化进行审核。另外，业主还需要对各支付项目采购进行审核。

3. 因素分析法与图像分析法

因素分析法与图像分析法是两种常用的方法。

将费用产生偏差的原因总结归纳成几个相关联的因素，然后采用一定方法找出产生偏差的因素及对项目的影响就是因素分析法。

通过绘制费用曲线图，对总费用和分部费用进行比较分析，找出两者之间的偏差，并运用合理方式纠正偏差就是图像分析法。

4. 价值工程法

1）价值工程含义

价值工程是指运用集体智慧，注重功能的分析，以求在最短的寿命周期内，生产出符合用户要求的项目采购方案，从而获得最大经济效益的有组织活动。IT 项目采购提高价值的基本途径包括：功能不变，成本降低；成本不变，功能提高；成本略提高，功能大提高；功能略降低，成本大降低；功能提高，成本降低，具体见表 4 - 2。

表 4 – 2　提高价值的基本途径表

类型 项目采购	1	2	3	4	5
功能	不变	提高	大提高	略降低	提高
成本	降低	不变	略提高	大降低	降低
备注	节约型	改进型	费用型	牺牲型	双向型

2）价值工程对象的选择

把构成 IT 项目的所有子项目按采购顺序及其功能的重要性按照一定次序排列起来，并将它们"一比一"做出相应比较。按分数制对它们做出评价，重要的加一分，次要的记零分。把各子项目得分累计起来，再除以总得分，从而得到采购功能评价系数。按照目前的项目成本，求得在整个项目中该成本所占的比例，该值就是此项目的采购成本系数。上述求得的采购功能评价系数与成本系数的比值，就是我们要得到的价值系数。

3）判断标准

对上述所得系数做出分析：大于 1，即为功能与成本相当；小于 1，即为成本过高。对于第二种情况，可将其作为重点研究对象，找寻改进方法或者直接改进方案，以求降低成本。而对于前者，它代表了其成本分配已经很低了，所以只需要保证按时完成就好。

5. 限额设计法

1）限额设计的含义

按照项目所批准的可行性研究费用控制初步设计（即概要设计），按批准的初步设计概算控制详细设计。

2）按费用设计的准则

为了设计出具有合格性能，并且经济实用的项目采购方案，从而产生了按费用设计这一准则。作为与性能、进度同样重要的设计参数，按费用设计的功能显而易见。

为符合这一准则，在项目进行中，我们不限制到达预定结果的途径，但要限定所需性能；不限定中介阶段的过程，但限制其时间。为了在设计与实施过程中有管理目标及设计参数可以加以评审，因此需尽早确定费用目标；费用目标值需用不变价格来限定，前提是已经给出了生产率（即生产量）。

3）按费用设计的程序

将费用目标分配到 IT 项目采购各部分；将 IT 项目采购各部分的费用估计值与预期值相比较；为了满足预期的费用目标，应该把费用进行重新分配或者变更设计，从而满足要求；而在整个 IT 项目采购过程中，上述方式应当反复使用并贯穿整个采购设计过程。

4）限额设计的控制内容

从可行性研究开始，便应建立限额设计观念，合理地、准确地确定费用估算，是核定 IT 项目采购总费用额的依据；概要设计（即初步设计）应通过对比多个设计方案，并依据已核准的费用估算限额，优选实现；详细设计是设计承包人的最终产品，必须严格地按概要设计确定的原则、范围、内容和费用额进行设计，为减少不必要的损失，应该加强变更管理工作，对确定要发生的变更提前实现，以免影响进度时间，与此同时，对概算限额进行详细的设计也不可遗漏；对设计承包人实行限额设计，若因设计承包人的原因导致费用超支的，应给予处罚，节约要给予奖励。

6. 赢得值法

赢得值法作为一种先进的费用管理方法，适用于费用、进度的综合分析。已完工作实际费用、已完工作预算费用、计划工作预算费用是衡量费用和进度系统状态的三个指标。当三者相等时，说明项目采购是遵循原定计划，此时项目采购的进度与费用均不存在偏差。

7. 合同绩效报告法

1）合同绩效报告法的含义

为满足各方管理、监督、评价 IT 项目采购管理状况，需要编制一份反映合同绩效的报告，该报告应该包括预算计划值、实际值、赢得值，以及对完工估计值连续预测等内容。

利用合同绩效报告可以解决的问题包括：一是提供可靠的、结构化的 IT 项目采购管理状态信息；二是管理、监督及评价 IT 项目采购和承包人的绩效；三是对相关指标进行长期预测；四是对潜在的问题进行量化。

2）合同综合绩效报告

合同综合绩效报告的格式见表 4 – 3。

表 4 – 3　合同综合绩效报告

1. 综合说明				
2. 费用/进度偏差	本月费用偏差（C_{vi}）		累计费用偏差（C_{vk}）	
	本月进度偏差（S_{vi}）		累计进度偏差（S_{vk}）	
3. 费用/进度绩效	本月费用绩效（CPI_i）		累计费用绩效（CPI_k）	
	本月进度绩效（SPI_i）		累计进度绩效（CPI_i）	
	本月综合绩效（ZPI_i）		累计综合绩效（ZPI_k）	
4. 分析、评估	本月费用偏差状态		累计费用偏差状态	
	本月进度偏差状态		累计进度偏差状态	
	本月费用绩效状态		累计费用绩效状态	
	本月进度绩效状态		累计进度绩效状态	
5. 预测值	（1）完工估计值（EAC）			
	（2）完工绩效（TCPI =（BAC – EV）/（EAC – AC））			
	（3）完工绩效（TCPI =（BAC – EV）/（BAC – AC））			
6. 原因分析及拟采取的措施				
7. 曲线	偏差及绩效变化曲线（各月和累计进度、费用偏差曲线，各月和累计绩效曲线）			

3）工作分解结构报告

工作分解结构报告的格式见表 4 – 4。

表 4-4　工作分解结构报告

承包人姓名、地址、电话、传真等	工作分解结构			
	合同号数	IT 项目采购名称	报告期	签名（职务、职称、日期）

工作项	当前期				至今累计值				重新调整		完工预测		
	预算费用		实际费用	差异		预算费用		实际费用	差异		进度偏差	费用偏差	预算	最近一次估计值	差异
	预算值	赢得值		进度	费用	预算值	赢得值		进度	费用					
利息															
管理费															
预备费															
合计															

4.4　IT 项目采购计价类型

IT 项目采购计价按照计价方式可分为总价计价类型、单价计价类型、成本补偿计价类型等。

4.4.1　总价计价类型

1. 总价计价类型适用条件

采用总价计价类型时，投标人需要按照文件要求上报项目总价，并且按照总价完成所有采购项目。从业主的角度来看，总价计价类型在评标时容易判断报价最低的投标者，可以在项目的实施阶段集中精力控制项目的进度与质量，因此选择这种计价方式对业主而言相对轻松。采用这种计价类型时，一般应满足下列三个条件。

（1）必须全面地准备好项目详细设计和各项说明，以便投标人能准确地计算项目工作量。

（2）IT 项目风险不大，技术不太复杂，工程量不太大，工期不太长（一般在 12 个月以内）。

（3）在计价类型条件允许范围内，向承包人提供各种方便。

总体来说，采用总价计价类型时，承包人将承担更多的风险。因此承包人在投标报价时要仔细分析风险因素，考虑一定的风险费。另外，业主在制定招标文件时也应充分考虑承包人承担风险的可能性。只有这样，业主才能选择到合格并具有竞争力的投标人。

2. 总价计价类型分类

1）固定总价计价类型

采用固定总价计价类型时，承包人的报价以准确的项目详细设计报告为基础，并考虑一些费用的上升因素。若在建设过程中项目要求与项目设计并没有发生改动则总价不变，但是若建设要求变化或者工期缩短，则总价就需要随之做改动。因为承包人在这种计价方式中承担了所有的风险，收益具有极大的不确定性，因此项目报价也就相对较高。

这种计价类型适用于工期较短、要求十分明确的 IT 项目。

2）调值总价计价类型

采用调值总价计价类型时，以文件的要求及当时的物价计算总价。在这种计价方式中，双方在项目开始之前协定若在项目的发生过程中发生外界不可抗风险时（如通货膨胀等），项目总价需做一定的调整。业主在这种计价方式中承担了不可预见的费用风险，而投标者承担了其他风险，因此这种方式适合建设周期较长的项目。

3）固定工程量总价计价类型

若项目采用固定工程量总价计价类型，投标者需在投标阶段分填项目分项单价，并以此为基础计算出 IT 项目总报价。假如在项目建设过程中业主改变设计或者增加工程量，则需要依据事先确定的分项单价来调整总价，因此这种计价方式适用于工程量变动不大的项目。

对业主而言，采用这种方式是极为有利的，因为他们可以清楚投标报价的计算过程，从而方便审查，当投标者采用过度的不平衡报价时，业主可以在谈判时压低价格，同时，如果在项目的建设过程中物价上涨，那么采用这种计价方式时承包人将承担这部分损失。

4）管理费总价计价类型

管理费总价适用于支付管理专家的管理费用，管理专家需要对发包计价类型的 IT 项目进行管理协调，但是业主需要明确专家的具体工作范畴，并且最后支付一笔总的管理费用。

各种总价计价类型的共同之处是投标人须上报项目总价，这种方式使得业主对 IT 项目总价大致有数，且易选择报价最低者，从而业主就可以将更多的精力用于进度和质量控制；不同之处在于项目规模不同时的支付方式存在差异，项目较小时业主会选择在项目完结后一次性支付，而项目较大时则需分阶段支付。

4.4.2　单价计价类型

1. 单价计价类型适用条件

单价计价类型适用条件是：当准备发包的 IT 项目的内容一时不能确定或设计（如概要设计、招标设计）深度不够时，IT 项目内容或工程量可能出入较大，则采用单价计价类型为宜。

2. 单价计价类型分类

1）估计工程量单价计价类型

采用估计工程量单价计价类型时，业主首先委托咨询机构给出项目工程量表及工程量，而投标人需要填写工程量表中的分项单价，并以此为基础计算出工程总报价。这种计价方式是以实际完成的工程量按月支付，双方承担的风险均较小，因此这种方式被较为广泛地采用。

2）纯单价计价类型

纯单价计价类型主要用于当设计人不能及时提供详细的设计时，或者由于某些原因而无法提供准确的项目工程量的情况。投标者只能得到工作项目一览表、IT 项目范围及必要的说明，但是得不到工程量，而投标者只需提供各项目的单价，业主按照实际的净工程量向承包者支付费用。

3）单价与包干混合式计价类型

对于项目工程量不易测量计算的项目分项（系统模块开发、安装调试）采用包干的办法，而对于其他分项采用单价计价，这种两类方式相结合的方式被称为单价与包干混合式计价类型。

根据以上分析，单价计价类型合同的优点可以概括为：减少项目的准备时间；鼓励承包人提高工效；减少业主的意外开支。

4.4.3 成本补偿计价类型

1. 成本补偿计价类型适用条件

成本补偿计价类型中，业主向承包人支付的费用是由实际成本费用和管理费用及利润两部分组成的，因此这种支付方式又叫作成本加酬金计价类型。

成本补偿计价类型适用于那些急于开展但是项目内容及技术经济指标暂时无法确定的 IT 项目，或者实施风险极大的崭新 IT 项目。其缺点是业主对 IT 项目总造价不易控制，而承包人不重视成本控制。

2. 成本补偿计价类型分类

1）成本加固定费用计价类型

采用成本加固定费用计价类型时，业主对承包人在建设过程中产生的人、材、机成本采取实报实销的方式，而承包人的管理费和利润则是双方事前根据估算成本确定的。如果在建设过程中直接成本费用超过估算费用的某一百分比，则承包人获得的管理费用及利润也要相应增加。这种计价方式适用于 IT 项目总成本无法准确估计，且易发生较大变动的情况。

这种类型的弊端在于承包人不注重成本控制，但是承包人为尽快获得酬金会努力缩短工期。当然，业主为激励承包人提高项目质量、缩短项目工期和降低成本可以另加奖金。

2）成本加定比费用计价类型

成本加定比费用计价类型是一种极少采用的计价方式，它是在直接成本的基础上按照一定的比例确定承包人的固定酬金，直接成本越高则承包人获得的利润就越高，因此这种计价方式对于 IT 项目工期的缩短和成本降低很不利。

3）成本加奖金计价类型

采用成本加奖金计价类型时，业主根据报价书中的成本概算设置项目成本的"底点"（占 IT 项目成本概算的 60%～75%）和"顶点"（占 IT 项目成本概算的 110%～135%），当直接成本超过"顶点"时，业主就会对承包人做出相应的惩罚，而低于"顶点"时承包人就会获得相应的奖金，当项目的成本低于"底点"时，业主将会增大奖赏幅度。这种计价方式适用于仅能确定一个项目概算指标时的情况。

4）成本加保证最大酬金计价类型

成本加保证最大酬金计价类型是由业主与承包人事先商定一个保证最大酬金，而业主支付给承包人的费用不得超过直接成本与保证最大酬金之和。业主会在项目结束之后支付包括人工、材料涨价费在内的直接成本，以及承包人的管理费、利润。这种计价类型适用于业主前期准备工作充分，项目设计已经较为完善且工作范围较为明确的项目。

5）工时及材料计价类型

采用工时及材料计价类型时，除了材料按照实际支付费用为基准支付外，其他费用包括

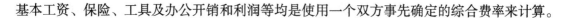

基本工资、保险、工具及办公开销和利润等均是使用一个双方事先确定的综合费率来计算。

4.4.4　计价类型的选择

1. 计价类型选择因素

1）招标设计深度

招标设计深度直接决定计价类型的选择。如果采用详细设计招标，则应选择总价计价类型；如果采用概要设计或招标设计招标，则应选择单价计价类型；如果是紧急项目，则应采用成本补偿计价类型。

2）招标项目规模

招标项目规模也在某种意义上决定计价方式的选择。如果 IT 项目较为简单，则应采用总价计价类型；如果 IT 项目复杂或规模大，则应采用单价计价类型。

3）计量难易程度

计量难易程度也决定着计价类型的选择，对于难以计量的工作内容，应采用总价计价类型；对于容易计量的工作内容，则应采用单价计价类型。

2. 对比分析

1）发包人风险

在总价合同类型下，可以在报价竞争状态下确定 IT 项目造价并基本使之固定下来，发包人在主要开支发生前对 IT 项目成本能够做到大致心中有数。因此，固定总价合同中，发包人的风险很小，承担不可抗力的风险和合同规定的其他风险。价格风险、工程量风险、技术风险及合同条款风险等由承包人承担。

在单价合同类型下，IT 项目的总造价一直到最后才能确定，当估价师对工程量的估计偏低，或是遇到了一个有经验的善于运用不平衡报价的承包人时，风险就会更大。但如果估价师能比较正确地估算工程量和减少 IT 项目实施中的变更则可大大降低发包人的风险。

在成本补偿合同形式下，发包人不知道最后的项目总成本，可能最终支付很高的合同价格。尽管可以通过最大成本加费用的形式对 IT 项目造价进行控制，但发包人仍然要为许多不可预见因素付出代价，承担的风险最大。

2）合同管理工作量

在总价合同形式下，合同价格在招标阶段就基本确定，除非发生设计要求变更或合同约定的其他情况，IT 项目价格固定不变。因此，发包人的合同管理工作量最小。在单价合同形式下，最终造价以实际完成的净工程量与填报单价的乘积来确定。因此，合同执行过程中，在具体项目工作量的计量上比较烦琐。但是，单价合同的结算程序比较简单。成本补偿合同形式下，需要对项目实际发生的人工、机时和材料消耗等数据认真而及时地记录，以防事后在数据统计上出现不一致和纠纷；而且发包人在税收、保险方面也需要这些数据。此时，发包人的合同管理工作量最大。

3. 计价类型的综合选择

采用何种计价类型来支付 IT 项目费用，较大程度上取决于业主对 IT 项目成本造价的了解程度，而设计资料的完整程度又决定着造价的准确性，即设计资料的完整程度是业主选择支付方式的决定性因素，因此应根据设计深度对合同类型进行选择。

固定工程量计价类型适用于采用初步设计招标的中小型项目；成本补偿计价类型适用于

IT 项目在设计不完善，只满足主要设备、材料订货的情况下，或者用于完成风险很大的崭新项目；如果项目的初步设计已经较为完善，且能满足设计方案中的实验要求及重大技术问题，但是项目内容指标不确定，工程量亦不确定，这种情况下适宜采用单价计价类型；IT 项目在达到详细设计阶段，能满足硬件设备、材料的安排，IT 项目的实施方案等比较完备的情况下，可以考虑采用总价计价类型。

除了设计深度之外，IT 项目的规模、发包模式、IT 项目进度的紧迫性也影响到合同类型的选择。对于工程量小，工期短，结构、技术简单，投标期相对宽裕，潜在的投标人有条件进行详细的现场调查的情况，可以考虑采用固定总价合同类型；对于设计—实施（DE）或设计—采购—实施（EPE）类项目也可采用总价合同形式，这时发包人可以比较早地将项目的设计—实施或设计—采购—实施发包给一个总承包人，总承包人可以获得更大的利润。

一个 IT 项目由众多部分或阶段组成，而各个部分的情况不尽相同，发包人必须在掌握实际情况的前提下，仔细全面地权衡各方面利弊，在不同的部分选择合适的合同类型。因此一个项目中采取的合同类型并非一成不变，需要发包人具体情况具体分析地选择最佳合同类型。

4.5 案　例

1. 项目背景

某省某烟草工业公司（以下简称 A 公司）于 1980 年 10 月成立，在管理上一直实行的是产供销、人财物的统一化管理服务，走在该省烟草行业及全国烟草行业的最前沿，开辟了烟草行业管理系统化的先河，也为该省烟草经济发展翻开了新的篇章。为响应国家烟草行业体制改革的号召，2003 年，A 公司又作为领军人物，在全国率先推行了报账平台管理系统，该系统所运行的外部环境是该省烟草协同办公系统。协同办公系统是该省烟草行业多年以来关于建设烟草行业信息化的目标，企业可通过该系统帮助其构建企业内部运营管理支撑平台，更好地实现企业内部各员工之间的分工合作、工作流自动化及企业内部员工与其外部相关客户的交流与合作，甚至能促进其与合作伙伴之间的协同工作。除此之外，协同办公系统不断地将其他相关系统纳入其中，如资产管理系统、HR 系统等，将这些管理系统进行整合后，对于整个烟草企业内部业务的数字化、智能化、无缝对接及报账平台系统的完善都有极大帮助。由于一般企业中的绝大部分业务，最终都还是会体现在财务上，并且在财务里账与人的关系是密不可分的，所以在所有这些系统中报账平台管理系统处于核心地位。

2. 项目成本管理

成本管理实施的第一个阶段是成本估算。成本估算的第一个步骤是辨别出成本的组成因素，然后计算出每个因素的大概成本，最后得出结论。在此阶段的成本管理上，我们主要解决项目未来的资源分配问题。对于在资源分配过程中起关键性作用的阶段（如系统设计和需求调研这两个阶段），在对其进行管理时要分清轻重缓急，必须重点对待。A 公司成本估算运用的是类比估算法，见表 4-5。成本管理实施的第二个步骤是成本预算，这个阶段的成本管理工作就是细分成本估算。成本估算只是为客户提供一个大体的报价，并不是精确地计算整个项目的成本，而是对整个项目活动中所花费的人力、物力、时间等的粗略估算。因为只是一个大致的估算，在项目运行期间并不能有效地起到控制成本的作用，为了加强对项目成本的控制，就需要管理者分解整个项目工作的结构，清楚地知道每一个阶段、每一个程序所需要花费的成本，这就是成本预算所做的工作，见表 4 - 6。

表 4 - 5　A 公司报账平台管理系统成本估算表

任务名称	工期/月	工作量/（人/月）	成本估算/元	所占比例/%
1. 需求调研	1	2	40 000.00	5.71
2. 系统设计	2	4	80 000.00	11.43
3. 开发/测试	4	24	480 000.00	68.57
4. 系统实施	1	2	40 000.00	5.71
5. 系统试运行	1	1	20 000.00	2.86
6. 系统正式运行	12	2	40 000.00	5.71
成本估算合计			700 000.00	

注：1. 平均每人每月成本 20 000 元人民币
　　2. 每月按 22 个工作日计算

表 4 - 6　A 公司报账平台管理系统成本预算表

任务名称	起止时间	工作量/（人/月）	成本预算/元	成本比例/%
1. 需求调研	2009. 4. 1—2009. 4. 30	2	40 000	5.71
1.1 需求调研分析	2009. 4. 1—2009. 4. 24	1.5	30 000	
1.2 需求调研报告	2009. 4. 27—2009. 4. 30	0.5	10 000	
2. 系统设计	2009. 5. 4—2009. 5. 29	4	80 000	11.43
2.1 系统架构设计	2005. 5. 4—2009. 5. 8	0.5	10 000	
2.2 数据库设计	2009. 5. 4—2009. 5. 22	1	20 000	
2.3 业务架构设计	2009. 5. 11—2009. 5. 22	1	20 000	
2.4 UI 设计	2009. 5. 18—2009. 5. 22	1	20 000	
2.5 系统设计报告	2009. 5. 25—2009. 5. 29	0.5	10 000	
3. 开发/测试	2009. 6. 1—2009. 9. 30	24	480 000	68.57
3.1 业务子系统开发	2009. 6. 1—2009. 9. 30	16	320 000	
3.2 集成接口开发	2009. 6. 1—2009. 7. 31	4	80 000	
3.3 开发文档撰写	2009. 8. 3—2009. 8. 28	1	20 000	
3.4 软件测试	2009. 6. 1—2009. 9. 25	2	40 000	
3.5 测试文档输出	2009. 9. 28—2009. 9. 30	1	20 000	
4. 系统实施	2009. 10. 8—2009. 10. 30	2	40 000	5.71
4.1 实施准备	2009. 10. 8—2009. 10. 16	0.5	10 000	
4.2 现场实施	2009. 10. 19—2009. 10. 30	1.5	30 000	
5. 系统试运行	2009. 11. 5—2009. 11. 25		20 000	2.86
6. 系统正式运行	2009. 12. 1—2010. 11. 30	2	40 000	5.71
成本预算总计			700 000	

从表 4-6 中可以看出，A 公司在项目需求调研阶段和系统设计阶段投入的成本比其他类似成本要多，是因为在需求调研阶段，主要明确用户的功能需求和技术需求，公司考虑到报账平台管理系统的设计是需要以需求调研报告为基础的，此阶段耗时耗力，成本预算占比可以适当加大。又因为系统开发或测试是依据调研报告来进行的，在此阶段的工作中，倘若能发现或解决在后续阶段可能出现的问题，将会为整个项目挽回不可估量的损失。在系统设计阶段投入较大成本是因为成本占比最大的系统开发/测试是以系统设计为依托的，在系统设计阶段打好基础，是降低系统开发/测试阶段的成本必不可少的前提条件。因此 A 公司在这个阶段适当投入较多的成本，从长远的角度来讲，是非常正确且明智的选择。而系统的开发和测试的主体又是什么呢？很显然是人，因此影响成本的最大因素是人就显而易见了。考虑到成本控制的整体性原则，一方面必须时刻谨记要降低项目成本，但同时也要在需求调研阶段及系统设计阶段协调好成本的投入，不能厚此薄彼。

1）系统实施成本控制

系统实施阶段的主体是相关技术操作人员，因此该阶段需要投入的成本主要是相关技术人员成本，包含了基本工资、奖励、差旅费及各种补助。在这个阶段的实施中还应该注意准备好客户环境，这包括准备系统运行的网络环境、准备应用服务器、准备数据库服务器等。为了防止技术实施人员进驻现场后出现意料之外的差错，A 公司技术实施人员应事先与合作方负责人确认好需要准备的事项，确保项目能够顺利实施，以避免不必要的成本增加。

2）系统试运行成本控制

系统试运行的目的是根据用户实际操作之后对系统意见的反馈，修改试运行中发现的问题和错误，尽可能地满足用户的要求，防止系统正式运行后出现漏洞，提高系统的实用性，同时这也有利于维护企业的信誉，加强用户的信任。系统试运行的一个显著特点是系统试运行开始时间可以提前，但是从开始到结束所需要的时间段不能缩短，从而系统试运行结束的时间也可以相应地往前推。试运行的时间段不能缩短是因为用户需要在此期间熟悉了解系统，只有在真实的环境中测试之后，用户才能检测系统是否满足其需求、确认系统功能是否正确、检查系统是否符合相关的标准与约定等，操作人员也才能确保系统是否已达到真正可使用的程度。这一阶段的成本与系统实施阶段成本类型大体是一致的，成本控制的对象还是技术操作人员的成本。这一阶段做好成本控制应该结合本阶段的成本预算计划，以此为依据，严格将成本控制在成本预算之内，也就是成本基线原则，这一基线就是成本预算。从另一个角度来看，与用户保持良好的关系，加强双方的沟通，减少由于业务认知上的差异引起的理解偏差也能起到控制成本的作用。

3）系统正式运行成本控制

与试运行一样，系统正式运行的开始时间和结束时间都可以提前，但是从开始到结束所经历的时间段是固定不变的，这个时间段历时一年。为什么要正式运行如此长时间呢？因为每一款软件都不是完美的，肯定是存在缺陷的，区别就是发现的时间早晚与是否影响用户的正常使用。如若不影响正常的使用，从该产品自身而言还是可以接受的。从微软每天发布 Windows 操作系统的更新就能看出这一点，正是存在自身的缺陷才需要不断进行更新改造使产品趋于完善。系统历经一年时间的考验，如果没有发现较大影响其正常运行的因素，那么系统就可以进行到终验阶段了。

3. 结论

　　以上案例告诉我们，在项目成本管理中，要灵活运用几种成本控制原则。此案例中运用到的原则具体有：整体性原则、目标控制原则、全过程控制原则、全员控制原则和权责利原则。我们应该灵活变通，具体问题具体分析，针对项目全生命周期中每个阶段的特点，运用不同的控制原则。观察项目的整个周期，项目前两个阶段的工作量不大，其在整个项目中的占比也不大，由于这两个阶段的工作输出会对紧邻其后的项目阶段造成非常大的影响，因此在这个阶段的成本控制中，必须高瞻远瞩，运用整体性原则，从整个项目出发，适当地增加投入可以提高项目后续阶段输出的质量，为后续工作顺利开展保驾护航。系统开发/测试阶段是项目成本预算中占比最大的阶段，也是整个项目的重点控制阶段。此阶段，A 公司综合运用的成本控制原则有：① 目标控制原则，此原则使每个员工明确自己的任务目标，有利于员工自我激励，按时完成任务；② 全员控制原则，此原则使每个员工在日常工作中时刻谨记节约成本；③ 权责利原则，此原则使每个员工明确工作中各自的权利、责任和利益，既能起到激励的作用，又可以督促员工认真工作，提高效率。

下 篇

IT项目合同管理

第 **5** 章
IT 项目合同管理概述

5.1 IT 项目合同管理的背景及意义

5.1.1 IT 项目合同管理的背景

在我国，合同管理工作已受到一定程度的重视。在传统的工程项目行业中，项目合同管理已经发展得较为成熟，业主、承包人、监理人等有关各方都参与到合同管理工作当中。然而，IT 项目领域的合同管理还不太成熟，其合同管理水平较低，存在许多缺陷，需要继续完善。例如当事人双方合同意识的缺乏、合同文本不符合规范、合同的履约率较低等，并且经常出现合同欺诈、当事人违约等情况，导致 IT 项目的失败。

20 世纪 70 年代初，随着项目管理理论在 IT 领域的应用不断发展，国外开始关注 IT 项目的合同管理问题。在 20 世纪 80 年代以前，西方发达国家大多从法律法规的视角对 IT 项目的合同管理问题进行研究；而在 20 世纪 80 年代，其关注重点更多地集中在 IT 项目合同管理中的事务性工作问题上；自 20 世纪 90 年代中期开始，西方发达国家开始参考传统项目管理的理论来对 IT 项目合同管理问题进行分析。最近几年，合同管理已成为 IT 项目管理领域中研究的重要问题，引导着 IT 项目管理的理论及实践研究朝着新的阶段发展。

在市场经济的环境下，各个项目参与方之间的经济关系需要依据合同来进行管理与约束。改革开放以来，我国致力于推行项目管理体制的深化改革，将招投标制及监理制应用于 IT 项目管理中。提出这种主张的目的是对 IT 项目的责任主体进行明确，并且这样做能使 IT 市场更加规范，使 IT 市场中的竞争机制更加完善，使 IT 项目的管理水平得到显著提升，并确保 IT 项目的质量和投资效益，进而构建适应市场经济环境的 IT 项目管理体制。

IT 项目合同管理存在于 IT 项目整个过程中，既是目标控制的依据，也是项目管理的主要内容。IT 项目合同作为合同当事双方的行为依据，是约束相关各方活动的重要手段，是处理项目目标控制、合同变更及索赔、风险分摊等问题的准则，并对项目参与方的基本权利与应尽义务进行规定。

5.1.2 IT 项目合同管理的意义

合同，即自然人、法人及其他组织作为平等主体对相互间权利义务关系的设定、变更、终止做出规定的协议，遵循平等、自愿、公平、诚信、合法等准则，按相关标准而制定的合同，对当事人双方都具有法律约束力。当事人应按协议履约，单方面对合同进行变更或解除的行为是不被允许的。而 IT 项目合同管理，即对合同从总体策划、签署、执行、变更、索赔及纠纷解决，到合同终止的全过程进行管理。

IT 项目合同应针对项目的运行环境、实施方法、当事人的权利义务等问题进行合理的规定，并列出具体的条款，同时还应约定合同实施的目标、进度计划、成本价格、变更索赔、支付结算等内容。因此，IT 项目合同管理是 IT 项目管理的重点，其工作范围包含 IT 项目采购的全过程。IT 项目合同管理作为目标控制的依据，对项目实施起总保证及总控制的作用。

IT 项目合同约定了 IT 项目发包人及承包人的行为规范。在 IT 市场不断完善的基础上，IT 项目合同管理的重要性逐渐突显，并占据核心地位。

（1）合同管理是 IT 项目管理的核心。从合同上来看，IT 项目参与者之间的关系属于经济关系。IT 项目是在业主与承包人签署的合同框架下应运而生的，当事人双方需要按合同约定来完成这一 IT 项目。因此，就 IT 项目合同双方而言，IT 项目管理的核心任务就是做好合同管理工作。

（2）合同管理是 IT 项目参与者履约及享受权益的法律基础。通过对当事人权益及项目风险进行明确，和对当事人的权益及项目风险进行合理分摊，来确保 IT 项目取得成功。在 IT 项目合同中阐明当事人权力及义务的条款是项目参与者的最高活动准则，是当事人履约、享受权利的法律基础。

（3）合同管理是 IT 项目各参与方的行为规范。IT 项目合同对当事人双方具有一定的约束力。在合同履约过程中，各参与方将在合同环境下进行 IT 项目的生产活动，且需要严格遵守协议规定。如果合同一方有违约行为，另一方有权依据合同条款追究违约方的责任，并要求其承担后果。同时，有关行政主管部门能够依据合法的 IT 项目合同对 IT 市场中的交易行为进行规范，推进 IT 市场的不断完善。

（4）合同管理是解决 IT 项目变更、索赔等问题的准则。在市场经济环境中，IT 项目承包人和发包人是 IT 市场中的交易主体，应该遵循市场定律，完善自身的合同管理制度。IT 项目合同管理包含 IT 项目合同的签署、执行、变更及终止等。在合同实施过程中经常出现 IT 项目变更、索赔及价格校调等方面的问题，而解决这些问题时往往需要参照 IT 项目合同中的相关约定。

（5）合同管理是 IT 项目纠纷处理的依据。因 IT 项目有投资时间长、风险诱因较多、项目造价较大、验收标准难以明确等特性，参与方相互间可能会出现分歧，而 IT 项目合同中将会明确相应纠纷的解决办法和工作流程。可见，合同是处理 IT 项目纠纷的依据。

（6）合同管理是 IT 项目跨国采购及竞争国际 IT 项目的依据。中国加入世界贸易组织后，外国的企业以 IT 项目承包方的身份逐渐开始涌入国内 IT 市场，国内的 IT 项目发包人应依据相关法律规定和国际惯例，进行公平交易，以免因歧视而导致贸易纠纷问题。另外，由于海外市场的逐渐开放和国内 IT 项目承包人频繁竞争国际 IT 项目，国际合同管理已成为国内 IT 项目承包人承担国际 IT 项目建设任务的依据。因此，国内承包人应遵守国际市场的交易规则及项目国家的相关法律条款，开展实际有效的合同管理工作。

5.2　IT 项目法律体系

5.2.1　法律体系种类

合同必须合法。依据现行法律规定,合同双方阐明自身的真实诉求,所有协议内容皆不得与法律中强制要求相抵触。在部分行业中,出现合同取代法律地位的情况,违背了法律的强制性原则。与 IT 项目相关的合同的签署、实施、变更、失效等程序,需要遵循有关的法律条款,且不损害国家与公众的利益。

法系,即法律的一种体系,也可以称为法律的一种分类方法。通常按照法律制度的某种共同特性或历史来源约定其所属的法系,即拥有某一相同特性或历史来源的属于不同国家或地区的多部法律归结为同一法系。

1. 民法法系

民法法系是把罗马法作为其基础而广泛传播、具有深远影响的一种法律体系。罗马法的内涵与基本准则对推行民法法系国家法律法规的制定发挥着重大的作用。民法法系以罗马法为基础,从十三世纪欧洲复兴罗马法时期开始,直至十六、十七世纪才得以成形。最早出现在西欧国家中,并得以在曾经的西罗马帝国领土上发展壮大,因此又称"大陆法系"。十七至十九世纪,实行民法法系的欧洲国家开始进行对外扩张,促使民法法系的分布范围扩大到亚洲、非洲及美洲等曾经的殖民地地区。按照罗马法对契约的解释,合同是受到法律认可的有关债权关系的约定,主要有三个含义:一是合同是双方行为;二是合同是双方的合意;三是合同是债关系发生的原因。

2. 普通法系

普通法系是把英格兰普通法作为其基础的世界性法系,为现今世界上最主流的法系之一。由于美国法律在普通法系中拥有举足轻重的地位,因此这一法系又被叫作"英美法系"。1776 年,赢得独立战争的胜利之后,美国居民具有反对英国的情感倾向。因此,在美国法律的早期发展历程中,具有显而易见的法典化倾向性。在国家政权不断稳固的过程中,普通法的影响力开始逐渐展露,法律职业者习惯于使用普通法,加上众多英国移民及英语的影响,使得美国法始终对普通法系青睐有加。直到十九世纪三十年代,普通法系这一法律体系被当作美国法的基础。至十九世纪中叶,美国确认普通法系对其法律制度的影响。普通法系是随着近代时期英国的对外扩张而不断发展壮大起来的,许多曾遭受英国殖民统治的国家和地区的法律制度都属于普通法系。据悉,当今世界上已有将近三分之一的人类生存在法律环境以普通法系为基础或者普通法系对法律制定发挥着重要作用的地区或国家。

普通法系对于合同的解释是:合同即为法律确保其执行的一系列承诺。这一解释忽略了完成合同的影响因子,而且未指出签订合同是当事人双方共同的任务,其中当事人一方作出的承诺是其对另一方作出的承诺的报答。然而普通法系仅仅把合同看作合同签署人一方承担的单方面债务,却未考虑签署合同的当事人双方都对合同进行解释。

3. 伊斯兰法系

伊斯兰法系是指把伊斯兰法作为法律基础的一种法律体系。在公元 610 年,穆罕默德创建了伊斯兰教,他的言论与行为在《古兰经》中得以记载,《古兰经》的发布意味着伊斯兰法的诞生。最开始的时候，伊斯兰法仅被运用于阿拉伯国家，至公元十三世纪中叶，蒙古人成功向西面进行领土扩张，成立了莫卧儿帝国，尊崇伊斯兰法作为这一帝国的基本法，伊斯兰法系至此应运而生。

伊斯兰法中不包含对契约法的准确定义。《古兰经》宣布"真主准许买卖"；买卖契约是所有契约的标准形式。契约能够采用口头语言约定的形式，还能利用书面语言书写的形式进行确立。若采用口头方式确立契约，则需要使用规定的套语，缔约双方必须用过去时态阐明自身意愿。伊斯兰法把违约并造成对方损失这一行为看作侵权行为，所以未执行契约将被视为契约一方侵犯他人权利，并按这一责任对违约人进行处置。

5.2.2 我国法律体系

1. 中国的法制

中国的法制最早出现于夏朝，夏商两朝采用的法律被称为"习惯法"，又分为刑法及礼法这两个部分。直到战国时代，中国的法制开始从"习惯法"转变为"成文法"。自秦国成为第一个实现大一统的中央集权制王朝以来，中国古代的法制和封建社会制度共同向成熟阶段发展。秦朝灭亡之后，中国又历经了从汉朝到清朝的 2 000 多年封建社会时期。在民国时代，统治者颁布过多部法律，在二十世纪三十年代初，拥有大陆法系特征的成文法系逐渐成形，然而由于当时政治及社会的混乱，所谓的"法治"难以实现。

2. 现行法律体系

法律规范，即经国家颁布或认可，用来约束及引导公民的一种行为规范。人们经常把法律规范喻作国家法律制度的细胞。法律规范又被划分为规范性文件与非规范性文件。

宪法为我国的基本法，拥有最高法律效力，规定了我国的根本制度与根本任务，国家政权组织及合法公民的基本权利与义务等。现行的法律、行政法规、地方性法规、部门规章及地方政府规章都以宪法作为依据进行制定。

1）法律

法律可以被划分为两大类：基本法律与普通法律。基本法律是全国人民代表大会在会议期间通过决议制定与修改的刑法、民事诉讼法、行政诉讼法等法律制度。处于闭会期间时，全国人民代表大会常务委员会可以提出办法对刑法、民法等基本法实施修改或补充。应当注意的是，修改或补充的部分不能违背其基本准则。经全国人民代表大会制定的法律除外，通过全国人民代表大会常务委员会制定与修改的法律，都被称为普通法律。

2）行政法规

行政法规指经国务院依据宪法、基本法及普通法，为领导与管理各项行政工作而制定的各类法规的总称。经国务院草拟，依据《行政法规制定程序条例》进行办理，经国务院常务会议讨论通过后，再经国务院总理签署国务院令后颁布、实行，行政法规在国家法制中占据的地位和法律效力仅次于宪法与法律。

3）地方性法规

地方性法规主要分为三大类：省级地方性法规、设区的市地方性法规及自治条例和单行条例。

（1）省级地方性法规，即隶属省、自治区、直辖市的人民代表大会及其常务委员会按照本行政地区的实际情况与具体需求，制定的不违背宪法、法律、行政法规的法规总称。

（2）设区的市地方性法规是指隶属设区的市的人民代表大会及其常务委员会按照全国代表大会的授权决定，颁布的于本地区范围内施行的法规总称。

（3）根据我国的法律规定，隶属民族自治地方的人民代表大会可以按当地民族的政治、经济与文化特点，来颁布自治条例及单行条例。允许在制定自治条例和单行条例的过程中进行变通，但不允许条例的内容与法律及行政法规相抵触，更不允许对宪法、法律及行政法规中针对民族自治地方的强制性规定进行变通。

4）规章

（1）部门规章，是指由国务院各个部门等，依据法律、行政法规及国务院决议而制定的，适用于部门职权范围内的规定总称。

（2）地方政府规章，即本省、自治区、直辖市和设区的市的人民政府，依据法律、行政法规及地方性法规而制定的，作用于其管辖范围内的规定总称。地方政府规章需要通过人民政府常务会议或全体会议决定，经省长/自治区主席/市长进行颁布。

3. 合同法

合同法，即对合同签署、实施、变更、失效作出相应规定的法律法规。相较于过去的合同法，现在的合同法更能满足市场经济环境下当事人双方的需求。现行的《中华人民共和国合同法》具有六个方面的特点：结构更加合理；规定和表述更加科学；更加尊重合同双方的意愿；更能满足市场经济体制的需求；加强了对债权人利益的保护；进一步完善了合同制度。

《中华人民共和国合同法》第二条规定："本法所称合同是平等主体的自然人、法人、其他组织之间设立、变更、终止民事权利义务关系的协议。"这一条款划定了这一法律的作用范围。政府实施经济管理活动，如征税、收取相关费用及财政拨款等，这些行为隶属行政管理范畴，《中华人民共和国合同法》不能作为其法律依据，应当符合行政法中的有关规定。但是，当政府以平等主体的身份和其他自然人或组织间签订如采购 IT 项目、房屋修葺等民事关系合同时，其行为则受约束。对于企业或单位内部的合同关系，不属于平等主体间的缔约，因此也不适合以此作为其法律依据。

5.3　IT 项目合同结构与类型

5.3.1　IT 项目合同结构

IT 项目合同结构体系和 IT 项目的承包/发包模式及采购模式有很大的关系。IT 项目合同结构可以分为四大类：一是基于 IT 项目总承包模式的合同结构；二是基于 IT 项目设计或实施总承包模式的合同结构；三是基于 IT 项目总承包管理模式的合同结构；四是基于 IT 项目平行承发包模式的合同结构。

（1）基于 IT 项目总承包模式的合同结构，即在 IT 项目的承发包模式为总承包模式的情形下，业主和总承包人间及总承包人和分包人间签订相应类型的合同构成的合同结构。

这种合同结构主要是通过以下两种基本合同来构成：业主和总承包人双方签订 IT 项目总承包合同；总承包人和设计分包人、实施与测试分包人、运行与维护承包人等参与方签订一份或多份不同类型的 IT 项目分包合同。如果不对项目进行标段划分的话，因为业主仅需和一位 IT 项目总承包人签署合同，此时业主需要承担的合同管理工作量最小。

（2）基于 IT 项目设计或实施总承包模式的合同结构，即 IT 项目采用设计总承包模式或者实施总承包模式进行采购时，IT 项目业主和项目设计总承包人、IT 项目业主和项目实施总承包人、IT 项目设计总承包人与项目设计分包人、IT 项目实施总承包人与项目实施分包人间签订相应类型的合同构成的合同结构。

这种合同结构主要是通过以下两种基本合同来构成：业主和设计或实施总承包人双方签订的设计或实施总承包合同；设计或实施总承包人和设计或实施分包人双方签订的设计或实施分包合同。其中，业主和设计或实施分包人双方，设计总承包人和实施总承包人双方都没有合同关系。在基于设计或实施总承包模式合同结构下，其需要承担的合同管理工作量很少。

（3）基于 IT 项目总承包管理模式的合同结构，即 IT 项目采用总承包管理模式时，IT 项目业主与项目总承包管理人、IT 项目总承包管理人与项目设计分包人、实施与测试分包人等 IT 项目参与者间签订不同类型的合同构成的合同结构。

这种合同结构主要是通过以下两种基本合同来构成：业主和总承包管理人双方签订总承包管理合同，总承包管理人和设计分包人、实施与测试分包人等 IT 项目参与者签订分包合同；业主和 IT 项目总承包管理人形成总承包管理合同，业主和设计分包人、实施与测试分包人形成分包合同。相较于前面两种合同结构，业主需要承担更大的合同管理工作量。

（4）基于 IT 项目平行承发包模式的合同结构，即 IT 项目采用平行承发包模式进行采购，IT 项目业主与项目设计分包人、IT 项目业主与项目实施承包人间签订不同类型的合同构成的合同结构。

这种 IT 项目合同结构，主要通过业主和设计承包人、实施与测试承包人和运行与维护承包人等签订不同类型的合同来构成。值得注意的是，在此种合同结构下，业主需要承担的合同管理工作量达到上限。

5.3.2 IT 项目合同分类

IT 项目合同，即 IT 项目采购活动紧密关联的协议规定。IT 项目合同具有许多不同的类型，主要依据以下三项标准对其进行分类。

1. 分类标准 I：IT 项目的最终采购物

依据 IT 项目最后得到的产品类型，即最终采购物，IT 项目合同主要可以分为五种。

1）软件开发项目合同

软件开发项目合同，即和软件应用开发有关的 IT 项目合同，这一类型的合同还包含直接采购合同及开发外包合同。

2）系统集成项目合同

系统集成项目合同，即和系统集成有关的 IT 项目合同，这一类型的合同包含系统软硬件集成及综合调试工作等内容。

3）网站建设项目合同

网站建设项目合同，即和网站建设工作有关的合同，这一类型合同的主要内容包含网站开发工程及网络安全工程等。

4）咨询服务合同

咨询服务合同，即和咨询服务有关的合同，这一类型合同的主要内容包含 IT 项目系统维护、培训、监理等。

5）设备采购合同

设备采购合同，即 IT 项目实施过程中和设备采购有关的合同，这一类型合同的主要内容包含主机、服务器、网络等的采购工作。

2. 分类标准Ⅱ：IT 项目承包范围

按照 IT 项目合同结构及承发包方式，IT 项目合同可以简单地分为两大类：一类是总承包合同；另一类是分包合同。

1）IT 总承包合同

IT 总承包合同可以划分为总承包合同、设计总承包合同、实施总承包合同及管理总承包合同这四种。

2）IT 分包合同

IT 分包合同可以划分为设计分包合同、实施分包合同、运维分包合同等。

3. 分类标准Ⅲ：项目承包的工作性质

依据项目承包的工作性质，通常可以将 IT 项目合同分为设计合同、施工合同、监理合同、运维合同及咨询合同等。

5.4　IT 项目合同一般内容

1. 合同适用法律及主导语言

1）适用法律

IT 项目合同文件必须适应我国法律法规。如果 IT 项目需要适用特殊的法律规定，则双方在专用条款中约定。

2）主导语言

IT 项目合同文件通常使用汉语，当专用条款规定使用一种以上语言时，汉语应作为主导语言。

2. 合同文件的构成及优先次序

IT 项目的合同文件的组成内容取决于其项目类型、承包模式、发包模式、当事人双方的要求等。在 IT 项目的总承包模式下，合同文件的构成较为单一；在平行承发包模式下，合同文件构成较为复杂。

1）平行承发包模式下合同文件的构成及优先次序

（1）当事人签订的合同；

（2）中标通知书；

（3）投标书及其附件；

（4）合同专用条款。专用条款是指当事人依据法律法规，参考 IT 项目的实际经验，经过共同商议而制定的条款。通过专用条款的制定对通用条款中的有关内容进行补充或者修改，两者的条款号相同；

（5）合同通用条款；

（6）项目适用的标准、规范和相关技术文件（在专用条款中作出规定）；

（7）设计任务书。经发包人或承包人提交，且获得监理工程师批准；

（8）项目任务量清单；

（9）项目报价单或预算书。

2）总承包模式（EPC）下合同文件的构成及优先次序

（1）合同协议书；

（2）专用条件；

（3）通用条件；

（4）雇主要求；

（5）投标书及构成合同的其他文件。

3. 效力声明部分

IT 项目业主和承包人的权利与义务应当在合同中加以约定，并形成标准合同文本及有关附件文本。合同应规定标准文本及有关附件文本所涉及的法律功能范围，并对文本之间的逻辑关系进行说明。合同还应规定关于 IT 项目合同约定范围之外的权利与义务及实施变更等问题的解决方法。另外，也需要明确 IT 项目合同签署之前的有关事务，并认清双方应当履行的相关义务。

4. 软件著作权、软件产品保护部分

承包人对 IT 项目软件成果拥有合法著作权。业主需要按合同规定，于限定范围实施及使用承包人提供的软件成果。双方可以依据国家对著作权的相关法律规定，提出软件著作权的解决方案。

5. 系统适用的标准体系方面的条款

IT 项目可能会涉及国家、行业的部分标准，或者国际质量认证标准。所以，业主单位在签订 IT 项目合同之前，必须与承包人确定项目对有关标准的支持或符合程度。例如，会计核算方面的标准，国家强制性质量认证标准等。

6. 保密合同部分

在 IT 项目实施过程中，业主需要向承包人提供各种内部资料、数据、信息。为此，出于保密的需要，在 IT 项目合同中约定双方的保密义务，即对第三方的保密义务。

7. 软硬件环境

业主应该提供已有的且与 IT 项目相匹配的软硬件环境，包括业主计算机硬件类型、已安装软件的数量和版本等。承包人应根据业主实际的软硬件环境，向业主提供完整的、适用的 IT 项目软件及其配套的所有附件。因此，IT 项目合同需要对已有的软硬件环境和新建的与 IT 项目匹配的软硬件环境作出约定。

8. 数据规范部分

软件的数据规范需要约定数据库软件的类型、名称、版本，以及数据库的数据范围、格式、输入频度、数据量等。该部分的要求由业主根据 IT 项目的需要提出，并提供相关资料，承包方根据业主的要求和相关的标准、经验来实现。

9. IT 项目范围及内容

IT 项目合同应当明确 IT 项目工作范围与实施内容，包括项目的承包人、项目实施目标与实施方法、软件实施模块、项目资源管理等。

10. 承包人人员的管理

1）承包人对人员的管理

承包人对其人员的管理包括人员安排、情况报告和人员合法权利的保障。

2）监理人对承包人人员的管理

（1）接受并审查承包人管理机构和人员情况报告及人员变动情况报告。

（2）承包人人员上岗资格的审查、必要的考核，合格者方可上岗。

（3）有权要求撤换承包人人员。

（4）有权要求承包人将行为不端的 IT 项目参与人员进行撤换。

11. 承包人材料与备品配件的检验

1）承包人负责购买的材料及备品配件的检查和交货验收

（1）检查和交货验收的组织：通过承包人和监理人的组织商讨确定检查和交货验收的时间地点。

（2）验收要求：在验收程序中需要同时查验材料或备品配件的材质证明及合格证书。承包人还应遵循合同规定对材料和备品配件进行抽样检验检测，并向监理人提交检验结果，花费的费用由承包人负担。

（3）承包人、监理人的检查和检验责任：承包人需要为监理人的监督工作提供一切便利，监理人应当根据协议约定参与材料和备品配件的交货验收过程。监理人参与交货验收并不意味着承包人在检查和交货验收过程中的责任得以免除，承包人需要对发包人负责，保证所提供的材料和备品配件的质量。

（4）时间、地点与费用：承包人和监理人按照约定的时间和地点查验各种材料和备品配件；监理人需到场参加检查工作，因特殊原因无法到场且无其他指示时，承包人可以单独组织开展检验工作，并及时向监理人提交检验报告；监理人对承包人提供的检验结果进行确认，当监理人对检验结果存在疑问时，在不抵触合同约定的条件下，监理人有权对材料和备品配件另外进行抽样检验；若抽检结果表明该材料或备品配件的质量与协议要求不符，抽检费用由承包人负责；若抽检结果表明该材料或备品配件质量已达到合同约定要求，抽检费用由发包人负责。

2）未按合同约定进行检查和检验的处理

（1）补作检查和检验：当承包人未按照合同约定对材料或备品配件进行检查和检验时，监理人可以要求承包人补作检查和检验，承包人应当遵照执行。

（2）费用和责任：承包人需要负担检验费用，并对工期延误负责。

3）不合格的材料和备品配件的处理

当承包人未经同意擅自使用违背协议约定的材料和备品配件，监理人有权按合同约定要求承包人立刻实施补救方案，直至彻底消除不合格的 IT 项目材料和备品配件。承包人因使用不合规定的材料和备品配件造成严重后果的，责任由承包人承担，且应无条件按监理人的要求进行补救。

若承包人提交的检验结果证明材料或备品配件不合格，监理人应拒绝验收，及时通知承包人立即停止使用该材料或备品配件，并由双方一起商讨补救措施，承包人需承担延误工期的责任及产生的额外费用。

4）额外检验和重新检验

（1）额外检验：在 IT 项目实施过程中，若发现合同未约定某材料和备品配件的检验程序，监理人可以要求承包人进行额外检验。承包人应按指示执行，发包人需要负担工期延误的责任和产生的额外检验费用。

（2）重新检验：在任何情况下，监理人若对某材料和备品配件的检验结果存在疑虑，可以要求承包人进行重新检验，并且承包人不得拒绝。由此造成的费用增加和工期延误责任按其检验结果确定，重检结果表明该材料或备品配件质量未达到合同约定要求的，重检的花费需承包人负责，并负担工期延误的责任；重检结果表明该材料或备品配件质量已达到合同约定要求，重检费用由发包人负责，并承担工期延误责任。

5）承包人不进行检查和检验的补救办法

承包人不按合同约定完成检查和检验工作时，监理人可以委托有资质的检验机构或人员进行材料和备品配件的质量检查、检验工作，承包人应提供一切方便，不得拒绝，并承担检验费用，对工期的延误负责。

12. 质量检查的权力

监理人拥有质量否决权，有权利要求对任意部位及任意材料和备品配件、工艺进行核验工作。监理人需要赴现场及合同约定的其他地方进行视察，承包人应为其提供一切方便，并按监理人要求，进行现场取样试验等工作。需要注意的是，监理人的产品质量核验工作与承包人并不冲突，承包人仍需在协议约定范围内完成自己需要承担的责任。

13. 验收与维保

1）验收

验收是指承包人根据协议要求完成项目后，移交给业主接收之前的交工验收。通常，由业主和承包人共同商定 IT 项目分阶段验收标准和最后验收标准。验收程序有：业主对 IT 项目软件产品的验收；业主和承包人对具体工作成果的检查；业主和承包人对阶段性成果和最后工作成果的评价等。体现在合同上，就应当明确约定各个验收行为的方式及验收记录形式，例如对实施文档的验收、软件系统安装调试的验收、项目最终验收等。

2）维保

维保是 IT 项目承包人的法定义务，也是承包人提升自身产品市场竞争力的重要手段。IT 项目承包人应该提高售后服务质量，严格履行对业主的服务承诺，使维保服务规范化。IT 项目承包人承担的维保，分为免费和收费两种，应在合同的具体条款中予以明确。

14. 咨询服务

如果在项目实施中，承包人还承担了咨询服务的业务，则在合同中还应有关于咨询服务的条款。咨询服务条款包括了诊断、沟通、分析、提供方案和规章制度、培训、指导和咨询等各个环节，以及经咨询方提交的完整的，且和 IT 项目岗位权责有关的 IT 项目管理规定。

15. 进度计划的审批管理

监理人对 IT 项目进度计划的审批工作主要包括：对合同进度计划的审批，对年、季、月进度计划的审批及对经过修订后的进度计划的审批。

1）监理人对进度计划的审批

（1）合同进度计划的审批：在签订承包合同之后，承包人应根据合同约定和监理人的要求，对总进度计划进行编制，并及时提交给监理人进行审批。总进度计划应符合协议关于全部项目完工日期的规定。由监理人审定的总进度计划称为合同进度计划，作为控制 IT 项目实施进度的基础，对发包人和承包人均具有约束力。总进度计划获批前，合同双方需要根据合同签署时约定的进度计划及监理人要求对 IT 项目的进度实施控制。

（2）年、季、月进度计划的审批：根据合同进度计划，承包人还应按监理人的要求对年、季、月进度计划进行编制，及时提交给监理人进行审核，并于每月底报送已完成的 IT 项目工作量月报表。承包人编制的年、季、月进度计划应遵守合同进度计划的相关约定，经监理人批准后作为实际控制 IT 项目进度的具体标准。

（3）修订后的进度计划的审批：在合同履约过程中，如果出现 IT 项目的实际进度赶不上计划进度的情况，监理人可以指示承包人对其原有的进度计划进行修订，承包人需按照监理人的指示上交校正后的进度计划，且监理人需及时审批并向承包人反馈审批意见。

2）监理人对进度计划的审核内容

监理人需要严格、仔细地核查承包人提交的进度计划，核查的内容一般有下述几个方面。

（1）进度安排与合同完工日期的符合性；

（2）顺序安排的合理性；

（3）每项工作的时间安排的合理性；

（4）每项工作周期的合适性；

（5）供应计划与进度计划的衔接情况；

（6）进度计划的连续性与均衡性要求；

（7）各个承包人进度计划间的协调性；

（8）承包人进度计划和发包人工作计划间的协调性；

（9）承包人进度计划和其他工作计划间的协调性。

16. 项目移交证书与维保责任终止证书

1）IT 项目移交证书

发包人在接到监理人提出请求准备开展 IT 项目验收工作的通知后，需要在监理人收到完工验收申请报告后组织 IT 项目完工验收，并于验收通过之后签署 IT 项目移交证书给承包人。签署 IT 项目移交证书之前，需要在移交证书中注明实际完工日期，此日期由监理人、发包人与承包人三方共同进行商讨确定。实际完工日期是 IT 项目完工工期的依据，也是 IT 项目维保期的开始。从颁发移交证书之日起，照管 IT 项目的任务即应由发包人负责。

2）维保责任终止证书

当 IT 项目的维保期结束后，由发包人或者受委托的监理人颁发维保责任终止证书给 IT 项目承包人。若已到达维保期限项目还存在未修补完成的缺陷，承包人需要根据监理人的指示完成修补工作，才能颁发维保责任终止证书。

颁发维保责任终止证书后，并不意味合同已履行结束，发包人及承包人仍需履行尚未完成的责任和义务。

17. 合同的公证和鉴证

在 IT 项目合同的订立和履行的过程中，经常需要对合同进行公证和鉴证。因此，作为代理人，应了解、熟悉我国的公证和鉴证的法律制度。

1）合同的公证

合同的公证是指国家的公证机关按合同双方的自愿申请，对合同的合法性与真实性予以审核并进行确认的制度。由隶属省、自治区、直辖市的司法行政机关准许设立的公证处为我国的公证机关。

2）合同的鉴证

合同的鉴证，即合同管理相关单位按合同双方的意愿核查其所签署的合同，对合同的合法性与真实性进行鉴定工作，并督促当事人双方对协议约定的执行。通过合同的鉴证，有助于提升当事人双方的信任度，对合同的执行有益并能减少合同纠纷。

合同的鉴证应向县级以上的工商行政管理机关进行申请办理。申请合同鉴证，除了应当有当事人的申请外，还应当提交合同原件、营业执照、主体资格证明文件、签订合同的法人的资格证明等其他有关证明材料。

5.5 IT 项目合同管理主要问题

从实际经验来看，IT 项目合同管理工作还有以下几个主要问题。

（1）缺少标准合同文本。IT 项目中涉及设备、硬件、软件等方面的问题，相关职能部门指定和颁布了设备采购合同范本，欠缺软件、系统集成及网站建设方面的标准合同范本。

（2）合同内容不完善。依据《中华人民共和国合同法》的相关规定，合同需要涵盖八大方面的内容。IT 项目合同应制定满足项目所有管理需求的协议条款。除设备采购方面外，IT 项目在其他方面的合同内容不够完善。

（3）IT 项目招标文件不完备。IT 项目招标文件包含的内容操作性及针对性比较弱，且不够具体；合同文字、条款不够严谨；合同与合同条款自身不完善等。

（4）合同管理过程不规范。合同管理过程中存在的问题有：合同准备阶段、合同签署阶段及合同实施阶段的评价问题，出现了 IT 项目合同标准文本有所欠缺，合同管理包含的内容不够完整，合同风险未能很好地识别，招标文件的编制工作未能引起重视，合同管理与实际应用脱离，合同变更操作不够及时等问题。

（5）缺少合同实施后的评价。这包含了合同签署过程评价、合同实施过程评价及对重要协议的评价，例如对影响 IT 项目费用、工期及质量等相关问题的关键条款的评价。

第 *6* 章
合同法的基本知识

6.1 IT 项目合同与合同法

6.1.1 合同法的发展历程

（1）中华人民共和国成立以前，我国较多地使用"契约"的概念；

（2）1949 年到 1981 年，我国有关合同的法律规范，主要包含在法规性文件中；

（3）1981 年 12 月 13 日，第五届全国人大第四次会议通过了我国第一部《中华人民共和国经济合同法》，这是我国自 1949 年以来第一次通过基本法律的形式来调整合同关系；

（4）1985 年 3 月 21 日，第六届全国人大第十次会议通过了《涉外经济合同法》，涉外经济合同考虑了国际交易的惯例；

（5）1987 年 6 月 23 日，第六届全国人大第二十一次会议通过了《技术合同法》，我国合同法形成了三法并立的局面；

（6）1999 年 3 月 15 日，第九届全国人大二次会议通过了《中华人民共和国合同法》，该法结束了由《经济合同法》《涉外经济合同法》《技术合同法》所形成的三法鼎力的局面，是完善市场经济法律体系重要的一步。

《中华人民共和国合同法》与之前的合同法相比，更有市场性。现行的《中华人民共和国合同法》具有 6 个方面的特点：结构更加合理；规定和表述更加科学；更全面体现了对当事人意志的尊重；更加符合我国社会主义市场经济发展的需要；加强了对债权人利益的保护；进一步完善了合同制度。

每个国家对合同的分类都有自己的划分依据和标准。大陆法系的分类方法比较科学，英美法系也采用这种分类方法。我国的合同分类借鉴了大陆法系关于合同分类的可取之处。

6.1.2 合同法基本原则

1. 合同法基本原则概述

合同法基本原则既是合同签订当事人订立、履行、变更、解除合同等全过程的根本原则，同时也是仲裁机构与人民法院解决合同争议应该履行的根本原则，是具有普遍约束力的规范，真正表达合同正义的诉求。

2. 合同法基本原则的特点

我国合同法基本原则是具有强制性、规范性、稳定性、不确定性的特点。法律原则没有规定确切的、清晰的事实状态，也没有规定特定的权力、义务和法律后果。因此，法律原则是协调与指导某一范围或全部社会关系的法律机制。

1）强制性

强制性是指双方当事人必须要遵守的合同基本原则。合同是双方当事人商量讨论一致的结果，对其中具体的合同规范，当事人按照"约定大于法定"的规则排除适用。而对于合同法基本原则不得排除适用，不但排除适用的约定不能发生效力，当事人还要承担相应的责任。

2）规范性

规范性是指合同法的基本原则所确定的通常的行为模式，以合同法所规定的一般责任作为保障。合同法的基本原则与具体合同法规则相结合，充分发挥了法律调整机制的作用，并对具体合同法规则予以补充，不仅可以作为评判案件的根据，还有助于对具体合同法规则进行准确的理解与应用。

3）稳定性

稳定性是指合同法的基本原则不论在哪个时候或者哪种社会制度下都有不同的解答，但合同法基本原则与合同法的具体规范有不同之处，合同法基本原则不会变动，但是合同法的具体规范会根据社会经济变化的情况时刻调整。

4）不确定性

不确定性是指合同法基本原则是由抽象概念构成的，其理解和适用具有较大空间。

3. 合同法基本原则的主要内容

合同管理需要坚持的原则有平等原则、自愿原则、公平原则、诚信原则、合法原则和公序良俗原则。

1）平等原则

《中华人民共和国合同法》第三条规定："合同当事人的法律地位平等，一方不得将自己的意志强加给另一方。"

平等原则是指合同双方当事人在合同法律关系中地位是平等的，任何一方都不能将自己的意志强行地加给另外一方；合同成立后，对双方当事人具有平等的约束力，任何一方违反合同规定都会受到法律的追究；合同发生纠纷时，法律将会给予合同双方当事人平等的保护。

2）自愿原则

我国《民法通则》规定："民事主体在从事民事活动中，遵循自愿原则，充分表达自己的意思，并根据自己的意思设立、变更、终止民事法律关系。"

《中华人民共和国合同法》第四条规定："当事人依法享有自愿订立合同的权利，任何单位和个人不得非法干预。"具体来说，自愿原则是指订立合同时，是否缔结合同、与谁签订合同、合同内容和合同形式的决定都是由合同当事人自愿决定的，任何单位和个人无权对当事人的权利进行非法干预；合同执行过程中，如果情况发生变化，当事人有权通过协调，变更合同的内容或者解除合同，但如果一方不同意，则另一方和他人不得迫使其变更或解除；如果发生纠纷，当事人可以自主地选择解决纠纷的方式，当事人可以自己协调商量，也可以请第三方从中调停，或是提交仲裁及向人民法院起诉。

这里需要强调的一点是，合同自愿原则虽然从某种意义上可以理解为自愿原则，但是，

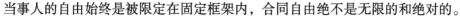

当事人的自由始终是被限定在固定框架内，合同自由绝不是无限的和绝对的。

3）公平原则

《中华人民共和国合同法》第五条规定："当事人应当遵循公平原则确定各方的权利和义务。"

公平原则是指本着当前共同认同的公平的观念，明确当事人之间的权利和义务。公平原则有着等价有偿的含义，在民事活动中，除法律特别规定或当事人的约定外，当事人获得他人财产利益应向他方给付相应的对价。

公平是社会进步的标志，它促进社会利益的平衡，推动社会经济的稳步健康发展。公平原则主要要求是当事人在订立合同时，应当公平地明确双方当事人各自的权利和义务，双方任何一方都不可以把自己的意愿强加给另外一方。

当发生合同纠纷需要由法院作出裁决时，法院应当按照公平原则对当事人确定的权利和义务进行判断，以决定其法律效力。当事人应当本着公平精神，变更、解除合同或按照约定履行合同，不能有不公平的行为出现。

4）诚信原则

《中华人民共和国合同法》第六条规定："当事人行使权利、履行义务应当遵循诚实信用原则。"

诚信原则是指合同双方当事人在合同的订立、履行过程中，本着诚实守信的原则。合同诚信原则是合同自由与公平的保证，诚实信用原则要求合同双方当事人在订立合同时，实事求是，准确地描述客观的事实，对事实存在的情况不欺骗、不隐瞒。制订合同格式的一方对于相对人应负义务的条款，应当提醒其注意，并同时负有说明的义务；合同签订成立之后，合同双方当事人要按照法律的要求和合同的规定认真地履行合同，不随意违约；在某些情况下，当事人可以解除合同。如果解除合同，双方要本着诚实信用的规则，合同签订的任何一方都要提前告知另一方，让对方有充分的准备时间；在合同终止后，虽然当事人不承担合同义务，但是根据诚信原则要求当事人承担随附的义务；在合同内容含糊不清、发生歧义等情况下，需要对当事人的真实意思表示进行解释，诚信原则就是一条极为重要的解释原则。

5）合法原则和公序良俗原则

《中华人民共和国合同法》第七条规定："当事人订立、履行合同，应当遵守法律、行政法规，尊重社会公德，不得扰乱社会经济秩序，损害社会公共利益。"

合法原则是指签订合同的各方、过程、内容、形式及合同履行符合法律法规的要求。法律是指全国人大及其常委会根据法定程序所制定与颁布的规范性文件。行政法规是按照法定程序制定的有关行使行政权力、履行行政职责的规范性文件。

公序是指社会的公共秩序，是指国家社会存在及其发展所必要的一般秩序。良俗是指善良的风俗，是社会应有的道德准则，在我国通常称为"社会公德"。公序良俗原则是指当事人订立、履行合同，应当尊重社会公德，不得损害社会公共利益和扰乱社会经济秩序。

6.1.3　合同分类

1. 双务合同与单务合同

1）双务合同

双务合同是指当事人双方互相负责对待给付义务的合同，即合同双方之间均享有权利，均负有义务，如买卖合同、租赁合同等。在双务合同中，双务义务的履行顺序包含时间先后关系和条件关系：即其中一方义务的履行都是以另一方履行义务为前提条件。

2）单务合同

单务合同是指由于没有对待给付义务，其中只有一方负担给付义务，一方负有义务不享有取得对价权力使双方当事人没有抗辩权的合同。

2. 有偿合同与无偿合同

依据合同双方当事人获得权利的同时要不要付出相应的代价这个前提可把合同分为无偿合同和有偿合同两种。有偿合同是指合同义务人在履行自己义务的过程中，有违反合同规定行为就要承担相应责任；无偿合同是指只有故意和重大过失的时候才可能承担责任，但也可从轻考虑，这是由于合同义务人本身履行是无偿的。

有偿合同是指当事人双方互相给予对方某种利益且两种利益具有概括的等价性。其中大多数的双务合同是有偿合同，另外要支付利息的借款合同也是有偿合同。

无偿合同是指合同当事人无偿取得利益，合同取得利益的一方不需要付出代价。无息借款合同属于无偿合同。

3. 要式合同与不要式合同

依据法律规定，以合同是否具有一定的形式和手续为条件，把合同分为要式合同和不要式合同。要式合同是指法律规定合同拥有特别的形式和要求才能成立或者生效的合同。不要式合同是指合同双方当事人达成协议就发生法律效力，签订合同不要求采取法律规定的某种形式。赠与合同属于不要式合同。

4. 涉他合同与非涉他合同

依据合同的履行是否涉及第三人把合同分为涉他合同和非涉他合同。区分涉他合同和非涉他合同的目的在于：区分当事人的权利和责任。狭义的涉他合同又可以分为两种：一种是为第三人设定债权的合同；另一种是为第三人设定债务的合同。

5. 格式合同与非格式合同

依据合同必要条款的内容是不是依据法律直接规定来划分，把合同分为格式合同和非格式合同两种。格式合同是指要全面地保证弱势相对人的正当合法权益，确保公平公正；非格式合同是指内容由当事人双方共同讨论商量决定，不需要提供特别的帮助，充分体现双方的合意自治权。格式合同是指合同所要求和必须条款的内容依照法律规定的合同。非格式合同是指法律方面没有对合同的内容作直接规定的合同。赠与合同属于非格式合同。

6. 诺成合同与实践合同

合同双方当事人意思表达一致，以要不要交付合同标的物为标准把合同划分为诺成合同与实践合同。诺成合同的当事人通常不可以撤回和反悔，实践合同的当事人可以通过不履行或者不交付标的物来行使反悔权。区分诺成合同与实践合同，可确认合同成立与否及生效的情况，确定当事人违反合同与否，承担相应责任与否。

诺成合同是指双方当事人只要意思表示一致就可以成立、生效的合同。买卖合同属于诺成合同。

实践合同是指除当事人意思表示一致外，要以标的物的实际交付才认定的合同。

某些合同较复杂，其中一部分是诺成合同，另一部分是实践合同。拿赠与合同来说，《中华人民共和国合同法》第一百八十六条规定："赠与人在赠与财产的权利转移之前可以撤销赠与。"具有救灾、扶贫等社会公益、道德义务性质的赠与合同或者经过公证的赠与合同，不适用前款规定。可以看出，通常的赠与合同是实践合同，对于具有救灾、扶贫等社会公益、道德义务性质的赠与合同或者经过公证的赠与合同则属于诺成合同。

7. 主合同与从合同

依据合同之间的附属关系可把合同分为主合同与从合同。

主合同是指不需要其他合同的存在为条件就可以独立存在的合同，其中，监理合同、总承包合同等均为主合同。

从合同是指不能独立存在并以其他合同的存在为前提的合同，担保合同、保险合同等为项目合同的从合同。

区分主合同与从合同的意义在于：主从合同具有效力上的从属关系，如果主合同无效，那么从合同也无效，主合同的效力决定了从合同的效力。

6.2　IT 项目合同订立

6.2.1　合同主体资格

《中华人民共和国合同法》第二条规定："本法所称合同是平等主体的自然人、法人、其他组织之间设立、变更、终止民事权利义务关系的协议。婚姻、收养、监护等有关身份关系的协议，适用其他法律的规定。"

第九条规定："当事人订立合同，应当具有相应的民事权利能力和民事行为能力。当事人依法可以委托代理人订立合同。"

民事行为能力指的是依靠自己的想法从事民事活动，获得权利与履行相应义务的资格。民事权利能力指的是参与民事活动，享有民事权利，承担民事义务的资格。当事人订立合同的前提条件是具有相应的民事行为能力和民事权力能力。

实际订立合同的签订主体可以是未来合同的当事人，也可是合同当事人的代理人。所谓"合同当事人的代理人"是指在订立合同的过程中，以当事人（被代理人）的名义，为当事人的利益，向相对人实施意思表示的人。当事人可委托代理人代替其签订合同，但合同的法律效应归于当事人自己。

1. 自然人

自然人也可以成为合同的主体。例如承包人的工作人员（建筑工人、专业技术人员、注册执业人员等）与企业签订的劳动合同，此时，自然人成为劳动合同的主体。

2. 法人

有些合同法律关系的主体必须是法人。法人是指具有民事行为能力与民事权利能力，并且依法享有民事权利和承担民事义务的组织。法人应具备以下四个条件：

（1）必须依法成立；

（2）有必要的财产或者经费；

（3）有自己的名称、组织机构和场所；

（4）能够独立承担民事责任。

3. 其他组织

不同时具备法人4个条件的组织。

6.2.2 IT项目合同各方权利义务

1. 发包人的权利、义务与责任

发包人是指在协议书中约定，具有项目主体资格和支付项目价款能力的当事人及其合法继承人。

1) 发包人的权利

对IT项目进度、质量的检查权，是指发包人具有在不干扰承包人通常工作的状态下，随时对作业计划、质量检查的权利。发包人对IT项目作业的检查一般有委派具体管理人员作为代表和委托监理人两种方式。国家规定及强制监理的一些IT项目，发包人依靠委托监理人对IT项目的展开和进行实施监理。监理人代表发包人对承包人的工作实际状况进行监督。

对隐蔽部分检查的权利，是指隐蔽部分由于它的隐蔽性，所以不能在项目完工以后，由发包人等对其进行验收，所以隐蔽部分要在隐蔽以前，由承包人通知发包人来对隐蔽部分进行检查。

2) 发包人的义务与责任

遵守法律，是指发包人在履行合同过程中要遵守法律规定，并保证承包人免于承担因发包人违反法律而引起的任何责任。

发出开工通知，是指发包人要委托监理人根据条款的约定时间向承包人发出开工通知。

提供施工场地及相关资料，是指发包人要委托监理人按照专用合同条款约定向承包人供给设施、施工场地及相关资料与数据，并要确保资料的真实、准确、完整。

协助承包人办理证件和批件，是指发包人要协调和帮助承包人去办理法律要求的相关批件和施工方面的证件。

组织设计交底，是指发包人要依据合同进度计划要求，委托监理人向承包人提供应由发包人负责提供的图纸或设计报告，并在合同约定的期限内，向承包人进行设计交底。

支付合同价款，是指发包人要按照合同的约定向承包人支付合同价款。

组织竣工验收，是指发包人要按照合同约定及时组织相关方竣工验收。

其他义务，是指发包人还要履行合同规定的一些其他方面的义务。

2. 承包人的权利、义务与责任

1) 承包人的权利

承包人可以要求发包人按技术条款的相关要求和规定承担由发包人承担的项目准备工作，并按合同规定的时间提供给承包人使用；承包人可以要求发包人按照技术条款的相关规定委托监理人向承包人移交相关资料和基本数据；发包人委托监理人向承包人提供应该由发包人负责提供的相关图纸或设计报告，承包人可以要求发包人在合同约定的时限内，按合同约定支付合同价款。

2) 承包人的义务与责任

依据法律，是指承包人在履行合同过程当中应该遵守法律的规定，保证发包人免于承担因为承包人违背法律所带来的任何责任。

执行监理人的要求，是指按照约定的时间来完成所有承包的作业。

要对施工方法与作业的完备性负责，是指承包人要根据合同约定的施工进度规定和作业内容，编制施工组织设计与措施计划，并对所有作业方法、作业的完备性和安全可靠性负责。

项目的维护和照管，是指在项目接收证书颁发前，承包人应该全面负责维护和照管项目。如果项目接收证书颁发时还有部分项目没有竣工，承包人应该要继续负责该部分没有竣工项目的维护和照管，直至竣工后移交给发包人。

按照合同的有关规定采取相关安全方面措施，是指要确保项目和项目相关管辖的人员、材料、设备和设施等方面的安全。

按照合同规定负责办理由承包人投保的保险。

其他义务，是指承包人要履行合同规定的其他方面的义务。

3. 监理人的职责和权利

监理人在实施监理的过程中，应该严格按照合同的规定，行使监理人的权利，履行监理人的职责。

（1）监理人受发包人委托，享有合同约定的权利。监理人在行使某项权利前要经过发包人事先批准，权利在通用合同条款没有指明的，应在专用合同条款中指明。

（2）监理人发出的任何指示应该视为已得到发包人的批准，但监理人没有权利去免除或变更合同约定的发包人和承包人的权利、义务和责任。

（3）合同约定应该由承包人承担的义务和责任，不能因为监理人对承包人提交文件的审核或通过，对设备、工程和材料的考察和检验和为实施监理作出的指示等职务行为而减轻或解除。

6.2.3　合同订立方式

1. 要约

1）要约的概念

《中华人民共和国合同法》第十四条规定："要约是希望和他人订立合同的意思表示，该意思表示应当符合下列规定：内容具体确定；表明经受要约人承诺，要约人即受该意思表示约束。"

要约在贸易和商业活动中称为发价、发盘或者报价，是签订合同的一方当事人向他方提出的以订立合同为目的的意思表示。首先，要约是特定的人发出的意思表示，这是不言而喻的。其次，要约是向要约人希望同他订立合同的对应人发出的意思表示。前面已经具体分析过该相对人可以是特定的，也可以是不特定的。要约的内容主要包括以下几个方面。

（1）内容具体确定，是指要约的内容必须确切充分，没有抽象不清。因为只有这样，受要约人才能真正明白要约含义，这样可以很好地分析利弊，而且要约内容越清楚明白，越方便受要约人作出是否承诺的判断，大大地提高了要约的效率和安全。

（2）说明经受要约人承诺，是指要约人即刻受该意思表示约束。因此要约人必须向受要约人表明，要约一经受要约人表示承诺，合同一旦签订，要约人就要受到约束。这样规定，有利于提高要约的信度。考虑到对方一旦表达承诺之后，要约人要受到所表达意思的约束和限制，因此要约人一般会十分谨慎地对待自己的表达，不会夸夸其谈，保证要约的安全和真实性。假如不能满足上面要求的话，当事人的意思就被看作是要约邀请。

2）要约邀请

《中华人民共和国合同法》第十五条规定："要约邀请是希望他人向自己发出要约的意思表示。寄送的价目表、拍卖公告、招标公告、招股说明书、商业广告等为要约邀请。"

要约邀请的目的是要让对方向自己发出要约，是签订合同的准备，其实不产生任何法律后果，是一种基于事实的行为，对方按照邀请发出了要约行为的话，也没有承担行为的义务，所以要约邀请是不具有任何法律效力的。

3）要约的生效

《中华人民共和国合同法》第十六条规定："要约到达受要约人时生效。"

要约生效意味着要约人要受要约的约束和限制，不可以对已经确定的要约变更和撤回，这可以保护受要约人的正当权益，此时要约生效的时间极为关键。由于要约的形式有所不同导致要约的生效时间也不尽相同，口头要约通常是在被要约的对象知道时开始生效；非口头要约通常要从要约送达受要约人的时刻开始生效。

4）要约的撤回

《中华人民共和国合同法》第十七条规定："要约可以撤回。撤回要约的通知应当在要约到达受要约人之前或者与要约同时到达受要约人。"

要约的撤回，是指要约生效之前要约人让要约不发生法律效力的意思表示。任何要约都是可撤回的，条件是撤回要约的通知是在要约到达之前或者同时与要约到达受要约人，也就是说要约的撤回是要在生效之前。通常要约没有生效时，受要约人不用想到要约或者做相关预备，对受要约人的利益不会带来损害，也可以保障双方当事人的正当权益。

5）要约的撤销

《中华人民共和国合同法》第十八条规定："要约可以撤销。撤销要约的通知应当在受要约人发出承诺通知之前到达受要约人。"

要约的撤销，是指要约人在要约生效后让要约失去法律效力的意思表示。通常要求要约可撤销是在要约到达之后，并且是在承诺人对要约作出承诺之前，因为一些不可抗力，要约内容存在实质性的错误或者缺陷，经济形式变化，为了保障要约人的合法权益，促使要约人让要约取消或者作废，减少不必要的损失和浪费。

但《中华人民共和国合同法》第十九条也规定："有下列情形之一的，要约不得撤销：要约中确定了承诺期限或者以其他形式明示要约不可撤销；受要约人有理由认为要约是不可撤销的，并已经为履行合同作了准备工作。"

6）要约的失效

《中华人民共和国合同法》第二十条规定："有下列情形之一的，要约失效：拒绝要约的通知到达要约人；要约人依法撤销要约；承诺期限届满，受要约人未作出承诺；受要约人对要约的内容作出实质性变更。"

要约的失效，是指要约失去其法律效力，受要约人和要约人都不再受要约的限制和要求。要约终止后，受要约人不再履行承诺的规定，要约人也不再受要约约束。要约失效，合同也没有法律效力和成立的基础，受要约人即使有承诺也无法成立合同。

2. 承诺

1）承诺的概念

《中华人民共和国合同法》第二十一条规定："承诺是受要约人同意要约的意思表示。"

承诺在商业交易中叫接盘。受要约人不需要有承诺的义务，但有对要约承诺的权利。承诺必须具备以下条件。

承诺是受要约人向要约人作出的。要约其实是对要约人与受要约人都有约束，要约和承诺都是相对人的行为，所以只有受要约人才有承诺的权利。其他人作出承诺的意思表示可视作一项要约，不产生合同成立的法律效果。

承诺必须向要约人作出。承诺只是对要约人和受要约人有约束。如果是对要约人以外的人作出承诺，合同将不能成立。如果向要约人的代理人承诺的话，与要约本人拥有一样的法律效力；承诺的内容要同要约的内容一致。如果受要约人在承诺中要扩张、限制或变更要约的内容，就不能构成承诺，视作对要约的拒绝而构成反要约。在现实情况下，要求承诺与要约的内容绝对一致，也不太适合正常交易，所以可以采取灵活可变的方式。

承诺的内容必须要与要约的内容保持一致，如果对要约的内容进行非实质性的添加、限制或其他更改，除非要约明确规定承诺不得对要约内容进行任何添加、限制或修改外，或要约人及时表示反对的，该承诺仍为有效。合同条款要以要约条款及承诺通知书所记明的变更条款为准。承诺对要约的实质性修改，比如添加或变更的条款内容涉及价格或支付方式，非金钱债务及数量、质量、标的的履行地点和时间，违反要约的责任、争议及限度的解决方案等，一般构成要约拒绝或反要约。

承诺要在要约规定的有效期内作出。所谓有效期是指：① 要约有期限规定的，必须要在期限内作出承诺；② 要约没有规定承诺期限时间的，承诺应该按照下面的规定作出并传达至要约人：如果要约通过对话方式作出的，应该即刻作出承诺，但是当事人有约定其他的除外；如果要约要通过非对话方式作出的，承诺应该是在合理期限内传达至要约人。

所谓"合理期限"是指要包含要约送到受要约人的时间、受要约人的考虑时间和承诺返回到要约人的时间。承诺期限的起算日期根据要约方式的不同而不同，如果要约是通过信件或者电报作出的，承诺期限要从信件写明的日期或者电报交发的日子开始计算；假如信件没有写明日期的，那么就从投寄该信件的邮戳日期开始计算；如果要约是通过电话、传真等快速通信方式作出的，承诺期限从要约到达受要约人时开始计算。

受要约人超过了有效期限才发出承诺的话，要约人即可告知受要约人这项承诺在有效期限之外是新要约，要约人可以拒绝，没有接受的义务。

2）承诺的方式

《中华人民共和国合同法》第二十二条规定："承诺应当以通知的方式作出，但根据交易习惯或者要约表明可以通过行为作出承诺的除外。"

承诺通常通过明示的方式作出其中包含口头与书面两种方式。口头的方式包括电话、对话及第三者传话等。书面形式包括电报、传真、信件、电传、电子数据交换和电子邮件等能够有形地表现所载明内容的相关形式。

承诺的具体形式通常会按照要约的要求来进行选择，假如要约人在要约中清晰地表达受要约人需要采用某种形式的，受要约人应该采用符合要约要求的表达形式。

3）承诺的生效

《中华人民共和国合同法》第二十六条规定："承诺通知到达要约人时生效。承诺不需要通知的，根据交易习惯或者要约的要求作出承诺的行为时生效。"

我国对承诺生效问题采用"送达主义"原则，指的是承诺通知要送达至要约人，承诺才生效。不仅兼顾了承诺人与要约人两方的利益，而且还符合交易安全的需要。

承诺迟延，是指受要约人的承诺超出了要约人承诺期限才发出承诺，通常不发生效力，可是依照法律要求，如果受要约人在承诺期限内发出承诺的话，根据一般状况会比较准时地传达至要约人，若由于正常的原因承诺到达要约人时超出了本来承诺期限的时间，除了要约人及时通知受要约人因承诺超过期限不接受该承诺的以外，本承诺具有效力。

4）承诺的撤回

《中华人民共和国合同法》第二十七条规定："承诺可以撤回。撤回承诺的通知应当在承诺通知到达要约人之前或者与承诺通知同时到达要约人。"

撤回承诺，是指制止承诺发生法律效力的意思表示。承诺要在生效前才可以被撤回，即撤回承诺的消息要在承诺传达至要约人之前或者正好传达至要约人。如果承诺开始生效的话，承诺人就不能撤回，否则将构成违约。

6.2.4　合同形式

《中华人民共和国合同法》第十条规定："当事人订立合同，有书面形式、口头形式和其他形式。法律、行政法规规定采用书面形式的，应当采用书面形式。当事人约定采用书面形式的，应当采用书面形式。"

合同形式是指合同当事人之间确立、变更或者终止相互权利义务关系行为的方式。主要有书面形式、口头形式和其他形式。

1. 书面形式

合同的书面形式，是指合同的当事人用文字及图形、表格等将双方协商一致达成的协议表述出来的一种形式。《中华人民共和国合同法》第十一条规定："书面形式是指合同书、信件和数据电文（包括电报、电传、传真、电子数据交换和电子邮件）等可以有形地表现所载内容的形式。"

2. 口头形式

合同的口头形式，是指当事人通过对话形式对合同的主要条款讨论协商后达成的协议。由于口头形式订立的合同缺少记录等事实依据，通常发生一些纠纷后很难印证理清责任，因此更多以书面形式来订立合同。

3. 其他形式

除了书面形式和口头形式以外的法律法规允许的其他形式。

6.2.5　合同成立和合同有效成立

1. 合同成立

《中华人民共和国合同法》第十三条规定："当事人订立合同，采取要约、承诺方式。"

可见，要约与承诺是当事人订立合同的必经过程。《中华人民共和国合同法》第二十五条规定："承诺生效时合同成立。"

受要约人的承诺到达要约人时，承诺生效，合同也就成立，合同当事人的权利义务关系随之产生。合同作为关于债的合意，需要当事人相互交换意思表示，以求取得一致。订立合同的过程，就是双方当事人就要约各承诺进行协商的过程。

《中华人民共和国合同法》第三十二条规定："当事人采用合同书形式订立合同的，自双方当事人签字或盖章时合同成立。"

《中华人民共和国合同法》第三十三第规定："当事人采用信件、数据电文等形式订立合同的，可以在合同成立之前要求签订确认书。签订确认书时合同成立。"

1）要约（投标）

在合同订立过程中，投标人的投标行为属于要约。投标行为应具备以下 4 个方面的条件。

第一，投标主体特定，投标文件是特定投标人作出的意思表示。每一个投标人以自己特定的独立身份参加投标，作出自己意思的表示。

第二，投标人的投标行为具有明确订立合同的意图，投标行为是以订立 IT 项目合同为目的的意思表示。

第三，投标文件具备要约所要求的内容的完整性，包含了合同的主要条款。

第四，投标是一种法律行为，一旦被招标人选中，招标人发出中标通知书后，合同即告成立。此时，如果投标人不履行合同，则按违约处理。

投标包括若干个阶段，因此，投标是一个大概念。根据《中华人民共和国招标投标法》的规定，投标人在递交投标文件后至投标书截止日期前这一段时间内仍然可以无条件地撤回投标文件，并且不需要承担任何法律责任。可见，这一规定与《中华人民共和国合同法》的规定有所不同，《中华人民共和国合同法》采用"送达主义"，即要约只要达到对方就生效，而《中华人民共和国招标投标法》则规定投标文件送到招标人指定的地方尚不能生效，只有过了投标书截止日期，投标文件才生效。

2）承诺（发出中标通知书）

《中华人民共和国招标投标法》规定招标人发出中标通知书为承诺，只要招标人发出中标通知书承诺即生效，因此，合同即告成立。

招标文件示范文本投标须知规定，中标人应在收到中标通知书后的若干天内，派代表前来履行签订合同手续。否则，发包人可以取消其中标资格，并没收其投标保证金。可见，招标文件示范文本的这一规定与《中华人民共和国合同法》相一致，但是与《中华人民共和国招标投标法》不一致。此处应以《中华人民共和国招标投标法》的规定为准。

2. 合同的有效成立

《中华人民共和国民法通则》第五十五条规定："民事法律行为应当具备下列条件：行为人具有相应的民事行为能力；意思表示真实；不违反法律或者社会公共利益。"

显然，上述民事法律行为是在有效法律行为意义上使用的，均为民事法律行为的有效要件。合同也应以上述 3 个条件为准则。合同有效成立的条件包括以下 4 个方面。

第一，发包人与承包人应具有相应的主体资格。合同当事人双方，即发包人与承包人均应具有法律法规规定的主体资格。根据《中华人民共和国建筑法》的规定，发包单位为独立承担民事责任的法人实体或其他经济组织；承包人必须具备法人资格。发包人或承包人如不具备相应的主体资格，所签订的合同无效。

第二，发包人与承包人的意思表示真实。《中华人民共和国合同法》第五十二条规定，一方以欺诈、胁迫的手段订立合同，损害国家利益的，合同无效；第五十四条规定："下列合同，当事人一方有权请求人民法院或者仲裁机构变更或者撤销：因重大误解订立的；在订立合同时显失公平的。一方以欺诈、胁迫的手段或者乘人之危，使对方在违背真实意思的情况下订立的合同，受损害方有权请求人民法院或者仲裁机构变更或者撤销。当事人请求变更的，人民法院或者仲裁机构不得撤销。"显然《中华人民共和国合同法》规定的这些条文同样适用于 IT 项目合同。

第三，内容要合法。合同的内容必须要符合国家法律法规。合同的有效性从根本上取决于国家法律的态度。这一点与一般合同基本相同。有些内容比较容易判断，如转包。但是应当看到，合同比较复杂，关于垫资条款是否有效仍然存在争议。

第四，合同的形式。项目合同的形式应满足下列 4 个方面的要件：项目合同必须采取书面形式；招标人与中标人自中标通知书发出之日起 30 天内签订书面协议；合同订立过程（招标与投标）要符合《中华人民共和国招标投标法》的规定；对于国家重大建设工程，其合同应当按照国家规定的程序、国家批准的投资计划、可行性研究报告等文件订立。这是我国法律对于重大建设工程特别订立程序的强制性规定，属于形式要件。

3. 合同生效

合同生效分为以下 4 种情况：

（1）法律法规另有规定，遵其执行；

（2）附生效条件、期限；

（3）双方约定；

（4）签订之日即为生效之日。

6.2.6 缔约过失责任

1. 合同法规定

《中华人民共和国合同法》第四十二条规定："当事人在订立合同过程中有下列情形之一，给对方造成损失的，应当承担损害赔偿责任：假借订立合同恶意进行磋商；故意隐瞒与订立合同相关的重要事实或者提供虚假情况；有其他违背诚实信用原则的行为。"

2. 缔约过失责任含义

缔约过失责任，是指当事人在合同订立过程中，违背了诚实信用的原则，存在错误或违法行为，让合同不能成立或不能生效，而造成对方损失的，应当承担损害赔偿责任。缔约过失责任是指信赖利益损害的赔偿，而非履行利益的赔偿，同时是违反先合同义务的结果，合同双方尚未形成合同法律关系，因而其属于合同前责任。在一般情况下，缔约过失责任应比违约责任轻，对其损害赔偿的范围，原则上应以数额不超过履行利益为限。

6.3 IT 项目合同效力

6.3.1 合同成立与生效

1. 合同成立

合同双方经过磋商陈述的意思相同时，订立的合同叫作合同的成立。《中华人民共和国合同法》第二十五条规定："承诺生效时合同成立。"该规定的核心意思就是当事人意思表示的一致。我国合同法关于合同成立的要件规定：

（1）有两个或两个以上的当事人；

（2）当事人的意思表示一致。

2. 合同生效

1）合同生效条件

合同生效实质是发生法律效力，而这一效力的发生需要具备以下两个前提：合同必须成立；合同必须依法。

2）合同生效普通要件

合同生效第二个前提条件，即合同必须依法是指合同成立后，只有符合生效的条件，才能受到法律的保护，才能发生法律效力，产生当事人所预期的法律后果。适用于一般合同生效的是普通要件，包括：签订合同的主体必须具有缔结该项合同的权力能力和行为能力；合同当事人的意思表示真实；合同的内容和目的不违反法律和社会公共利益。

3）合同生效特别要件

特别要件，是指适用于某些特殊合同生效的要件，包括：附生效条件或期限的合同，特别要件是指条件的成就或期限的到来；法律法规规定应办理批准、登记等手续的合同，特别要件是指手续的完成。

6.3.2　附条件的合同

1. 附条件的合同含义

附条件的合同，是指当事人约定一定的条件，作为控制意思表示效果发生与消灭手段的合同条款，并将条件的成就与否作为该合同生效或者解除的依据。附条件的合同中的条件，是指当事人以将来客观上不确定的事实（可以是事件，也可以是行为）作为决定合同效力的附款。

2. 附条件种类

依其控制功能，条件可划分为生效条件和解除条件。

生效条件，是指合同效力的发生决定于所附条件的成就，即当事人不欲使合同成立之时立即生效，而于合同所附条件成就后才开始生效。附生效条件的合同是指合同中的权利义务内容虽已确定，但尚未实际发生，其效力暂时处于不确定状态，待条件成就时该合同才发生效力，条件不成就时合同不生效。

解除条件，是指当事人约定的终止合同效力的条件。附解除条件的合同，是指已经发生效力的合同，在条件成就时其效力消灭，合同权利义务终止，而在条件不成就时仍然保持其效力的合同。

6.3.3　附期限的合同

1. 附期限的合同含义

附期限的合同是将未来一定到来的期限作为合同的款项，当这一日期到来之时合同效用发生或者终止。附期限合同中的期限作为决定合同效力的附款，"期限"是指当事人以将来客观确定到来之事实。

2. 附期限

依效力为标准，期限可划分为生效期限和终止期限。

生效期限，又称始期，是限制意思表示的效果，使之在所设事实发生时即告发生的期限，生效期限的到来，称为"届至"。附生效期限的合同是指合同虽已成立，但在期限到来之前暂不发生效力，待期限到来时才发生法律效力。

终止期限，又称终期，是限制意思表示的效果，使之在所设事实发生时即告终止的期限，终止期限的到来，称为"届满"。附终止期限的合同是指已经发生法律效力的合同，在期限到来时，合同的效力消灭，合同解除。

6.3.4 可追认的合同

1. 可追认的合同含义

可追认的合同（又称效力未定的合同），是指已成立的合同因缺少一定的生效要件，其生效与否尚未确定，有权补正的一方必须作出承认或者拒绝意思表示才能确定自身效力的合同，补正的法律方式是追认。如果有权补正的一方作出承认的意思表示，则合同生效；如果有权补正的一方作出拒绝的意思表示，则合同无效。

对于效力未定的合同，只要有权补正的一方对其予以补正，就可以使其具有法律效力。补正的法律方式是追认，即追认权人于事后对需要追认的行为表示同意或者承认。效力未定的合同经追认权人的追认后，即成为有效合同，合同的当事人必须按照合同的规定履行自己的合同义务。

追认一般以明示的方式作出，也可以以有权人自愿履行债务的推定方式作出，沉默不构成追认。追认是无条件的，意味着对合同全部条款的承认。

2. 可追认的合同效力未定的原因

导致可追认的合同效力未定的主要原因是合同主体资格的欠缺，合同本身并无导致合同无效的意思表示瑕疵，也不违反法律的强制性规定和社会公共利益，因此法律出于促进民事交易、维护各方当事人利益的需要，对这种合同只作相对的否定性评价，使其效力处于未定状态，由有权补正的一方作出承认或者拒绝的意思表示，使合同生效或无效。

3. 项目可追认合同的种类

1) 合同法规定

根据《中华人民共和国合同法》规定，以下合同属于可追认合同，即效力待定合同：限制民事行为能力人订立的合同；无代理权人以被代理人名义订立的合同；无处分权人处分他人财产所订立的合同。

2) 项目可追认合同

项目可追认合同主要包括以下两类：第一类，无代理权人以被代理人名义订立的合同。根据法律法规的规定，项目合同可以委托代理人代签。此时无代理权的人以被代理人名义与发包人订立项目合同，如事后经法定代表人追认的，则合同有效；否则所签合同无效。第二类，无处分权人处分他人财产所订立的合同。在项目合同中，通常发生在工程担保合同中，承包人通过抵押获得担保。承包人应以有处分权的财产作为抵押物，如果承包人以无处分权处分他人财产订立抵押合同，事后经有处分权人追认的，抵押合同有效；否则抵押合同无效。

3) 必须追认的合同

除纯获利益的合同或者与其年龄、智力、精神健康状况相适应而订立的合同之外，限制民事行为能力人订立的其他合同，都必须经由其法定代理人追认方可生效。如果法定代理人发现合同相对人存在利用合同损害限制民事行为能力人的利益的行为，不予追认，则合同无效。

4）催告权或撤销权

为了保护合同相对人的合法权益，避免合同长期处于不确定状态或合同相对人只能被动地依赖法定代理人的追认或否认，法律赋予合同相对人催告权和撤销权。催告权，指相对人可以催告法定代理人在一个月内予以追认，法定代理人未作表示的，视为拒绝追认，合同相对人的催告应以明示的方式作出。撤销权，指在合同未被追认前，合同的相对人如果属于善意的相对人，则可以根据自己的利益进行选择，有权撤销自己对限制民事行为能力人所作的意思表示，撤销应以通知的方式作出，到达限制民事行为能力人或其法定代理人即发生撤销的效力。

4. 无代理权人以被代理人名义订立的合同

法律之所以规定合同相对人具有催告权和撤销权，其主要目的是保护合同相对人的合法权益。合同相对人可以催告被代理人在一个月内予以追认，被代理人未作表示的，视为拒绝追认。合同被追认之前，善意相对人有撤销的权利，撤销应当以通知的方式作出。

5. 无处分权人处分他人财产所订立的合同

1）合同法规定

《中华人民共和国合同法》第五十一条规定："无处分权的人处分他人财产，经权利人追认或者无处分权的人订立合同后取得处分权的，该合同有效。"

无处分权人是指对归属于他人的财产没有权利进行处置的人。处分他人财产，是指法律上的处分，如财产的转让、赠与等。权利人是指对财产享有处分权的人。按照法律规定，只有所有权人才能对财产行使处分权，无处分权人只能对财产享有占有使用权，非财产所有人未经财产所有人同意，处分他人财产的行为无效，财产所有人有权追回财产。

此类合同须经权利人追认或者无处分权的人事后取得处分权才能生效。对财产享有共用权的共用人，只能处分个人应有的部分，不能擅自处分共有财产。

权利人的追认应以明示的方式作出，可以以书面形式，也可以以口头形式；可以对买受人作出，也可以向处分人作出。

2）法律后果

如果处分财产的人没有处分权，或者共用人未经其他共用人同意处分了共有财产，买受人在付出了对价且毫不知情的情况下，取得了该财产，除特殊情况外，处分合同均视为有效，因此造成的各项损失，由无处分权人进行赔偿。如果买受人在知道财产的处分人无处分权的情况下，仍然取得了该财产，则处分财产和取得财产的行为均被视为无效，财产返还给所有人。

6. 两种特殊情况的合同效力

1）表见代理

按照法律规定，代理人只能在授权期限和权限内，以被代理人名义订立合同，对被代理人发生法律效力。但是，如果合同相对人有理由相信行为人有代理权，则该代表行为有效。在民法中被称为表见代理。

表见代理，是指行为人没有代理权、超越代理权或者代理权终止后以被代理人名义进行民事活动，由于具有某些表象、假象，使相对人有理由相信行为人有代理权，与之订立合同。表见代理事实上是没有代理权却发生代理法律后果的代理。

这里需要明确的是，只有合同的相对人在主观上是善意的、无过失的，不知道或者不应当知道行为人无代理权，才能构成表见代理。

在表见代理情况下，被代理人须对行为人的行为负授权人的责任，行为人的行为效果归属于被代理人。表见代理制度主要是保护合同相对人的利益，维护市场交易的安全。

2）法人或者其他组织的法定代表人、负责人超越权限订立的合同

《中华人民共和国合同法》第五十条规定："法人或者其他组织的法定代表人、负责人超越权限订立的合同，除相对人知道或者应当知道其超越权限的以外，该代表行为有效。"

根据法律规定，法人或者其他组织的法定代表人、负责人代表法人或者其他组织行使职权，其行为后果由法人或者组织承担。

在实践中，合同的相对人很难确切知道也没有义务知道对方当事人职权范围是什么，基于一般法律关系的判断，会认定法人法定代表人、负责人享有全权代表法人或者组织的权限，因此，可能会出现法人或者其他组织的法定代表人、负责人超越权限订立合同的情况，这种代表行为是有效的，行为后果由法人或组织承担。

6.3.5 无效合同

1. 合同法规定

《中华人民共和国合同法》第五十二条规定："有下列情形之一的，合同无效：（一）一方以欺诈、胁迫的手段订立合同，损害国家利益；（二）恶意串通，损害国家、集体或者第三人利益；（三）以合法形式掩盖非法目的；（四）损害社会公共利益；（五）违反法律、行政法规的强制性规定。"

2. 无效合同含义

无效合同，是指虽然当事人双方就有关条款达成一致并且签订了合同，但是因为该合同违反了法律限制性或者禁止性的规定，用合法形式掩盖了其非法的目的，或者合同当事人双方恶意串通，损害国家、社会、他人的合法权益，不具有法律效力的合同。

合同的无效，可以分为全部无效和部分无效。全部无效是指合同的条款违反法律或者损害社会公共利益，所以其本质是无效的合同。部分无效是指虽然合同的个别条款违反法律或者损害社会公共利益，但是并不影响合同的本质。从法律实践的角度来看，大多数无效合同属于全部无效的合同。

3. 合同无效的原因

（1）当事人一方以欺诈、胁迫等手段订立合同，并且损害国家的利益。欺诈是指故意歪曲真实情况，目的是使他人发生错误的行为。构成欺诈需要以下四个要件：欺诈方具有欺诈的故意性；欺诈方实施了欺诈行为；相对人因欺诈而陷入错误；受欺诈人因错误而作出意思表示。胁迫是指当事人一方用即将要发生的精神性强制或者物质性强制为要挟，迫使对方违背自己真实意思而订立的合同。构成胁迫需要以下五个要件：须有胁迫行为；须有胁迫的故意性；胁迫行为须是违法的；须相对人因胁迫而产生恐惧；须相对人因恐惧而订立了合同。

如果当事人一方以欺诈、胁迫的手段订立合同，损害的仅仅是对方当事人的利益，还没

有构成刑事欺诈、刑事胁迫的，这样的合同既能按照无效合同来处理，也能按照可撤销、变更合同来处理。

（2）恶意串通导致国家、集体或第三人的利益受损。恶意串通是指当事人双方明知或应当知道其所订立的合同会损害国家、集体或他人的利益，却故意实施订立合同的行为。构成恶意串通有以下三个要件：行为人的意思表示有欠缺；非真意表示其实是和相对人通谋实施；有主观上的恶意。

（3）以合法形式掩盖非法目的。以合法的形式掩盖非法目的是指当事人双方所订立的合同在表面上、形式上是合法的，但是他们缔约目的是非法的。在实施这种行为的时候，行为人故意实施的行为或者故意表现出来的形式并不是他们想要达到的真实目的，而是借助合法的合同形式，以达成非法的目的。这种行为一般由隐藏行为和表面行为共同组成。表面行为欠缺当事人的效果意思，徒有其表，没有法律效力。隐藏行为是指被表面行为所掩盖的真实行为，其有效与否，取决于该隐藏行为本身是否合法。

（4）损害社会公共利益。损害社会公共利益的合同是指合同在目的上有损社会经济秩序，有损国家主权，有损国家、集体和他人的合法利益。

（5）违反法律和行政法规的强制性规定。当事人签约的目的、合同形式和内容不能违反法律中强制性的规定，而且不能违反其他部门法中的禁止性规定。国家法律是国家意志及人民群众根本利益的集中体现。任何一个国家都不允许任何当事人以任何形式违反法律，违反法律的合同是无效合同。

但是，值得注意的是在法律、行政法规中，强制性规定和任意性规定是并存的。这里的"违反法律的合同无效"只是指违反法律、行政法规中的强制性规定的情况。强制性规定下当事人不能在合同中排除法律、行政法规中的强制性规定。但是对于任意性规定，当事人能够约定解除。

4. 无效合同的认定

只有人民法院或者仲裁机关才能确认无效合同，除此之外任何组织和个人都不得行使这种权力。但是如果无效合同仅仅涉及当事人双方之间的利益，法律可以保持沉默。

6.3.6　可变更、可撤销合同

1. 合同法规定

《中华人民共和国合同法》第五十四条规定："下列合同，当事人一方有权请求人民法院或者仲裁机构变更或者撤销：（一）因重大误解订立的；（二）在订立合同时显失公平的。一方以欺诈、胁迫的手段或者乘人之危，使对方在违背真实意思的情况下订立的合同，受损害方有权请求人民法院或者仲裁机构变更或者撤销。当事人请求变更的，人民法院或者仲裁机构不得撤销。"

2. 可变更、可撤销合同含义

可撤销的合同是指当事人有权根据法定的原因请求法院或仲裁机关予以撤销的合同。对于可撤销的合同，因为当事人的意思表示并未体现其真实的意思，所以，应该在尊重其真实意思的前提下，允许其进行纠正，即可撤销，也可变更。

一方当事人以欺诈、胁迫等手段使得对方在违背其真实意思表示的情况下订立的合同，根据合同法，该合同是无效合同。但是，又不同于违法合同及损害国家、集体利益的合同，这类合同受害者只是受欺诈或者受胁迫的一方当事人，根据我国法律中意思自治的原则，受害一方当事人有选择合同效力的权利，即能撤销合同而使合同无效，也能直接请求人民法院确认合同无效，还能变更合同但原合同仍然有效。所以，一方通过欺诈、胁迫等手段订立的合同有以下两种处理方法：

（1）凡是一方以欺诈、胁迫等手段损害国家利益的，则按无效合同来处理；

（2）凡是一方以欺诈、胁迫等手段，但并未损害国家利益的，当事人一方既可以按可变更、可撤销合同处理，也可以按无效合同处理。

3. 合同可变更、可撤销的原因

根据合同法，导致合同可撤销、可变更的原因主要包括：因重大误解订立的合同；欺诈、胁迫、乘人之危订立的合同；显失公平的合同。

1）因重大误解订立的合同

因重大误解订立的合同，指签订合同的一方由于错误的认识，在违背其真实意思的情况下和对方订立合同，如果履行该合同将会使自己的利益受到巨大损失，与订立合同的目的相悖，即一方当事人因为自身的过失导致对合同的内容等发生误解而订立的合同。

一般认为，构成重大误解的要件有如下几种：合同的一方在认识合同重要事项上发生了错误，主要包括对合同当事人、合同标的、合同性质的误解；该当事人基于误解而与对方当事人订立了合同；误解是因为误解一方的过失所造成的，并不是对方的不正当影响或者欺骗造成的。

2）欺诈、胁迫或乘人之危订立的合同

一般情况下，欺诈、胁迫订立的合同相对容易理解，但是乘人之危订立的合同则不容易认定，它是指行为人利用对方的急迫需要，或在有求于己时，提出十分苛刻的条件，对方明明知道对自己很不利而违心地接受条件与对方订立合同。

一般情况下，构成乘人之危的条件包括：合同相对人处于危难之中急需他人提供帮助时；另一方当事人利用对方所处的危难处境，使其违心接受含不利内容的合同，从而订立合同，从中牟取不法利益；另一方当事人故意而为，合同相对人被迫无奈违心地接受其苛刻的条件；非自愿地接受对方提出的条件与之订立合同使得自己的利益受损。

3）显失公平的合同

显失公平的合同是指一方当事人利用优势或者利用对方没有经验，致使双方的权利与义务明显违反公平、等价有偿原则的合同，即当事人一方处于紧迫或者缺乏经验的情况下而订立的明显对自身有重大不利的合同。

显失公平主要是从当事人之间物质利益分配角度考虑的一个相对概念。必须要从当时、当地、当事人的实际情况出发，来确定一份合同是否显失公平。

这里所指的显失公平是指订立合同时按照当时、当地的情况明显不公平，不是合同订立后，由于情况变化使原来合同所确定的权利义务显失公平。

一般情况下，显失公平的构成要件包括以下几个：该合同一定要是有偿合同，特别是对于双务合同；对于无偿合同，由于不存在对价问题因此也不存在显失公平；双方当事人的权利与义务明显不对等，合同的内容必须明显背离公平原则，使一方当事人遭受重大不利；该不公平是因为一方当事人利用在交易中处于优势或者对方没有经验而导致的。

显失公平的情形包括：发包人要求承包人交纳巨额履约保证金、质量保证金，合同中约定过高比例的保留金等。

4. 合同撤销权的行使和消灭

1）合同撤销权的行使

合同的受害一方享有撤销合同的撤销权。可撤销的合同在成立时就已经生效，只是这种法律效力并不稳定，受害人有权要求变更或者撤销合同。受害人知道或者应当知道撤销事由之日起一年内，如果提出撤销或变更的要求，经人民法院或仲裁机构调查属实的，人民法院或者仲裁机构就可以同意变更或者撤销该合同。合同一经被撤销，就等同于无效合同，自合同订立开始就没有法律约束力。

2）合同撤销权的消灭

《中华人民共和国合同法》第五十五条规定："有下列情形之一的，撤销权消灭：（一）具有撤销权的当事人自知道或者应当知道撤销事由之日起一年内没有行使撤销权；（二）具有撤销权的当事人知道撤销事由后明确表示或者以自己的行为放弃撤销权。"

撤销权是合同当事人的一种权利，撤销权人可以选择行使或者放弃这种权力，放弃撤销权也就意味着合同撤销权的消灭。

放弃撤销权的明确表示可以采取口头的方式或者书面的方式。除非有法律明确规定，否则默示的方式不构成对撤销权的放弃。

5. 项目可变更、可撤销合同

根据《中华人民共和国合同法》第五十四条规定，以及项目合同特点，对于下列项目合同，发包人或承包人有权请求人民法院或者仲裁机构变更或者撤销。

（1）因重大误解订立的项目合同。发包人或承包人由于错误的认识和理解，在违背其真实意思的情况下与对方订立合同，如果按合同履行将会使自己的利益受到巨大损失，根本达不到订立合同的目的，此时，根据《中华人民共和国合同法》规定，发包人或承包人有权请求人民法院或者仲裁机构变更或者撤销该合同。

（2）一方以欺诈的手段或者乘人之危，使对方在违背真实意思的情况下订立的项目合同，受损害方有权请求人民法院或者仲裁机构变更或者撤销。在招标投标过程中，如果投标人采用欺诈手段中标，与发包人签订合同，则发包人有权请求人民法院或者仲裁机构变更或者撤销该合同。

（3）在订立合同时显失公平的项目合同。目前项目建设市场处于买方市场，承包人多而工程任务相对较少，发包人可能利用自己的优势，致使发包人与承包人双方之间的权利与义务明显违反公平、等价有偿原则，从而订立对承包人十分不利的合同，此时，承包人有权请求人民法院或者仲裁机构变更或者撤销该合同。

6.3.7　无效合同、可撤销合同法律后果处理

1. 自始没有法律约束力与部分无效

《中华人民共和国合同法》第五十六条规定："无效的合同或者被撤销的合同自始没有法律约束力。合同部分无效，不影响其他部分效力的，其他部分仍然有效。"

无效合同自成立的时候开始，从来没有过法律效力；被撤销的合同自其被撤销之日起，追溯至其成立之日起无效。所以，合同被撤销和被确认为无效的最终目的是一样的。

合同的内容一般是由许多部分组成的，各个条款在合同中的作用和地位也不尽相同。在

内容效力的范围上，一份合同可能会出现部分有效及部分无效的情况。若一个合同中某些条款违法但是另一些条款不违法，违法条款不影响其他条款效力的，这就是部分无效；如果影响到其他条款的效力的，其他条款也随之无效。

2. 合同无效并不影响解决争议条款的效力

《中华人民共和国合同法》第五十七条："合同无效、被撤销或者终止的，不影响合同中独立存在的有关解决争议方法的条款的效力。"

据此，在合同中，有关解决争议方法的条款具有相对独立性，不会因为合同无效或终止而失去效力。也就是说合同无效或终止并不会导致合同中解决争议方法条款的无效、终止。

合同当事人在订立合同时，可以在合同中约定解决争议的方法，并将其纳入合同，成为合同条款的一部分。解决争议方法的条款是合同条款的一部分，其履行与实施，不仅不会因为合同发生争议、解除、终止而失去效力，反而因此而得以实施。

3. 无效合同、可撤销合同财产后果处理

1）返还财产

《中华人民共和国合同法》第五十八条规定："合同无效或者被撤销后，因该合同取得的财产，应当予以返还；不能返还或者没有必要返还的，应当折价补偿。"

依据合同已经交付财产的当事人，在合同被确认无效或被撤销以后，有请求对方返还财产的权利，与此同时，接受财产的一方有义务返还财产。

财产返还的条件是财产在事实上和法律上可以返还，不然就构成不能返还的情况。不能返还包括法律上的不能返还和事实上的不能返还。事实上的不能返还是指标的物损毁严重无法修复，或者灭失且无替代品等情况。法律上的不能返还主要是指已经把财产转让给善意第三人，善意第三人已经依法取得了该项财产所有权。

2）赔偿损失

《中华人民共和国合同法》第五十八条规定："有过错的一方应当赔偿对方因此所受到的损失，双方都有过错的，应当各自承担相应的责任。"

对于合同无效或者被撤销，有过错的一方应当赔偿对方当事人因为合同无效或被撤销而蒙受的损失。如果合同无效或者被撤销是由双方当事人造成的，双方都有过错，则为混合过错，适用过错相抵原则，按照过错的性质、程度与损害事实之间的因果关系各自承担相应的赔偿责任。

6.4 IT 项目合同履行

6.4.1 合同履行概念及类型

1. 合同履行的概念

合同履行是指合同的双方当事人按照合同约定的标的、数量、质量、价款、履行地点、履行期限和履行方式等内容，全面完成各自承担的合同义务，使合同关系得以全部终止，使合同当事人实现自己订立合同的目的的整个行为过程。根据这个概念，合同履行的全过程包括以下三个方面：

（1）合同的相关当事人，依据合同的规定，履行各自的义务；

（2）对于合同中所明确的义务，合同的相关当事人应该全面恰当地履行；

（3）特定情形下，债权人应当依据合同的规定，协助相对应的债务人完成合同的履行。

2. 合同履行的类型

合同履行的类型包括：合同的全部履行、合同的部分履行、合同未履行和合同单方履行。具体来说，合同的全部履行，是指合同的相关当事人执行了他们所签订的相关合同所要求的全部义务。合同的部分履行，是指合同的相关当事人只履行了合同所要求的部分义务。合同未履行是比较容易理解的，是指合同各方都完全没有履行自己的义务。合同单方履行，则是指只有某一方当事人履行了合同义务，而另一方没有按照合同的规定履行。

合同的订立会产生相应的权利和义务，合同的履行是实现合同各方权利最主要的途径。从这个意义上讲，合同履行是合同法的最重要内容。

6.4.2　合同履行的基本原则

虽然我国的合同法中包括的合同种类非常多，甚至有的合同彼此之间的差异特别大，但是合同有效之后，合同相关当事人都遵循着一些普遍性的原则。这些普遍性的原则是我国合同履行过程中逐步积累起来的，为合同的参与主体共同认可。

1. 全面履行原则

合同全面履行原则是指合同的当事人必须完全按照合同关于标的、数量、质量、品种、价款或报酬、履行地点、履行期限、履行方式及包装、结算等的约定履行义务，具体从以下五点展开。第一，按照合同约定的主体履行，若合同的债务人由他人代替自己履行，即债务承担，应当经由合同债权人的同意，否则，债权人可拒绝接受履行。第二，按照合同约定的标的履行，合同的相关当事人最初就是围绕着合同标的展开合同谈判和合同订立的，所以合同标的是合同的根本。合同标的是种类物的，按照该种类物的品质交付物品；合同标的是特定物的，按照规定时间、规定品质交付该特定物；合同标的是行为的，按照约定的行为履行。第三，按照合同约定的质量履行，合同的债务人在合同的履行质量上可以判断其是否为瑕疵履行，即不是完整而准确地履行合同。第四，按照合同约定的价款或报酬履行，价款或报酬是交付的商品、提供的服务或完成工作的对价，是合同的重要内容。不按照合同约定的价款或报酬履行属于严重违约。第五，按照合同约定的时间、地点和方式履行，履行时间、地点和方式不得随意改变，未经对方同意，擅自变更履行的时间、地点和方式构成严重的违约，必须承担相应的责任。全面履行原则，在合同履行过程中是首要原则，它规范着合同履行朝着既定方向进行。

2. 诚实信用原则

诚实信用原则是合同法的基本原则，也是合同履行的基本原则。合同的相关当事人在从事活动时，要诚实守信，以善意的方式履行自己应尽的义务，不允许出现恶意的行为。

3. 协作履行原则

从概念上讲，协作履行原则，是在前述两个基本原则的基础之上提出的另一个合同履行原则，指当事人根据全面履行原则适当、全面地履行各自所负的合同义务，同时，合同相关当事人还要基于诚实信用原则，在对方当事人履行合同义务时给予积极的协助，提供必要的条件如保守秘密、及时通知消息等，使债务人能够全面履行合同中规定的义务。

及时通知的义务，要求合同相关当事人加强联系，及时沟通，对所发生的可能影响合同履行的情况，应及时通知对方，使其了解情况，采取对策，以避免或减轻可能由这些情况造成的履行合同的困难或对对方当事人的损害。

保密义务要求合同的相关当事人对彼此之间需要保密的信息或者商业机密，不能向外界透露。

4. 经济合理原则

经济合理原则对于有些合同，特别是双务合同，使双方都有利可图。这一原则要求当事人在履行合同过程中，必须讲究经济效益，以最小的成本，取得最佳的合同收益；同时，也应将对方视为交易的伙伴，在为自己谋求利益的同时尽量减轻对方的支出，使双方都能以最小的成本，取得最佳的合同收益。

进一步来说，这一原则包括三个方面的含义。第一，合同当事人选择最为经济合理的履行方式，这种选择以不违反合同的约定并且符合合同性质的要求为前提。第二，在变更合同时应体现经济合理的原则，即在合同履行过程中，如果发生新情况，有利于减少成本，双方当事人可以通过协商，变更合同，对新情况加以利用，提高经济效益。法律允许当事人依照具体情况改变合同的履行地点和履行人，目的就是使合同的履行行为更加经济合理。第三，解决发生纠纷时合同相关当事人应遵循经济合理原则，即当发生纠纷时，为了避免可能造成的难以挽回的不必要的损失，应该妥善解决问题，追求经济合理目标。

6.5 IT 项目合同变更、转让和解除

6.5.1 合同变更

1. 合同变更的含义

我们所说的合同变更，通常是指狭义的合同变更，即具有法律效力的合同在相关当事人没有完全履行合同所规定的义务之前，根据现实情况的变化对原合同某些条款进行修改或补充，在主体不变的条件下，对原合同预定的权利义务进行局部而非全部调整。

广义的合同变更，不仅是对原合同的内容进行变更，还包括合同主体的变更。即合同某一方当事人被新的当事人所取代，也就是合同的转让。

2. 合同变更的前提条件、变更的内容和变更协议

首先，合同变更必须建立在有效的基础上。也就是相关当事人成立合同后在合同有效期内对其内容进行局部调整。所以发生合同变更问题不包括无效合同、尚未成立的合同、已经履行完毕和已经解除的合同。

其次，合同内容的变更是指对原有合同内容进行局部而非全部的更改，是对合同某些条款进行修改或补充，如交易对象数量的改变、价格的改变、原定时间或地点的改变等，是在保留原合同实质内容和主体的前提下对某些条款进行更改，以便使合同适用于当前主客观情况，没有更改的部分依然有效，更改过的部分代替原来的内容执行其相应效力。因此，合同内容的局部变更并不会改变原有的债权债务关系。

合同内容的全部变更也叫合同更新，实际上是合同的转让。它直接消灭了原有的债权债务关系，新的主体取代了原合同关系的主体。因此，人们常说的合同变更是指合同条款的修

改而不是合同的更新。

最后，合同变更须经当事人协商一致，或按照相应的法律程序，方可对原合同进行变更。相关当事人协商一致是变更合同的一般条件和必要前提。任何一方均不能将自己的意愿强加给对方，未经其他当事人同意而擅自变更的合同，新的合同不具有法律效力，且在一定程度上还可能构成违法。

3. 合同变更的种类

1）合意变更

合意变更是合同变更中最为常见的一种类型，在实际的生活当中，合意变更也经常出现。合意变更指当事人根据主客观情况的变化，结合自身的实际，合同各方在一起协商一致按合理的意愿对原合同进行变更，新的条件代替原合同的条件。合同是当事人协商一致的产物，是两个或两个以上的意思达成一致的协议。因此，变更也可以因为当事人的意见一致而进行，合乎当事人一致意见是合同正常变更最重要的条件。

2）法定变更

法定变更，又称为单方变更权，单方变更权是形成权，权利人可以依单方的意思表示就可使法律关系发生、变更或消灭。依据权利人单方的意愿使合同发生更改，当对方接到合同变更的消息时新的合同就已经产生效力，不以合同其他当事人的意愿而转移。法定变更当中，若按照法定变更后，却给合同当事人造成了一定的损失，那么由有合同变更权利的一方承担全部责任。

3）情势变更

情势变更是指合同依法成立后，经常会出现由于不可归责于当事人的原因，即发生了情势变化，导致原合同不能履行和不应履行，如果依然按照原合同履行相应的权利和义务则会失去公平等情况。并且此时当事人无法再按照自己的意愿对原合同进行变更，须通过司法机关的介入在当事人订约意愿之外对合同进行强行变更，重新规定当事人的权利和义务，以追求公平公正。

4. 合同变更的程序

（1）合同变更首先需要合同相关当事人之间协商一致才能变更。

（2）合同变更要合法，也就是要符合合同法中要约和承诺的规定。

（3）先提出变更合同内容的一方首先要向对方当事人提出变更合同的要约。要约内容应包括：变更的原因；希望变更的条款；变更方式；变更的内容等。对方收到后如果同意变更，会及时明确回复；如果不同意，或者有其他要求，则提出自己的意见，经过反复协商后达成一致。

（4）变更合同有书面形式、口头形式或者是行为。口头形式的变更实质上是承诺，无查考依据，所以，对原书面合同的变更应当采用书面形式，有利于存档查考，还可以避免对方违约。

（5）如果原合同是经过有关部门鉴证、批准、登记的，变更后的新合同须报原部门批准、登记，未备案的新合同不具法律效力，涉及的相关责任法律机关仍按原合同执行。

除此之外，当事人变更的内容存在歧义的，则视为没有变更，仍按照原合同相对应的内容进行履行。

5. 合同变更的效力

合同变更的法律效力主要包括两个方面：一是合同变更以后，变更的部分代替被变更的部分，按照变更程序变更之后，当事人应按照变更后的合同履行权利与义务。二是合同的变更，不对过去产生效力，就是对已经履行过的合同或者已经部分履行的合同无效，已履行过的合同或已经履行的部分依然具有法律效力，不受变更的影响。三是合同变更不影响变更之前当事人所承担的责任，除非相关当事人约定或者按照法定程序免除其责任，否则在合同变更之前如果一方当事人承担赔偿责任，那么变更之后依然要承担责任，这一点与合同变更没有关系。

6.5.2 合同转让

1. 合同转让概述

合同转让在现实生活当中也是较为普遍发生的现象，为了合同能够全面履行，合同转让是较为可取的方法。合同转让指合同的相关当事人中，有其中某一方将其在所签订的合同中的权利和义务全部或者部分转让给第三人的行为。合同转让仅仅是合同主体的变更，不是内容的改变，即不改变合同约定的权利义务。同时，当事人必须依法进行转让，并且必须经过对方当事人同意或者通知对方，否则合同转让不发生法律效力。合同转让若涉及批准、登记手续的，还应该办理相关手续。按照合同转让中的权利和义务的差异，合同转让往往划分为合同权利转让、合同义务转让、合同权利和义务概括转让。

2. 合同权利转让

1）合同权利转让含义

合同权利转让指合同债权人通过协议将其债权全部或者部分转让给第三人的行为。原债权人称为让与人，新债权人称为受让人。换句话说，合同权利转让即合同权利主体的变更。

《中华人民共和国合同法》第七十九条规定："债权人可以将合同的权利全部或者部分转让给第三人，但有下列情形之一的除外：（一）根据合同性质不得转让；（二）按照当事人约定不得转让；（三）依照法律规定不得转让。"

展开来说，当债权人要将自己的权利转让时，应当及时通知相应债务人，如果没有及时通知债务人，那么合同转让对相应的债务人不发生效力。债权人转让权利时，将通知传达给债务人后不得随意撤销。当然，经过受让人同意的可以撤销相应通知。当债权人发生权利转让后，除了专属于债权人自身的从权利外，其余所有相应的从权利也转让给受让人。债务人接到债权转让通知时，债务人对让与人享有债权。如果债务人的债权先于转让的债权到期或者同时到期，债务人可以向受让人主张抵销。

2）合同权利转让的条件

（1）合法有效合同的存在。合同权利转让的合同应为有效合同。无效合同约定的权利不为法律所认可，即不存在的权利不可能用来转让，因此，无效合同约定的权利的转让也同样不为法律所认可。因为债权人让予的债权无效或不存在，而使受让人遭受损失，受让人有权要求让与人进行赔偿。

（2）符合法定的程序。法律、行政法规规定转让权利或者转移义务应当办理批准、登记等手续的，依照其规定进行。

（3）让与的合同权利必须具有可转让性。合同权利作为财产权利，一般具有可转让性，但是，也存在不具有可转让性的合同权利，不具有可转让性的合同权利不能用来转让。

　　3）合同权利不得转让的情形

　　（1）根据合同性质不得转让的债权，包括 4 种情况：一是完全建立在特殊信任关系的基础之上产生的债权不得转让，如雇佣合同中雇主对雇工产生的债权，房屋租赁合同中承租人对房主产生的债权；二是根据特殊目的而发生的债权不得转让，如对公益事业的赠与合同，受赠人不能将债权转让；三是以特定的人为基础的债权不得转让，如因身体健康而产生的损害赔偿请求权等；四是以当事人特定能力为基础的债权不得转让，例如演出合同、培训合同，以及须有约定的当事人受领的非金钱债权等。

　　（2）按照当事人约定不得转让的债权。通常情况下，合同的相关当事人在磋商合同内容的时候，依据各自实际情况，即当事人在订立合同的时候，或者在订立合同之后，可以约定当事人一方或双方不得向第三人转让合同债权。当事人的约定是合同内容的一部分，具有法律效力，违反约定转让已约定不得转让的债权给第三人的行为构成违约。当然，这种约定的前提是一定不能违反法律强制性规定。

　　（3）依照法律规定不得转让的债权。在法律条文中，明确提出的不得转让的债权，那么在合同履行过程当中，显然依照法律规定不能转让。

　　4）合同权利转让的内部和外部效力

　　（1）合同权利转让的内部效力，指在让与人与受让人之间发生的效力，包括以下两个方面。一是合同权利及其从属权利转让于受让人。合同权利全部转让，则让与人不再与债务人之间保持原先的债务债权关系，此时受让人成为合法的债权人，债务人向受让人履行义务。合同权利部分转让，要区别于合同权利全部转让，即债权人只是就其转让的部分失去债权。这个时候，债权人与受让人之间是彼此分别享有各自的债权。关于从权利，《中华人民共和国合同法》第八十一条规定："债权人转让权利的，受让人取得与债权有关的从权利，但该从权利专属于债权人自身的除外。"与债权有关的从权利，包括担保物权、损害赔偿请求权及合同不履行时的违约金请求权等。专属于债权人自身的从权利，包括撤销权、解除权等形成权。二是让与人对受让人负有告知和交付的义务。让与人应将有关情况，例如债务人的地址、债务发生原因、履行期限等告知受让人，同时负有向受让人交付债务证明文件的义务，以使受让人能够完全行使合同权利。如果让与人未履行告知义务，或怠于交付义务，从而造成受让人无法证明自己的权利，致使债务人拒绝履行自己的合同义务，因此带来的损害，由让与人担负赔偿责任。

　　（2）合同权利转让的外部效力，指让与人、受让人与债务人之间发生的效力，包括以下两个方面。一是在让与人与债务人之间的效力。合同权利全部转让，则让与人与债务人脱离了债务债权关系；合同权利部分转让，则原债权人仅就转让的部分与债务人脱离了债务债权关系。二是在受让人与债务人之间的效力。合同权利转让成立后，受让人代替原债权人成为债务人新的债权人，债务人应向受让人履行债务。从另一个角度讲，随着合同权利转让行为的完成，原来债权人与债务人之间的债务债权关系消灭，债务人依法不再向原债权人履行债务。债务人对原债权人（让与人）的抗辩权可以向受让人主张。《中华人民共和国合同法》第八十二条规定："债务人接到债权转让通知后，债务人对让与人的抗辩，可以向受人主张。"债务人可以向受让人主张以其合同权利与让与的合同权利抵销。《中华人民共和国合同法》第八十三条规定："债务人接到债权转让通知时，债务人对让与人享有债权，并且债务人的债权先于转让的债权到期或者同时到期的，债务人可以向受让人主张抵销。"

3. 合同义务转让

1）合同义务转让的法律规定

债务人将合同的义务全部或者部分转移给第三人的，应当经债权人同意。债务人转移义务的，新债务人可以主张原债务人对债权人的抗辩。债务人转移义务的，新债务人应当承担与主债务有关的从债务，但从债务专属于原债务人自身的除外。法律、行政法规规定转让权利或者转移义务应当办理批准、登记等手续的，依照其规定进行。当事人一方经对方同意，可以将自己在合同中的权利和义务一并转让给第三人。

2）合同义务转让的含义

与合同权利转让相对应，合同义务转让的含义可以相应地理解为债务人将合同义务的全部转让和合同义务部分转让。

合同义务全部转让，指合同债务人或债权人与第三人达成协议，将合同义务全部转移给第三人，由该第三人完全取代合同债务人的地位，成为合同全部债务的承担者，而合同债务人退出合同关系。

合同义务部分转让，与合同义务全部转让相比，可以概括为合同债务人或债权人与第三人达成协议后，把合同义务部分转移给第三人，由第三人承担该部分合同义务。在合同义务部分转让的情况下，合同债务人并没有退出合同关系，只是第三人加入了合同关系，与合同债务人共同成为合同债务人。

3）合同义务转让的种类

（1）免责的合同义务转让，指第三人代替原债务人承担全部债务或者部分债务，原债务人脱离了债的权利义务关系，第三人成为新的债务人。这位新的债务人即承担人。

（2）并存的合同义务转让，第三人以担保为目的加入债的关系，与原债务人共同承担同一合同债务，原债务人不退出债的关系，依然是债务人。

4）合同义务转让的五项要求

（1）有效债务的存在。

（2）以合同义务的转让为内容的有效合同。

（3）被移转的合同债务具有可移转性。

（4）如果是债务人与承担人订立合同进行债务转移，必须得到债权人的同意，才能产生法律效力。这是因为，债务人和受让人，作为合同义务的履行方，他们的财产状况、履行合同的能力及信用等，对债权人实现债权影响甚大，如果债务人未经债权人同意而将其负担的债务转移给第三人，极易损害债权人的利益，如果债务人缺乏财力及信用，就不能保证债权人的权利得以实现，而且，有些合同义务的履行是特定人的履行，如果不经债权人的同意，由他人代为履行，那么这样的情况下，合同履行的质量很难保证。

（5）如果是债权人与承担人就债务转移订立合同，从债务移转的合同成立之时起，原来的债务人脱离了债关系，债务转移于承担人来履行，不需要原债务人的同意。

5）合同义务转让的效力

合同义务转让的合同依法成立后，具有以下效力。

（1）债务全部移转的，原债务人脱离权利义务关系，承担人取代原债务人成为新的债务人，负担债务。债务部分移转给第三人的，由原债务人与第三人共同承担债务。

（2）抗辩权的转移。《中华人民共和国合同法》第八十五条规定："债务人转移义务的，新债务人可以主张原债务人对债权人的抗辩。"新债务人取得原债务人基于权利义务关系所享有的一切抗辩权。

（3）从债务的转移。《中华人民共和国合同法》第八十六条规定："债务人转移义务的，新债务人应当承担与主债务有关的从债务，但从债务专属于原债务人自身的除外。"

4. 合同权利和义务概括转让

1）合同权利和义务概括转让概念

《中华人民共和国合同法》第八十八条规定："当事人一方经对方同意，可以将自己在合同中的权利和义务一并转让给第三人。"

所以合同权利和义务的概括转让，依照法律的规定，可以理解为合同的当事人一方将自己在合同中的权利和义务一并转让给第三人，由第三人取代自己在合同中的地位，承受合同中的权利和义务。合同权利和义务的概括转让，又称为概括承受。而概括承受分为意定概括承受和法定概括承受。

2）意定概括承受

意定概括承受，又称为合同承受，是基于转让人与第三人之间的转让合同产生的。一方当事人不仅需要与第三人达成合意，并且应当在对方当事人的同意之后，才可以将自己在合同中的权利义务一并转让给第三人。所以意定概括承受建立在良好的沟通基础上。

意定概括承受的构成要件包括以下五个方面。

（1）合同必须合法有效。

（2）被转让的合同应为双务合同。对于单务合同，一方当事人是债权人，不兼有债务人的身份；另一方当事人是债务人，不兼有债权人的身份。只有在双务合同中，才有权利义务的共存问题，也才有合同权利和义务的概括移让问题；须原合同的一方当事人与承受人达成有效协议；合同承受须得到被承受的合同相对人的同意。原合同的对方当事人如果不同意，合同的承受不能产生法律效力。

（3）对债权转让的限制，适用于概括转让。对于根据合同性质不得转让、按照当事人约定不得转让或依照法律规定不得转让的债权，当事人不得转让，因此，也就不存在概括转让的问题。

（4）在概括转让的情况下，新的合同当事人（对应于债权人转让权利中的受让人）取得与债权有关的从权利，但专属于债权人自身的从权利除外；新的合同当事人（对应于债务人转移义务中的新债务人）应当承担与主债务有关的从债务，但从债务专属于原债务人自身的除外。

（5）在概括转让发生之后，合同中债务人对让与人的抗辩，依据新合同中债权债务的关系，可以向受让人主张；债务人的抵销权，可以向受让人行使。

3）法定概括承受

《中华人民共和国合同法》第九十条规定："当事人订立合同后合并的，由合并后的法人或者其他组织行使合同权利，履行合同义务。当事人订立合同后分立的，除债权人和债务人另有约定的以外，由分立的法人或者其他组织对合同的权利和义务享有连带债权，承担连带债务。"

法定概括承受，即指合同权利和义务的概括转让的依据不再是意定的，而是完全按照法律的规定产生。法定概括承受主要是当事人的分立与合并。合并，是指两个或两个以上的组织（可以是企业，也可以是事业法人、团体法人和机关法人等）合并为一个组织的行为。分立，是指一个组织分立成为两个或两个以上的组织的行为。分立与合并引起债务债权的概括转移，是根据法律的直接规定产生的，而不是基于当事人的合意。

5. 合同转让的要求

（1）一般来说，合同转让首先由要求转让的一方寻找转让对象，或由愿意承受合同债权债务的第三人找到合同的当事人进行协商，提出转让的条件。转让条件一般包括：合同订立的情况，履行状况，是全部转让还是部分转让（部分转让的还应明确转让的数额），双方如何履行，合同已部分履行的已履行部分如何处理。不管主观意愿如何，因转让合同，给合同的对方当事人带来经济损失或者影响，发生的损失和影响要通过协商来承担。经双方反复协商取得一致后，除依照法律或转让的性质无须征得合同对方当事人同意的以外，还应将协商转让的意见告知合同相对人，征得其同意。

（2）合同权利义务的转让，除当事人另有约定外，原合同当事人之间及出让人和受让人之间应当采用书面形式。转让合同必须对相互之间的权利义务作出明确约定。转让合同的权利约定不明，无法履行的，或者应当采用书面形式而未采用书面形式，事后当事人发生争议，不能证明转让合同内容的，视为合同未转让，仍由原合同当事人履行。

（3）如果原来的合同是经过公证、鉴证的，合同转让后应报原公证、鉴证机关备案，必要时还可对变更的事实予以公证、鉴证。根据法律、行政法规规定，某些合同的转让还应当办理批准、登记等手续，否则，转让无效，法律不予保护。

6.5.3 合同终止

1. 合同终止的概念

合同在依法成立之后，如果合同相关当事人在合同履行过程当中，出现法定情形或者出现合同相关当事人约定情形，那么原合同中当事人之间的债权债务关系消灭，即合同的相关当事人终止合同关系，依法成立的合同的效力消灭。

2. 合同终止的分类

1）合同已经依据约定履行完成

合同在依法生效后，合同的相关当事人已经按照合同的约定履行各自的债务，换句话说，当合同中相应债务人已经按照合同约定全面履行完成，这时候合同终止。

2）合同解除

合同解除是指合同在有效成立期内，由于法定事由的出现或因当事人的主客观情况发生变化而使合同效力终止的行为。然而，不同的法系不同的国家对其含义有不同的认定。合同的解除必须有当事人的解除行为，必须是合同当事人之间协商一致，或者在当事人协商一致的基础上，其中合同当事的一方行使约定的解除权并且其中一方依据法律规定通知其他当事人解除。合同的解除是对当事人的救济，使其尽早摆脱不必履行的合同关系，避免在人力和物力资源上不必要的浪费。根据合同解除的条件，可以将合同解除分为协商解除、约定解除和法定解除。其中，协商解除和约定解除都有一个相同的前提，就是需要合同相关当事人协商一致，并且合同相关当事人应该以成立合同的方式来解除原有的合同，因此，将协商解除和约定解除统称为合意解除。

（1）协商解除是指合同依法成立后，当事人双方可以通过协商解除合同，不管合同当事人所订立的合同是未履行还是未完全履行。

（2）约定解除指合同相关当事人之间在订立合同之前，已经约定了解除合同的条件，在合同没有履行或没有完全履行之前，当合同相关当事人之间约定解除合同的条件成立时，相应的当事人通过行使解除权而使依法成立的债权债务关系消灭。约定解除不同于单方解除，它是一方当事人根据合同订立后情况的变化，行使预先约定的解除权，通知对方当事人解除合同，这是建立在双方合意基础之上的。

（3）法定解除是指在合同成立之后，合同的相关当事人在没有完全履行完毕之前，实际发生的情况满足法律规定的条件，合同相应的当事人有权通知其他各方当事人解除合同。要强调的是这种解除中的条件不是依据当事人的约定，而是法律的规定。此外，法定解除中法律赋予相关当事人的解除权，合同当事人可以行使，也可以放弃使用这种解除权。

法定解除权的行使必须依据法律的规定，《中华人民共和国合同法》第九十四条规定："有下列情形之一的，当事人可以解除合同：（一）因不可抗力致使不能实现合同目的的；（二）在履行期限届满之前，当事人一方明确表示或者以自己的行为表明不履行主要债务；（三）当事人一方迟延履行主要债务，经催告后在合理期限内仍未履行；（四）当事人一方迟延履行债务或者有其他违约行为致使不能实现合同目的；（五）法律规定的其他情形。"

3）债务抵销

债务抵销，包括法定抵销和协议抵销两种，即一般指合同双方当事人互负债务时，双方能够相互充抵债务，进而使得合同双方各自的债务在对等额内相互消灭。

法定抵销是由法律规定其构成要件，当这些法律规定的要件具备时，依合同的当事人一方的意思表示即可发生抵销的效力。抵销是单方法律行为，合同当事人主张抵销的，应当通知对方，并且通知自到达对方时生效。我们还要注意的是法定抵销的通知不可以附条件或附期限。依据法律不得抵销的债务有：① 因侵权行为所负的债务，债务人不得以其债权抵销；② 法律禁止扣押的债权，如劳动报酬、抚恤金等，债务人不得主张抵销；③ 约定应向第三人给付的债务，第三人请求债务人履行时，债务人不得以自己对于他方当事人享有债权而主张抵销，他方当事人请求债务人向第三人履行时，债务人也不得以第三人对自己负有债务而主张抵销。

协议抵销也叫约定抵销或者合意抵销，指合同的相关当事人协商一致所为的抵销。《中华人民共和国合同法》第一百条规定："当事人互负债务，标的物种类、品质不相同的，经双方协商一致，也可以抵销。"

4）提存

提存，是指债务人的债务已经到了履行期限，债务人按照合同规定要向债权人交付相应的标的物，但是完全由于债权人的缘故而无法完成交付，不得已的情况下，合同的债务人将该标的物交给提存机关而终止合同的制度。

提存制度的产生主要是因为合同中债务的履行不仅仅是债务人单方面就可以完全达成的，往往需要债权人的协助，才能完成标的物的交付。现实生活中，当债务人进行标的物的交付时，如果债权人无正当理由而拒绝受领或者不能受领，债权人虽然应负未及时受领而延迟的责任，但债务人的债务却并未消灭，债务人仍要随时准备履行，且为债务履行提供的担保也不能消灭，这样显然不公平。所以提存制度的设立，让债务人可以将标的物提交有关机关。这样法律即认定债务人的债务已经履行，债务人与债权人间的合同关系也消灭了。

《中华人民共和国合同法》第一百零一条规定："有下列情形之一，难以履行债务的，债务人可以将标的物提存：（一）债权人无正当理由拒绝受领；（二）债权人下落不明；（三）债权人死亡未确定继承人或者丧失民事行为能力未确定监护人；（四）法律规定的其他情形。"

需要补充的是，标的物提存后毁损、灭失的风险由债权人承担。提存期间标的物归债权人所有，提存费用也由债权人负担。此外，债权人领取提存物的权利，自提存之日起 5 年内不行使而消灭，且提存物扣除提存物费用后归国家所有。

5）债权人依法免除债务

债务的免除是指合同没有履行或没有完全履行，权利人自愿放弃自己的全部或者部分权利，从而使合同义务减轻或者使合同终止的一种形式。债权人免除债务人部分或者全部债务，合同的权利义务部分或者全部终止。

6）混同

混同是指某一债的债权人和债务人同归于一个人的情况，那么合同规定的债权债务关系就消灭了。《中华人民共和国合同法》第一百零六条规定："债权债务同归于一人的，合同的权利义务终止，但涉及第三人利益的除外。"

6.6　IT 项目合同违约责任

6.6.1　违约责任概述

1. 违约责任含义

违约是合同的任意一方对合约规定义务的违反，违约所要承担的后果即为责任。违约责任是指合同当事人对于合同规定的义务不履行、不完全履行或不遵守合同规定履行而侵犯或损害合同相对人权利时，必然要承担相应的民事责任。

2. 违约责任的特点

1）违约责任具有财产性

在法律责任上，违约责任属于民事责任。民事责任，是民事法律责任的简称，是指当事人在正常的民事活动中，因实施了民事违法行为，根据民法或基于法律承担相应的民事法律后果或者民事法律责任。民事法律责任主要是财产责任，具体表现为定金、支付违约金、继续履行、赔偿损失、采取补救措施等。违约责任以财产责任为核心，在处理合同争议时应当始终坚持公平公正的原则，根据合同维护当事人的合法权利和其他权益，促使违约方承担相应责任。

2）违约责任具有制裁性

违约责任既是对被违约方的补偿，也是对违约方的否定，违约方最后的损失，也就是对违约人进行的制裁。对违约一方当事人的制裁表现在以下几个方面：

（1）当一方当事人未按照合同履行义务时，另一方有权利要求违约方依据合同支付违约金；

（2）当一方当事人不履行合同义务时，被违约方可以要求违约方支付违约金，并继续履行其未完成的义务；

（3）给付定金合同中，如果给付定金方违约，则接受定金方可以不退换定金，如果接受定金方违约，给付定金方可要求另一方双倍赔偿定金。

3）违约责任具有补偿性

违约责任作为财产责任，在本质上就表现为对被违约方的合法补偿。合同当事人一方由于未履行或未遵守合同履行相应的义务造成另一方损失的，依照法律，违约方应对被违约方受到的损失进行补偿，维护被违约方的正当权益。

4）违约责任具有相对性

违约责任是针对于制订合同的当事人而言的，承担违约责任的主体也只能是合同的违约方，合同外的人不享有合同约定的权利，也不需要履行合同约定的义务，更不能成为承担违约责任的主体，即使是第三方行为导致违约方违约，承担违约责任的主体也只能是签订合同的违约方当事人，第三方不构成违约。

5）违约责任具有一定的任意性

违约责任可以由合同当事人在法律规定的范围内制定，根据《中华人民共和国合同法》第一百一十四条规定："当事人可以约定一方违约时应当根据违约情况向对方支付一定数额的违约金，也可以约定因违约产生的损失赔偿额的计算方法。"责任的承担可以由当事人预先或事后共同约定。

3. 违约责任的前提

合同的有效存在是违约责任的必须前提，不具有法律效应的合同产生的违约行为不构成民事责任，不受法律的保护，其违约责任也不受法律保护。对于无效合同、未成立合同、被撤销合同和一些其他不被法律承认和保护的约定，不存在违约责任的问题。

4. 确认违约责任的意义

合同本身不具有法律性，依法成立后才具有法律效应，它要求合同当事人必须严格遵守合同的规定履行义务，否则将承担法律责任。

合同的履行和债务人的主观意愿有着直接关系，如果由于不够努力，债务人不履行或者不完全履行义务，使债权人的债权无法实现，双方订立合同的目的无法完成，合同也就失去了意义。违约责任法律制度，为合同相关当事人积极努力完成各自的义务起到保障作用。所以，必须要建立合理有效的违约责任制度，完善法律制度。

6.6.2　承担违约责任原则

1. 承担违约责任原则的含义

承担违约责任原则，即违约责任的归责原则，是指合同出现违约时确定相应合同当事人承担违约责任的根据和标准。不同的国家、不同的社会制度下，归责原则也不同。归责原则大体分为三种情况：一是过错责任原则；二是严格责任原则；三是过错责任与严格责任相结合。大陆法一般把过错作为承担违约责任的条件；英美法习惯使用"违约救济"或"违约补救措施"的提法，当事人寻求违约救济时，通常只需证明对方当事人没有按规定履行合同义务（即违约）。

2. 不同法律中承担违约责任原则的区别

《中华人民共和国民法通则》对违约责任的归责原则采用过错责任原则，规定没有过错，但法律规定应当承担民事责任的，应当承担民事责任。《中华人民共和国合同法》规定，当事人一方不履行合同义务或者履行合同义务不符合约定的，应当承担继续履行、采取补救措施或者赔偿损失等违约责任。可见，《中华人民共和国合同法》对于违约责任的归结采用无过错责任原则，也就是说合同相关当事人，无论他们主观上是否有过错，只要造成违约的事实，均应承担违约的法律责任。

3. 严格责任原则和过错责任原则

1）严格责任原则

严格责任原则，比较容易理解，除了有相应法律规定的免除责任的事由之外，有违约行为即构成违约责任。严格责任原则，不考虑当事人是否有过错，只以损害结果作为承担责任的条件，但是如果有适用于法律规定的情形，可以免责。严格责任原则的基本思想，不在于对不法行为进行制裁，而在于对所受损害的合理分配，从而填补被违约人遭受的损害。

2）过错责任原则

过错责任原则，是指因过错违约构成违约责任。过错是构成违约责任的前提条件。

所谓违约过错，是指行为人违反合同的心理状态。违约过错包括故意和过失。故意，是指当事人明知自己的行为会造成合同不能履行的后果，仍然进行这种行为，希望或者放任违约后果的发生。过失，是指行为人对自己的行为可能会造成合同不能履行的后果应当预见而没有预见，或者预见但轻信可以避免，没有采取必要的措施，结果造成合同不能履行或者不能按约定履行。

对违约过错的认定，只能是通过结合时间、地点、条件来对违约事实进行综合评断。这种评断，实际上是一种过错推定的方法。当违约事实发生后，受害一方当事人负责提供对方当事人违反合同的证据和因对方违反合同约定给自己造成损害的事实和证据，如果行为人不能证明自己没有过错，则法律应推定其有违约过错，应承担相应的责任。

只要存在违约过错，无论是故意违约还是过失违约，按照法律的规定，都要承担违约责任。但是故意违约和过失违约的过错程度不同，故意违约的当事人主观恶性大，对社会危害性也相对较大，在审判实践中，故意违约的当事人承担的责任也相对重一些。因此，应当区分故意违约和过失违约，以明确违约当事人的责任。

4. 归责原则的意义

1）直接决定着违约责任的构成要件

如果归责原则不同，那么违约责任成立的要件也不同。具体来说，在严格责任原则下，当事人承担责任的要件是违约且无免责事由；在过错责任原则下，过错是核心要件。

2）决定着举证责任的内容

在过错责任原则下，原告一方当事人必须对对方违约进行举证，推定被告一方当事人有过错，被告一方当事人必须就自己无过错进行举证，否则就要承担违约责任，受害人要求赔偿的，还必须对由于对方违约给自己造成的损失进行举证；在严格责任原则下，原告一方当事人也必须对对方违约进行举证，但无须对对方是否有过错举证，被告一方当事人只须对自己有免责事由进行举证，而无须证明自己没有过错，受害人要求赔偿的，同样必须对由于对方违约给自己造成的损失进行举证。

3）决定着免责事由

在过错责任原则下，违约一方当事人在一定条件下可以免除责任，只要违约一方当事人能够举证证明自己违反合同没有过错，即可全部或部分免除违约责任；在严格责任原则下，只有符合法律规定的情况方可免责。

4）决定着损害赔偿的范围

在过错责任原则下，赔偿的范围与双方的过错程度有关，违约一方当事人须对受害人由于违约受到的实际损失及订立合同时预见到的利益赔偿；在严格责任原则下，在确定赔偿范围时对双方的过错程度的考虑没有在过错责任原则下那么严格。

5）决定着承担违约责任的方式

在过错责任原则下，当事人承担违约责任的方式较多，如赔偿损失、支付违约金、价格制裁、支付定金、强制实际履行等；在严格责任原则下，主要是强调赔偿损失，在过错原则条件下承担违约责任的其他方式也可适用。

6.6.3 违约行为

1. 违约行为概述

企业债权能否得以实现最重要的因素在于债务人是否完全履行自己的相关义务，如果债务人不履行或者不能完全履行，债权人就不能实现债务权利。

违约行为是指合同当事人有一方违反合同义务的表现形式。在合同履行过程当中，违约行为和违约责任是相互对应的，一旦发生违约行为，就要相应当事人承担违约责任。因此没有发生违约行为，也就没有相应的违约责任。违约行为主要有两种表现形式，一是作为，二是不作为。所谓"作为的违约"，是指当事人主动履行合同相关内容规定的义务，合同当事人若不履行相关规定的要求，就会形成主动违约，这种情况出现在大多数合同之中；所谓"不作为的违约"，这种情况发生在少数合同中，是指当事人以自己某些不主动的行为作为合同成立的依据，如果违反这些行为，则形成违约责任。

2. 违约行为的分类

为了降低当事人发生违约行为的概率，必须对违约行为进行细分，明确违约的性质及相应的责任。而我国建立的违约形态体系，是通过借鉴英美法预期违约的规则和理论，将违约分为预期违约和实际违约，从而保障被违约人的相关权利与利益。此外，为了让违约行为有相应的补救措施，立法和合同效力可以采取灵活多变的方式，并对重大违约和轻微违约加以区分。

1）重大违约和轻微违约

重大违约，是指合同中有一方当事人违约导致另一方当事人的根本利益无法得到满足，自然合同的目的也无法实现。对此，被违约一方当事人可以通过及时解除合同，并要求违约方提供相应的损害赔偿来维护自己的相关权益。一方当事人不履行给付义务、拒绝给付价款等都属于重大违约的行为。只有在重大违约的情况下，单方解除权才真实有效。

轻微违约，是指一方当事人发生违约行为而使另一方当事人的部分相关利益受到损害，但其根本利益依然可以取得的现象。针对这种情况，被违约人不享有单方解除合同的权利，但可以要求违约方提供相应的损害赔偿，同时被违约方也可以采取其他的补救措施。

发生轻微违约行为时，如果被违约方继续履行合同仍可以取得相关利益，则被违约方可以向违约方提出催告，要求违约方尽快继续履行合同。

2）预期违约和实际违约

预期违约，是指依法成立的合同未履行或者未完全履行，合同一方当事人向对方当事人或其他各方当事人明确表示自己不履行合同义务的打算，或者以自己的行为表示将不履行合同相应义务的做法。预期违约发生的原因一般有两种。第一种原因，当事人无力继续履行合同相关要求。当事人在履行合同过程中，出现了一些状况，导致当事人无法继续履行合同的相关要求，或者说当事人如果继续履行合同，会导致另一方当事人不但无法获得相关权益，还会使其遭受巨大损失。此时当事人应主动向对方提出自己不能继续履行合同，并附带无法履行的书面原因说明。如果对方认同当事人的书面原因说明，则当事人就可以不再承担继续履约的责任；反之，如果对方并不认同，则对方可以要求当事人继续履行合同的相关要求，直至合同期满。第二种原因，当事人有能力继续履行合同，但却出于种种原因自身不愿意继续履行合同相关规定。在这种情况下，当事人想要解除合同，应当提出令人信服的原因，否则对方若是认为合同的继续存在将会带来更多的效益，则有权通过仲裁或者诉讼方式要求当事人继续履约。当发生预期违约时，被违约方主要有三种维权方式。第一种，被违约方可以通过向法院起诉，从而维护自己的合法权益；第二种，可以要求违约方继续履约，然后等待合同的履行；第三种，可以及时与第三方订立替代合同，减少损失。

实际违约，包括拒不履行、不能履行、部分不履行、不适当履行和迟延履行，是指合同期未满前，当事人实际发生的行为体现未按相关要求履行规定义务。拒不履行，又称为毁约，是指当事人有能力履约却不履约的行为，主要有两种形式，一是明确表示不履约；二是尽管未明确表示，但经对方催告却仍然不履行约定。拒不履行其实是一种主观行为，如果合同当事人有明显的主观行为，给对方造成巨大的损失或者不利影响的，则当事人应当承担全部责任。不能履行是指当事人无力履约，从而造成合同不能继续，可以细分为两种形式。一种是法律上的不能履行，即法律规定，当合同中含有法律限制物，则合同不能履行。另一种是事实中不能履行，即主要是因为自然原因，特别是自然灾害，而使合同不能履行。当发生不能履行时，如果不是当事人的过错造成的，则当事人不用承担违约责任，若是当事人的过错，则当事人需要承担相应的违约责任。部分不履行，是指合同债务人只履行债务的一部分，而未全部按标的相应数量履行。债务人支付的数量如果少于合同约定的数额，发生违约责任，债权人有权要求其补足差额。不适当履行，是指当事人没有完全按照合同规定履约，主要有合同中相关物不符合要求，履约的地点、方式等也不符合要求。延迟履行主要指履行时间上有所出入，即当事人未在合同规定期限内履行相关义务，但在后来补履相关义务的行为。如果合同中没有明确规定履约期限，经对方催告后，当事人仍然没有及时履约，则为延迟履行。

6.6.4 承担违约责任的方式

1. 承担违约责任的方式概述

《中华人民共和国合同法》第一百零七条规定："当事人一方不履行合同义务或者履行

合同义务不符合约定的，应当承担继续履行、采取补救措施或者赔偿损失等违约责任。"第一百零八条规定："当事人一方明确表示或者以自己的行为表明不履行合同义务的，对方可以在履行期限届满之前要求其承担违约责任。"可以看出，承担违约责任的方式，即指未按合同约定履行合同义务的当事人，按照法律的规定或者合同的约定，要以何种形式来承担违反合同约定的责任。

未按合同约定履行合同义务的当事人承担违约责任的方式主要包括：继续履行、赔偿损失、支付违约金、定金制裁和采取补救措施。

2. 继续履行

1）继续履行的概念

继续履行合同，是一种承担违约责任的方式，是达成合同全面履行的手段。继续履行从概念上可以理解为债务人因未履行合同或者履行合同不符合约定，向债权人承担违约责任后，如果债权人依然要求其继续履行依法成立的合同，那么这个时候承担违约责任后的债务人仍然要按照合同约定好的债务继续履行。与此同时，若债务人有履行能力却不按合同约定主动履行的，债权人不得已的情况下，可以依照合同法的规定请求人民法院或者仲裁机构强制债务人继续按照合同的规定，履行原合同约定的债务人的义务。

2）金钱债务的继续履行

《中华人民共和国合同法》第一百零九条规定："当事人一方未支付价款或者报酬的，对方可以要求其支付价款或者报酬。"债权人既可以直接请求债务人支付价款或者报酬，也可以请求人民法院判定对方履行，对方仍不主动履行的，债权人可以请求法律强制执行。金钱债务原则上必须继续履行，违约一方当事人不得以任何理由针对非违约方的履行请求作出抗辩。

3）非金钱债务的继续履行

《中华人民共和国合同法》第一百一十条规定："当事人一方不履行非金钱债务或者履行非金钱债务不符合约定的，对方可以要求履行，但有下列情形之一的除外：（一）法律上或者事实上不能履行；（二）债务的标的不适于强制履行或者履行费用过高；（三）债权人在合理期限内未要求履行。"

（1）如何理解法律上或者事实上不能履行？法律上不能履行包括：特定的标的物已经被他人善意取得；强制继续履行侵害债务人的人身自由；债务人破产；债务为自然债务；实践合同约定的债务等情况。事实上不能履行是基于自然法则的不能，基于履行能力丧失而带来的不能履行，即事实上不能履行包括特定的标的物的灭失和债务人丧失了实际履行能力等情况。

（2）债务的标的不适于强制履行或者履行费用过高。债务的标的不适于强制履行，是指强制履行有重大困难或者强制履行有不合理的结果。如果履行费用过高，反而加大了违约成本。继续履行一方面表现为对被违约人的救济，另一方面也表现为对违约人的制裁。但是对被违约人的救济是继续履行最主要的目的。如果继续履行的成本与其承担违约损失相比更大，那么这种情况下不宜采用继续履行。一般情况下，如果履行费用比赔偿金、违约金还高，则可视为履行费用过高。

（3）债权人在合理期限内未要求履行。所谓"合理期限"，应当根据标的物的性质和商业习惯确定，对于时令性商品，债权人应当在一个比较短的时间内及时提出要求，对于一般商品，提出请求的时间可以稍长一些，如果请求履行的时间太长，使当事人之间的关系长期处于不确定状态，或者由于情况发生变化，继续履行可能会给当事人或者社会造成很大的损失。

3. 赔偿损失

1）赔偿损失的概述

《中华人民共和国合同法》第一百一十三条规定："当事人一方不履行合同义务或者履行合同义务不符合约定，给对方造成损失的，损失赔偿额应当相当于因违约所造成的损失，包括合同履行后可以获得的利益，但不得超过违反合同一方订立合同时预见到或者应当预见到的因违反合同可能造成的损失。经营者对消费者提供商品或者服务有欺诈行为的，依照《中华人民共和国消费者权益保护法》的规定承担损害赔偿责任。"

赔偿损失是各国法律普遍确认的一种违约责任形式，是指合同一方当事人不履行或者履行合同不符合约定，给另一方当事人造成损失，依法应当以金钱或实物弥补对方当事人所受损失的责任。赔偿损失，就我国而言，主要以金钱赔偿为主。赔偿损失除了适用于违约责任，也适用于侵权行为及其他一些民事违法行为，是民法中适用范围最广的一种民事责任形式。

需要补充的是，当一方违约后，对方应当采取适当措施防止损失扩大；没有采取适当措施致使损失扩大的，不得就扩大的损失要求赔偿。当事人因防止损失扩大而支出的合理费用，由违约方承担。这一规定有利于促使被违约方积极履行防止损失扩大的义务。

2）赔偿损失的三个要件

（1）当事人有违约行为。

（2）必须有损害事实的客观存在，即由于合同一方当事人的违约行为而给另一方当事人造成了现实的损害，并且，在违约行为与损害后果之间存在着因果关系。

（3）违约一方当事人没有免责事由或者有过错。在严格责任原则下，违约一方当事人有法律认可的或者已经约定免责事由的，可以免于赔偿。在过错责任原则下，违约一方当事人没有过错的，可以免于赔偿。

3）实际损失和可得利益损失

违约损害赔偿可以由当事人约定赔偿损失额或者赔偿损失额的计算方法。如果当事人在订立合同时，没有约定赔偿损失额的计算方法，应当赔偿因违约给对方当事人造成的实际损失和可得利益损失。

实际损失，是指由于违约给另一方造成的现有财产的减少，包括未履行的标的物、价款及当事人在订立、履行合同中所支付的其他必要费用。可得利益损失，是指当事人在订立合同时可以预见到的利益或者在正常情况下，如果按合同履行正常经营能够得到的收入，可得利益损失是违约的必然结果。

4）计算赔偿损失额的四个方面

赔偿损失在理论上没有任何问题，但是现实生活中，当事人的可得利益有时难以计算。所以，计算赔偿损失额应该注意以下四个方面。

（1）计算赔偿损失额的通常做法是按一般人在正常的情况下所能获得利益，不得超过违反合同一方订立合同时预见到或者应当预见到的因违反合同可能造成的损失。

（2）如果被违约人因违约人的违约而获得利益时，计算赔偿损失额应当减去被违约人因违约而减少的支出或获得的收益。这一条是损益相抵的规则。

（3）有一种情况可以减轻侵害人的责任，这种情况就是当由于违约发生损害时，受损害一方对于损害的发生也有过错。对于同一损害，有过错的双方当事人都要承担责任，即过失相抵的规则。

（4）被违约人知道违约人给自己造成损失的时候，应当根据实际情况及时采取相应的措施，防止因违约人违约所带来的损失扩大。并且，当事人因防止损失扩大而支出的合理费用，由违约方承担。这里要强调的是，被违约人不得以不合理的行为增加自己的损失。若损失发生为被违约人知道后，被违约人并没有根据实际情况积极地采取补救措施，且由于没有采取补救措施造成损害进一步扩大，这个时候被违约人不得就扩大的损失要求赔偿。

4. 支付违约金

1）支付违约金的概念

为了保证合同的履行，保护自己的利益不受损失，合同相关当事人之间可以约定特定的情况下发生违约后，由违约的当事人向合同的另一方或者其他各方支付一定数额的违约金。

违约金是指合同的当事人一方由于不履行合同或履行合同时并没有按照合同要求，按照合同相关当事人之间在订立合同的时候所进行的约定，发生违约的一方应给付另一方当事人一定数额的货币。违约金适用于违反合同应当承担责任的情况，侵权责任等情况不适用，因为违约金是承担违约责任的一种方式。违约金以合同的有效成立为前提，是不履行合同或不适当履行、迟延履行后的给付，有较强的从合同性。把违约金的约定视为从合同，理论上的作用在于：违约金的约定，是附生效条件的协议，在违约后，违约金条款开始发生法律效力。如果约定的违约金低于造成的损失或者高于造成的损失，当事人可以请求人民法院或者仲裁机构予以增加或者减少。

2）违约金的分类

（1）依据违约金产生过程，将违约金分为约定违约金和法定违约金。约定违约金，是指违约金的数额、比率或者标准由当事人协商确定的违约金。约定违约金主要是当事人在合同中的约定，是合同自由的反映和表现，强调了当事人的意思自治，当事人可以根据合同的具体情况，协商确定违约金的数额、比率或者计算方法。但是如果当事人滥用自行约定的权利，法律不予保护，不公平、不合理的约定违约金可以通过一定的程序加以纠正。法定违约金，是指违约金数额、比率或者标准由法律具体予以规定的违约金。法定违约金限制了合同当事人的意思自由，强制当事人适用违约金。法定违约金规定的数额、比率或者标准不可能兼顾每一个具体合同的具体情况，因此很难说是科学合理的。

（2）从实践角度看，经常遇见不履行合同的违约金、迟延履行的违约金和瑕疵履行的违约金。具体来说，不履行合同的违约金可以理解为合同的相应当事人并没有按照合同的规定履行自己的债务时，必须要支付给被违约方违约金。迟延履行的违约金，是指当事人逾期给付债务应当支付的违约金。这种违约金一般是按迟延的天数计算的。违约金的标准通常应高于人民银行关于金融机构逾期贷款的利息。瑕疵履行的违约金，是违约金中最为常见的一种，一般和合同履行过程中的质量相联系，是指当事人履行合同的质量不符合要求而依照约定支付的违约金。

3）违约金与担保

有些人把违约金视为一种担保方式。但是与其他几种担保形式相比，违约金担保合同履行的作用并不大。在实践中，合同中有了违约金的规定，确实可以对履行合同的当事人起到制约的作用，但是对当事人来说，违约金确定后只是一种债权，它的实现受债务人支付能力的限制，当违约的债务人无力清偿债务时，被违约人权利的实现没有任何保障，因此，支付违约金只能算是承担违约责任的一种方式，不能视为严格意义上的合同担保。

4）违约金的性质

违约金补偿性和制裁性的双重性质被我国立法部门和司法实践普遍认同。从违约金对被违约人的利益补偿角度可以很容易理解违约金究其本质是具有补偿性。合同中被违约人可以请求人民法院或者仲裁机构就约定的违约金低于因违约造成的损失予以增加，此时违约金体现了对损失的赔偿；合同中违约人也可以请求人民法院或者仲裁机构就约定的违约金高于因违约造成的损失予以适当减少，但是这种"适当"的减少并不是要求违约金刚好等于违约方给被违约方造成的损失。当约定的违约金高于违约所造成的实际损失，而又没有减少时，体现了违约金的制裁性。

5. 定金制裁

1）定金制裁的概念

定金既是合同担保的一种形式，有证明合同成立、担保合同履行的功能，也是承担违约责任的一种形式。定金是指合同中相关当事人中的一方依据法律规定或当事人双方的约定，为了确保合同的履行，由对方当事人按照合同标的额的一定比例，预先支付的金钱，支付方一旦发生违约后，无权要回所支付的定金。

《中华人民共和国合同法》第一百一十五条规定："当事人可以依照《中华人民共和国担保法》约定一方向对方给付定金作为债权的担保。债务人履行债务后，定金应当抵作价款或者收回。给付定金的一方不履行约定的债务的，无权要求返还定金；收受定金的一方不履行约定的债务的，应当双倍返还定金。"所以，我们知道给付定金的一方当事人不履行合同约定的债务，就丧失了定金的所有权，无权要求返还定金；收受定金的一方不履行约定的债务，根据对等原则，应当双倍返还定金。

2）定金与违约金

按照我国法律有关规定，定金的数额不得超过被担保合同标的额的百分之二十。当事人可以在这个范围内自由约定定金的具体数额。由于定金的数额受法律限制，是不充分担保，因此不具备违约金完全弥补损失的功能。

实践中，如果当事人在合同中同时约定了违约金和定金，发生违约后，被违约方往往会向违约一方当事人提出按约定支付违约金，同时也按约扣除定金或双倍返还定金的要求，这样做可能会因为违约方的支付大大超过了违约造成的合同损失而显失公平。因此，法律规定，如果当事人在合同中同时约定了违约金和定金，一方违约时，被违约方可以选择通过违约金或者定金来补偿自己遭受的损失。

6. 采取补救措施

补救措施是指因一方当事人履行标的不符合合同约定，根据法律规定或者对方的要求所采取的特殊救济措施。

具体来说，如果当事人交付的产品质量不符合合同的约定，应当按照双方当事人的约定承担违约责任。如果合同对于有关质量的违约责任没有约定或者约定不明确，当事人可以补充协议，不能达成补充协议的，按照《中华人民共和国合同法》相关条款的规定或者交易习惯确定。仍然不能确定的，受损害方可以根据标的的性质及损失的大小，合理选择要求对方承担修理、更换、重作、退货、减少价款或者报酬等违约责任。

我们所说的修理，是指合同的违约方消除标的物缺陷或瑕疵所采取的措施。更换，是指合同的违约方对交付的标的物不合格采取的补救措施，即以合格品调换不合格品。重作，是指合同的违约方重新制作定作物的行为。最后一个概念减少价款或者报酬在现实生活中经常遇到。减少价款或者报酬，我们可以这样理解，当标的物质量不符合约定时，受损害一方依据合同为使支付的价格大体相当，有权减少价款或者报酬。

从实践角度讲，债务人交付的产品质量不符合约定但是可以通过修理的方法予以补救的，应及时修理以满足债权人的需要，并可适当减少价款，因修理而增加的费用，由违约的债务人承担；对于无法修理或者无必要修理的，债权人可以要求重作，因重作而增加的费用，由违约方承担；如果对于债权人来说，债务人交付的产品已经无法利用或者不愿利用，可以要求债务人予以更换，违约方承担因更换而增加的费用。

6.6.5　违约责任的免除

现实生活中，在各种合同中我们经常遇到一个概念叫违约责任的免除。违约责任的免除，是指当事人由于法律规定或者合同约定的免责事由的发生而不履行合同的，不承担违约责任。当事人不承担违约责任主要存在以下两种情形。

1. 免责条款

免责条款是合同重要的组成部分，合同的相关当事人将进行充分协商。免责条款是双方在合同中约定的免除或者限制其未来责任的条款。当然，免责条款的内容必须符合法律的规定，这样才具有法律效力。因免责事由发生而不能履行合同的，当事人不承担违约责任。

2. 不可抗力

《中华人民共和国合同法》第一百一十七条规定："因不可抗力不能履行合同的，根据不可抗力的影响，部分或者全部免除责任，但法律另有规定的除外。当事人迟延履行后发生不可抗力的，不能免除责任。本法所称不可抗力，是指不能预见、不能避免并不能克服的客观情况。"

1）不可抗力的概念

在法律中，不可抗力被描述为不能预见、不能避免并不能克服的客观情况。"不能预见"和"不能避免并不能克服"，主要指事件的发生和结果不为当事人的意志所左右，当事人无法对其进行人为的控制。所以，不可抗力可以理解为当事人不可抗拒的外来力量，是不受当事人意志左右、操纵的自然现象和社会现象。如暴雨、狂风、海啸、地震、干旱、洪水等各种自然灾害及战争状态、封锁禁运等社会原因。当法律规定或者当事人在合同中约定的不可抗力事件出现，致使合同不能履行或者不能完全履行时，合同履行义务或者部分履行义务失去效力，在这种情况下，不构成当事人的违约责任。

2）法定不可抗力事件和约定不可抗力事件

不可抗力的事件一般可以划分为法定不可抗力事件和约定不可抗力事件。

（1）法定不可抗力事件，主要是依据《中华人民共和国合同法》有关条款的规定，其现实表现主要是程度强烈的自然灾害，例如水灾、雨灾、雪灾、高温、低温、地震等人力所无法抗拒的自然突发情况，这些情况在订立合同时是难以预见或难以确定的。如果在合同履行的过程中，当事人主观上并无过错，只是因为这些严重自然灾害的出现而使合同事实上不能履行或者不能完全履行的，当事人无须承担违约责任。

（2）约定不可抗力事件则是指当事人如果对合同履行过程中可能发生的意外情况有所预料，并在合同中明确约定了哪些情况属于不可抗力事件的，当约定的不可抗力事件发生时，可以免除当事人不履行或者不完全履行合同的责任，包括其他的违约责任。虽然我国法律中的不可抗力包括了社会事件，但是一直以来并没有个标准来界定哪些社会事件可以构成不可抗力。

3）不可抗力中合同当事人应履行的义务

（1）当事人应当及时采取一切可能的有效措施，尽量避免或者减少不可抗力对合同的履行造成的不利影响，尽量使全部不能履行的合同转化为部分不能履行的合同或者迟延履行的合同。如果当事人没有采取措施，而是消极等待，致使不可抗力事件造成的损失进一步扩大，则其对扩大的部分应当承担违约责任。

（2）当不可抗力事件发生后，当事人不能履行合同的，应当及时将发生不可抗力的事实通知对方，使其能够采取积极合理的措施防止损失的扩大，以减轻可能给对方造成的损失。如果当事人能够及时通知而没有及时通知，由于因果关系使得另一方当事人的损失进一步扩大，那么损失扩大部分的责任由未及时通知的当事人来承担。

（3）遭遇不可抗力事件的一方当事人应当在合理期限内向对方提供证明，证明不可抗力的存在及不可抗力对合同履行的影响。

4）不可抗力中不能免责的情形

① 如果当事人未能按照合同约定的期限履行合同，在逾期的时间里发生了不可抗力事件，当事人须承担违约责任。② 对于单纯的金钱债务，不可抗力事件的发生不能消灭债务本身，也不发生免责的结果。③ 法律另有规定的情况。

6.7 案 例

1. 项目背景

某省水电集团在1998年10月正式成立，是该省农村电网建设与改造"一省两贷"的主体中的一个，主要经营业务有发电、农村电网改造与建设、中小水电站开发运营，除此之外还涉及供水、污水处理、制造变压器、房地产开发、宾馆、电力产品检测等其他业务。从自身定位出发，引入了国内外许多先进的企业管理模式，以扁平化管理理论为基础，根据该省水电集团自身的特点，通过不断改革发展，进一步实施精细化管理，实现了工艺规范化和流程标准化。在不断开拓进取的历程中，形成了符合集团公司实际的战略思想，并在此基础上，形成了服务理念、宗旨及一系列企业文化，用管理出效益，用成绩谱新章，将服务该省人民的实际需求作为根本的行动指南。

项目目标是完成该省水电集团安全生产标准化的安全生产信息平台（软件部分）的建设。主要包括的内容有：开发软件、调试软件、项目实施和工作人员培训等。服务性成果通常主要包括以下内容：软件的版本发布、软件源代码、文档开发、各项调试的详细记录、软件操作的详细说明书等，除此之外还需要提供软件维护、软件升级服务和其他相关的各种售后服务。

项目技术路线是要严格地按照集团现在所具有的计算机网络架构和相关技术要求，来建立与安全生产标准化可以完美地实现无缝衔接的安全生产信息化平台，以便最终可以实现集团公司内部的安全生产管理信息资源共享及广阔的覆盖范围，其中覆盖范围大概可以涵盖本公司内部所有的子公司、行业、项目部、各单位、班组和车间等各个岗位的安全生产工作，由此可以为集团领导决策提供有力依据。

2. 项目合同管理的基本情况

1）合同签订

本项目需要重点控制合同的签订，由于该部分需要委托第三方来进行建设的实施过程，所以在这部分中对于合同的把握和签订条件的严格审查是合同管理的重中之重，在这里主要涉及的工作有：科学地拟定招标文件、严格管理招投标的程序及进行合理的商业谈判等。

2）招投标管理

招投标管理的详细流程图如图 6-1 所示。

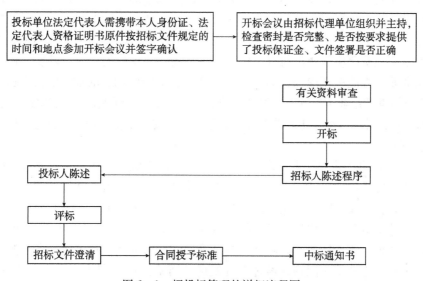

图 6-1　招投标管理的详细流程图

评标办法是招投标管理过程中的核心内容。评标办法的好坏将会直接影响评标的最终结果是否科学公正，可以说它能够在某些方面上很大程度地影响业主的主观能动性，所以说评标办法是乙方来选择为自身工作的最优合作伙伴的重要根据。而且还必须按照法律法规的相关具体要求，按法律程序拟定合法合理的评标办法，以保证评标过程的公正公平。由此可见，指标的设置与选取和具体的操作都非常重要。

按照《中华人民共和国合同法》里面的有关具体要求和本集团公司内部已有的管理办法，可知评标之前应该先成立正式的评标委员会。针对这次评标，根据集团公司的实际情况，确立了评标委员会成员由 7 人及以上单数组成，还专门邀请了 2 名有关专家进行点评。对于软件的招投标工作，集团公司里面并没有很多以往的指导经验可供借鉴参考，考虑到该项软件的各项功能的专业性都特别强，所以特别邀请了几位有关的专家教授来对投标方展示软件的各项性能和整体构架指标进行详细的多角度的评价。专家只能进行客观的点评，不允许掺杂太多的个人主观意见，所以只有点评权没有投票权。对各投标单位的投标书进行详细审查，主要包括的内容有：资格审查、符合性审查、有效性审查和详细评审。这一阶段是为了检查各个投标单位提供的资料是否符合本公司招标文件中提出的各项具体要求，不符合资格审查条件的投标单位将在这一阶段全部被否决，也就是立即淘汰掉。

最重要的环节是进行技术评审。由各个投标单位先依次详细表述本单位对于软件开发初步形成的思想，然后再根据标书中的相关要求展示初期构架出来的软件，评委会专家对于展示成果进行具体点评，并请评委会成员进行单独打分，统计所有评委会成员打分的结果，计算出去掉最高分和最低分后的算术平均值，来作为最后投标单位的得分，得分按照从高到低进行排名，排名在前三名的投标单位作为中标候选人进入下一阶段的审批。

评标委员会按照技术综合评审的标准和投标报价由低到高的顺序推荐出 1~3 名候选人作为中标候选人。如果投标报价相同，则技术综合评审总得分高的投标单位作为优先中标者；如果技术综合评审总得分也是相同的，则选取技术评审内容得分高的投标单位作为优先中标者；如果技术评审内容得分还是相同的，则选取经验案例分高的投标单位作为优先中标者；如果还是相同的，则按照全体评委记名表决的方式来确定推荐候选人名次，排第一的是最终的中标者。这个阶段需要关注的重点主要是评标办法和开标办法。首先，开标程序一定要严格按照《中华人民共和国合同法》的要求，贯彻落实各项具体内容，既要防止有失公平现象的发生，还要严格选择出符合招标文件各项具体要求的投标者。其次，评标办法要科学。这是保证业主方能够正确并快速地找到一个最合适的中标者的唯一的科学途径，所以评标办法肯定要能够满足业主方的实际利益需求，千万不能不切实际地随便制定或者胡编乱造，这样做既影响招标委员会给出正确的评分，也不利于业主方尽快地找到最合适的供应商。

3. 合同执行

该合同于 2012 年 6 月 28 日正式成功签署，并立即生效，紧接着供应方以访谈和调研等方式对于需求方的各项实际需求和网络结构的具体结构形式进行了详细的调查和分析。根据分析结果可得，在建设实施安全生产信息软件方面，该公司已经于 2012 年 9 月完成了总体框架搭建，成功地对 3 个版块的功能进行了详细设定，于 2012 年 11 月 30 日正式实现了远程搭载的功能查询，基本完成了各项软件的压力测试及生成测试报告的任务。测试报告明确地显示出这个版本存在 2 个问题，经过与开发商沟通确认后认定为 bug 的一共有 48 个，大多数都是数据展示、界面展示和易用性等方面的问题。虽然在第二个 build#1001 中已经对数据统计方面的问题做了许多改进，不过还存在一些问题，主要是界面展示的样式及易用性等方面的内容还有待进一步研究并加以改进。

本版本前后加起来进行了 3 轮测试，第一个 build#1003、第二个 build#1004 和第三个 build#1001，这三个经过测试做出了非常大的改进，暂时只存在一些个别的小问题。但是在界面展示这个环节和易用性方面仍需要进一步改进。这个版本的工作重心主要体现在数据的完整性和准确性上面，不过经过这 3 个 build 详细而精确的测试，系统功能目前已基本上能正确地完成了，各项功能已经可以顺利地进入稳定的运行状态，但是系统中仍然存在少许错误，主要体现在合适性和易用性这两个方面，不过对于系统的正常运行并没有造成什么严重的影响。系统中所有的功能大致上已经实现了，并且通过反复测试没有发现异常。

在目前的系统环境下，系统可以满足试运行期间用户的基本要求。整体的荷载压力全部集中在运用服务器处理事务和消息传递的过程中，依目前情况可以预测在全集团进行试运行的过程时，一定需要有特别高性能的服务器才能保证系统能够安全地、正常地、高效地运行。在设计中也能看出，所有的子系统与整体系统的耦合程度普遍来说都非常低，这一现象在后续的测试结果中也得到了证实。

根据上述测试结果，供应方认为安全生产管理平台目前已经达到了各项具体要求，可以正式交付用户开始进入系统试运行的阶段。

4. 实施效果分析

依据合同中的有关具体约定，供应方已经基本上按照合同规定的具体要求开发出了系统软件，在研发途中，供应方与需求方进行了多次的交流协商，对软件最终要达到的目标及各项功能进行谈判协商，需求方也依照合同规定及时开展检查验收，参考验收的结果来给予一定的费用。

为了更好地进行合同管理工作，公司开展了以下各项工作。

（1）前期开展的工作：一是公司的组织机构建立，同时还开展了各项需求的具体调查；二是依据公司的各项管理制度严格地开展招投标中的各项工作；三是开展商业性谈判，主要是明确双方的责任和义务。

（2）中期开展的工作：一是对软件的各项功能全部重新进行详细的流程再造，保证各项功能能够良好地适应于集团架构；二是和软件供应商进行违约方面的相关谈判，找出软件开发过程中的进度、质量和费用问题，并且要求其在规定的时间内完成整改，如果到期没有完成规定的内容则要按照违约责任处理；三是派专门的工作人员对软件开发进度进行连续的跟踪，定期向上反馈相关情况。

从团队业绩、开发效率和研发能力等各个方面对软件公司的资质和能力作出了明确规定，这样做既能保证软件公司具有较强的实力，同时也为软件公司选择合适的需求方从而使软件研发能够顺利实施提供了保障。

5. 在合同管理方面存在的主要问题和原因

1）主要问题

需求方在使用软件的过程中发现了以下问题。

（1）系统尚不能满足合同规定的与集团现有软件无缝衔接的要求，很多数据都不能有效利用，系统中还存在大量的错误没有办法采取措施进行处理；系统的稳定性非常弱，很容易就出现死循环、系统无法识别和不能响应等一系列难题。

（2）系统不能同时搭载大量用户一起使用。依据公司的目前情况来说，系统本来应该可以搭载至少五千个用户共同使用，但在测试过程中却发现，一旦超过两百个用户使用，系统就变得不稳定了，主要表现为反应速度极其缓慢，很容易出现错误等，而且更严重的是当阅读大于一定内存的文件时，系统就直接停止运行或出现错误。

（3）系统没有满足签订的合同中明确约定的十四个板块应该要实现的具体内容的要求。

（4）系统没有全方位地满足需求方提出的各项实际需求。

（5）页面设计太简单了，客户管理模式也极其呆板，操作麻烦，逻辑关系混乱。

（6）没有在规定的时间内提交产品，并且研发出来的产品质量极差，已造成了违约，但是需求方却不能维护自己的合法权益。

供应方研发团队存在以下方面的问题。

（1）供应方研发团队对于软件的设计始终都无法满足需求方的要求。

（2）供应方研发团队人员安排随意，没有较为固定的正式团队成员导致沟通有碍。

（3）供应方研发团队的主要负责人不了解各项业务。

2）主要原因

针对目前软件开发过程中出现的问题，经过仔细研究分析，归纳得出存在问题的主要原因如下。

需求方问题发生的原因。

（1）对于需求的描述不够详细，缺乏和供应商之间的交流沟通。

（2）虽然合同中有违约的条款，但是对于违约条款缺乏详细的表述，违约责任规定也较模糊，未能明确各违约方应承担的责任和赔偿事宜，导致供应商随意地拖延时间。

（3）在开发软件的过程中，公司内部进行了大范围的改造，所以导致公司内部的情况与先前有一些不同，对软件研发过程造成了一定的影响甚至是阻碍。

供应方存在问题的原因。

（1）软件项目的随机性，虽然确定了开发进度安排，但是不能进行严格有效的开展实施。每一个产品或项目的研发过程都是慢慢地发展起来的，这个过程极其漫长并且也很艰难，所以要在项目正式开始实施前研究制订详细的计划，有步骤地往前推进项目实施过程。

（2）项目研发团队研发出来的产品并不能满足用户各项基本要求。在研发过程中，项目的主要负责人往往都积累了很丰富的经验，所以很容易将可读性文字转化成计算机代码。但是并不是每个人都能达到这个要求，所以开发出来的产品很可能和用户原来要求的产品不一致。

（3）项目负责人并不熟悉该行业部门的软件开发，严重缺乏责任心。项目负责人对于该研发项目的研发进度未进行严格有效的制约，对于节点项目的把握不明确，项目质量没有进行严格控制。

第 **7** 章
IT 项目合同前期准备

7.1 IT 项目合同策划

7.1.1 合同策划基本要点

1. 法律依据

在进行合同策划时，法律是一个很重要的依据，法律可以保护合同双方的利益，可以减少双方所承担的风险。在 IT 项目的实施中，适应市场经济体制条件的唯一选择，就是一切要以法律条款的规定为依据。在 IT 项目领域中，管理者必须精通合同管理理论。

在现实生活中，经常会有一些合同的签订并没有考虑法律法规。法律明文规定，如果合同条款存在不公平的情况，这种条款是不会受法律保护的。但是，双方所签订的合同依然是有效的，只不过这些无效的条款也许会给合同的一方带来经济上的损失。

2. 合同策划主题

IT 项目公司处于 IT 项目合同的主导地位。通常情况下，IT 项目的招标文件是由 IT 项目公司负责整理的，同时 IT 项目公司会对重要的合同条款进行初步确定。合同条款的重要内容主要涉及 IT 项目公司对承包人的控制力、IT 项目公司所面临的风险及项目工期等问题，主要包括以下几个方面：

（1）付款方式。付款方式一般分为两种，一种是进度付款，另一种是分期付款。IT 项目公司无论采取哪种方式，预付款这一项都是由 IT 项目的承包人先行垫付的。承包人在 IT 项目的预付款上先行垫付一部分资金，有利于 IT 项目公司对项目承包人控制力度的增强。而如果 IT 项目公司先行支付预付款，那么，在 IT 项目的实施过程中，如果遇到合同纠纷或者遇到 IT 项目的质量问题，承包人就会处在相对比较主动的地位。承包人为了自己的经济利益，或者为了自己的某种目的，会做出一些具有要挟性质的不良行为，比如承包人可能会拖延工期，更严重者可能会直接停工。

（2）合同双方风险的分担。合同双方风险的分担所要遵循的基本原则就是在合同双方之间调整与控制共同面临的风险，从而使双方都能在经济上收益。

（3）对 IT 项目公司来说，项目所产生的经济效益在很大程度上受 IT 项目进度的影响。因此，为了 IT 项目的实施能够按照合同约定如期完工，在签订合同时，应该明确规定 IT 项目的实施方案。并且，为了避免 IT 项目工期延误，在签订合同时，还应该明确 IT 项目的实施进度计划。

7.1.2 合同策划内容

1. IT 项目需求

IT 项目公司对软件的需求是项目规划和实施的根本。所以，通常情况下，承包人在与业主讨论需求时，IT 项目公司潜在的需求会慢慢地浮出水面，从而会导致承包人的工作量的递增。为了能够更好地了解客户的需求，承包人不应该避免这些潜在的需求。相反，承包人应该把 IT 项目公司的要求尽可能细致地列出来。如果在承包人对业主的需求没有完全了解清楚的情况下实施项目，IT 项目实施的过程中会经常出现一些不在计划中的变更处理，往往会导致工期延误，项目资金可能会超出预算，严重的情况下，IT 项目已经做好的部分可能会被彻底推翻，导致项目重新来过。所以，在 IT 项目实施之前，承包人需要对客户的需求进行深入的挖掘和了解，如果承包人对发包方的一些需求不太了解，承包人应该积极组织会议与发包方沟通讨论。当承包人处在对客户的需求进行分析的阶段时，承包人要做的第一件事就是要清楚地了解发包方的需求，通过各种可以利用的方式收集客户的需求资料，并认真整理完成最终的需求报告。

2. IT 项目资源估算

IT 项目管理过程是从项目策划活动开始的，估算是 IT 项目策划的首要任务。估算的内容主要是 IT 项目实施所必需的时间和人员，工作量的估算也是估算必须完成的任务。除此之外，IT 项目所需要的硬件和软件要求、IT 项目实施过程中可能遇到的风险也需要做出估算。

1）IT 项目规模估算

IT 项目规模估算常用的方法有两种：代码行估算法和功能点估算法。代码行估算法是一种相对比较直接的估算 IT 项目规模的方法，而功能点估算法是一种比较间接的估算方法。这两种方法各有优劣，应该根据 IT 项目的特点来选择 IT 项目规模度量的方法。

2）IT 项目程序规模估算

IT 项目程序规模估算主要是估算 IT 项目要实现各种功能所需要的程序规模及人员规模。主要有经验技术和自动工具两种方式。经验技术就是根据专家的经验推测出的公式，用这种公式对 IT 项目程序规模和时间规模进行估算。自动工具也可以导出某一种可以估算 IT 项目程序规模和时间规模的经验模型。每个方法和模型都有自己的优劣，都会有自身的误差，所以，我们可以结合不同的估算方法和不同的技术，使 IT 项目程序规模和时间规模的估算更加精确。

7.1.3 合同策划工具

合同策划的目标是定义所有的项目任务，识别出关键任务，跟踪关键任务的进展情况，以保证能够及时发现拖延进度的情况。因此，为方便监督项目进度并控制整个项目，项目管理者必须制定一个足够详细的进度。常用的制定进度计划的工具主要有甘特图和网络计划技术两种方式。

1. 甘特图

甘特图又称为横道图、条状图，图 7 - 1 是一个 IT 项目的甘特图。

甘特图是一个线条图，甘特图的纵轴表示在建项目，横轴表示时间，中间区域的线条表

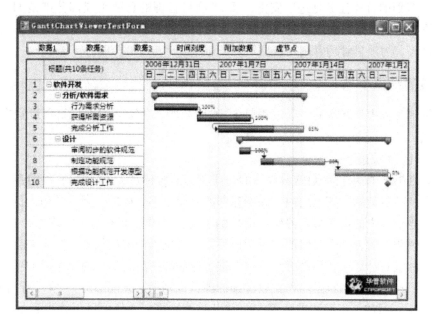

图 7 - 1　IT 项目甘特图

示整个 IT 项目实施的工期内所有的计划事项及实际情况中所完成的事项。甘特图以这样一个比较简单的图示方式，通过横轴和纵轴的时间列表、事项列表来表示整个 IT 项目的事项顺序及各自所持续的时间。

项目管理人员能够通过甘特图及时地了解各个部门的运行情况，也可以了解各种机器设备的运行状态和闲置状况。甘特图历史悠久，具有直观简明、容易学习、容易绘制等优点。但是，它不能明显地表示各项任务彼此间的依赖关系，也不能明显地表示关键路径和关键任务，进度计划中的关键部分也不明确。因此，在管理大型 IT 项目时，仅用甘特图是不够的，不仅难以做出既节省资源又保证进度的计划，而且还容易发生差错。

2. 网络计划技术

网络计划技术的优点就在于能够清楚地描绘各个任务的分解情况，还能够描述每个作业的开始时间和结束时间、各个作业之间的关系。因为一张工程网络图可以使人清楚地分辨出一项项目的关键路径及关键任务，所以，我们在制定项目进度计划时，网络计划技术是理想的辅助工具，图 7 -2 为 IT 工程网络图。

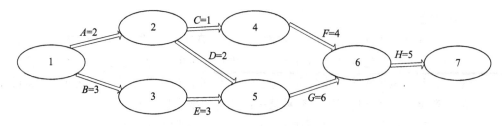

图 7 - 2　IT 工程网络图

图中的时间单位为天，$A=2$ 表示活动 A 的持续时间为 2 天

127

IT 项目策划的首要任务是进度安排，而 IT 项目管理的首要组成部分则是 IT 项目策划。通常情况下，我们会同时利用两种工具来制定项目的进度计划，因为只有这样才能够结合两种工具的优势，为项目管理者制定进度策划图服务。

7.1.4 策划注意事项

项目管理过程中最基本的一个过程是 IT 项目策划。在实际的项目策划过程中，必须注意以下几点。

1. IT 项目策划的时机

项目计划书是 IT 项目策划的最终目的，IT 项目策划体现在 IT 项目实施的各个阶段，而且不同阶段的项目策划，其策划内容和所花费的时间是不一样的，所需要的人员及工作量也是不同的。当对客户的需求只是停留在简单的了解上，并没有对客户需求做出详细的 IT 项目规格需求说明书时，这个时候所进行的项目策划是里程碑式的策划，其结果会形成一个相对比较概要的项目计划书。当对客户的需求进行详细的了解之后，这个阶段的项目策划就比较详细了，所产生的结果也是一份比较详细的项目策划书，并能够对 IT 项目所需要的资源、IT 项目的规模、目的、工期和进度等方面做出明确的规划，从而可以为项目的管理提供合理的依据。在实际的项目实施过程中，IT 项目的需求可能会发生变化，从而导致计划与现实的情况存在较大的误差，这种情况要求项目承包方重新做出项目计划。

2. 任务的明确性

在进行 IT 项目策划时，必须要做的工作是建立工作任务分解，即把工作拆分成一个个独立的、任务明确的任务，所谓明确的任务是指：

（1）任务一定要有结果；

（2）输出的格式有明确的定义；

（3）输出的内容有明确的检测手段与验收标准；

（4）任务的时间是有具体要求的。

这四个标准是缺一不可的，而在现实的项目工作中，由于一些结果难以预料，总是存在一些难以明确的任务。例如，IT 项目的分析工作由于其所要求的时间估算起来比较困难，就会导致分析工作并不是明确的任务。如果前面一个阶段的任务没有完成，就会导致后面一个阶段的任务没法明确下来。在实践中，经常出现这种情况，IT 项目的设计工作没完成，则编码的任务就没法明确下来，这样就会导致编码工作不能如约完成，从而给 IT 项目带来风险。

3. 任务的遗漏

在 IT 项目策划时，任务的遗漏是经常性的错误。在实际的 IT 项目实施过程中，总是会出现计划外的任务，这些任务又是必须要完成的事项。因此，为了比较全面地识别任务，在 IT 项目策划时，往往需要做出一份任务识别指南，任务指南可以经常性地提醒 IT 项目经理需要完成的各类事项。通常情况下，容易遗漏的任务主要有以下几种：

（1）项目管理类的任务，如计划评审、项目计划、计划的变更等；

（2）横向关联类的任务，如集成任务、需求跟踪矩阵的制定与更新等；

（3）项目交付物的制作任务，如用户手册的编写、培训教材的编写等。

4. 任务的颗粒度

在划分任务时，IT 项目的任务颗粒度要适中。如果任务的颗粒度过大，就会导致在项目的实施过程中不能够及时发现一些潜在的问题。但是，如果 IT 项目的任务颗粒度过小，项目的管理成本就会相应增加。适度的任务颗粒度一般情况下是三天，适度的颗粒度不仅可以方便协调各个任务，而且对项目的监控也比较有利。

5. 合理的估计

在项目策划的工作中，估计的合理性也是非常重要的。为了实现估计的合理性，主要可以采取以下措施。

（1）历史数据的利用。通过与"经验量化"的历史数据进行对比，IT 项目估计所面临的风险能大大降低。但对比的同时，还要注意几个比较重要的问题，要考虑与历史数据所依赖的项目是否具有相似的类型，现有的项目与历史项目是否具有类似的生命周期等。只有目前数据与历史数据具有可比性，历史数据才能起到参考作用。

（2）采用多种估计方法互相验证。我们可以通过多种方法进行项目估计，然后分析对比几种不同的结果，最后再利用这些差异性来判断估计的合理性。

（3）细分任务。我们越是详细地对任务进行拆分就越容易估计，越容易和历史数据对比。

（4）任务要完备。在估计的时候，要识别出所有的工作内容，不要有遗漏。

（5）有估计经验的人参与估计。有估计经验的人需要对没有经验的工作人员进行培训与指导，同时不断的实践体验可以积累估计经验。每当估计工作结束后，估计的结果都要跟实际情况进行比较，经过多次的反复和积累，估计经验得到提升，估计的准确性也会得到很大提高。

6. 与系统架构有关需求的开发

与系统架构有关的需求对 IT 项目的影响范围比较广，而且影响作用比较大。如果项目实施过程中遇到返工问题，所增加的工作量就会比较大。所以在 IT 项目策划安排任务顺序时，首要任务就是明确这些与系统架构有关的需求，主要包括 IT 项目功能性需求和接口需求的设计、实现、测试与联调。

7. 管理缓冲的预留

在 IT 项目策划时，预留一定的管理缓冲是为了应对项目实施过程中的突发事件。因为在实践中，由于预估存在一定的误差，会出现一些超出计划内的任务。主要有两种方法来设置缓冲时间：一种是固定缓冲，就是每隔一段时间固定地留下一个缓冲时间；另一种方法是在与关键路径上的任务相衔接的任务之前，设置一定比例的缓冲时间。管理缓冲的预留可以使 IT 项目进度所面临的风险降低。管理缓冲的设置应该明确地标示，使项目管理员能够清晰地感知缓冲的预留时间段。

7.2 IT 项目合同分析

7.2.1 合同签订前的注意事项

IT 项目合同签订前的事项主要有合同的谈判、起草及评审。在合同签订前，双方对于容易产生矛盾的事项应该多认真考虑，并在合同中明确对于这些事项的处理办法，而且还应该仔细考虑有关这些问题的条款是否足够严密。

1. 规范质量验收标准

IT 项目的质量验收标准是合同签订的重要因素。如果在验收标准方面合同双方存在差异，那么在 IT 项目完工后进行项目验收时合同双方就会产生纠纷。在实际情况中，开发商有时会夸大 IT 项目的具体功能，从而可以获得比较大的经济利益。但这种情况也会导致企业会对大 IT 项目的具体功能期待过高。随着企业渐渐熟悉项目，企业对项目的功能预期会慢慢提高，进而也会更加清楚地规定项目标准。

2. 验收时间

在对 IT 项目的质量标准进行规定的同时，IT 项目的验收时间也需要在合同上明确规定。如果 IT 项目能够如期完成，合同双方就能够如期对项目进行验收；如果 IT 项目验收的时间没有规定，而且企业对开发商所完成的 IT 项目的质量难以辨别，难以确定 IT 项目是否达到质量标准从而长时间不肯验收，这种情况下开发商就必须继续开发工作，从而给开发商造成损失。相反，如果 IT 项目运行过程中出现开发商无力解决的系统问题，就会给企业造成很大的损失。所以合同双方应该在签订合同时明确 IT 项目的验收时间，从而可以督促合同双方自觉地进行工作。

3. 技术支持服务

IT 项目完成开发之后的运行过程中，如果出现一些由于开发商的质量问题所带来的技术问题，原则上，这些技术问题应该是由开发商来负责无偿解决的。但是技术问题的解决也是有一定的时间期限的，一般情况是一年。如果在合同中没有规定这个时间期限，默认情况是有偿解决技术问题。

4. 损害赔偿

有关损害赔偿的条款也是必要的，损害赔偿权在原则上是双方都可以拥有的一项权利。但在现实情况中，开发商往往由于对 IT 项目实施起来所面临的困难估计不足，导致项目到期后开发商无法如期完成 IT 项目的局面。企业为了避免遭受经济上的损失，一定会增加自我保护，通过双方的沟通协调，在合同中明确规定损害赔偿的处理办法。

5. 保密

合同双方都有各自的机密，为了互相保护，双方都不能泄露对方的机密给第三方。企业的机密主要是业务上的机密，包含企业的客户信息及企业的整体运作方式。开发商的机密主要是技术方面的机密。所以双方为了提高各自的保密意识，有必要签订一份保密合同，保密的有效期终生有效。

6. 软件的合法性

软件的著作权和软件的所属权是两个完全不同的概念。通常情况下，开发商完成项目，企业完成所有费用的支付后，软件的著作权是属于开发商的，但是软件的所属权就会转移给企业。如果企业想要拥有著作权，或者双方想要共同保留软件著作权，都要在合同中明确规定。

7. 风险防范

为了防范一定的风险，在合同正式签订前，承包人有必要对合同进行仔细的审查，审查内容主要有以下几点：

（1）合法性，合同是否具有合法性主要体现为承包人所拥有的审批手续是否完备健全，合同是否需要公证和批准；

（2）完整性，包括合同文件的完备和合同条款的完备；

（3）合同是否采取了示范文本，与其对照有无差异；

（4）合同双方责任和权益是否失衡，确定如何制约；

（5）合同实施会带来什么后果，完不成的法律责任是什么及如何补救；

（6）双方合同的理解是否一致，发现歧义及时沟通。

合同双方在签订合同时，要遵循一字千金的原则，任何的承诺都要在合同中明确规定。无论是合同双方对某一问题所商量的结果，还是关于 IT 项目某一事项的共同决定，只有在合同中明文规定，才会具有法律效力。

7.2.2　合同目标

合同中，IT 项目企业对项目承包人所期望要提供的项目成果就是合同的目标。承包人为了实现 IT 项目的某些指定功能，在 IT 项目实施之前，会对 IT 项目的目标做一个范围的界定。IT 项目范围界定主要是确定 IT 项目的哪些功能是需要实现的，哪些事项是应该计划要做的，哪些功能和事项是不属于合同约定范围的。因此，合同目标的概念有两个层次的含义，即目标范围和工作范围。目标范围就是指 IT 项目企业所期望的成果应该要实现哪些具体的功能，要实现这些功能 IT 项目需要具备哪些特征。简言之，目标范围就是对合同约定的输出产品做出详细的界定。工作范围就是指为了实现目标范围，承包人需要具体做哪些工作，即为了在合同验收时，能够交出让 IT 项目企业满意的成果，IT 项目承包人需要对要做的工作做出详细的规划与工作界定。因此，合同目标重点突出了需求收集和范围界定两个方面。

1. 需求收集

需求收集主要是收集 IT 项目企业的 IT 项目需求及客户对项目的期望，需求收集的工作是 IT 项目企业要做的工作。双方在合同签订时，如果目标定义不够明确，就会导致 IT 项目承包人对 IT 项目企业的需求无法进行深层次的分析与了解，而且还会导致 IT 项目承包人有机可乘，从而导致 IT 项目的最终结果与计划结果相差很大，不能使项目企业满意，导致 IT 项目企业产生不必要的经济损失。

因此，合同签订前需求收集一定要明确。IT 项目企业一定要清楚地识别自身的整体项目需求。IT 项目企业可以通过调研的方式了解自身需求，需求采集人员一定要深入到项目设计的各个负责部门向负责人员了解需求，并深入了解各个需求需要达到的技术水平。IT 项目企业了解了自身需求以后，需要在合同签订时对合同目标进行详细且明确的规定，清楚地传达给项目承包人，并确定承包人理解并接受自身的项目需求。

2. 范围界定

合同目标定义的重要基础就是合理地定义目标范围。只有目标范围明确，承包人才可以合理地安排 IT 项目实施过程所需要的人力、物力和财力。合同目标范围的界定明确了合同最终的产品及其功能与特征，那么合同目标的范围就能作为项目评估的参考依据。在项目的实施过程中，对那些脱离计划范围的失误可以做到及时改正，从而使整个项目都在计划的轨道上进行。合同的目标范围界定若是比较模糊，就会使后续的 IT 项目计划与 IT 项目控制进行起来比较困难，严重情况下，可能导致项目失败。

比如，某制造企业为了获得地方政府设置的项目信息化专项资金的支持，开发了 MRP 项目。这个项目的实施资金由自己筹备，一部分作为配套资金，另外一部分由地方政府来出资，但是明显存在一些问题，项目的立项比较仓促并且项目的计划也过于粗糙。在项目的规划初期，只是把生产部门的一些业务纳入到系统中。但是，随着项目的继续推进，其他部门的管理人员也都要求加入到信息化的过程中，由于项目负责人对大型项目管理经验的缺乏，在项目实施的中途纳入了太多的需求，从而导致工作事项和项目产出的增加，造成资金短缺的局面。可是政府的资金支持是固定的，企业的资金有限。在项目的预算消耗殆尽后，面临被迫停工的局面。这个案例就是典型的没做好项目的范围界定工作，项目的规模越来越大，造成后续的资金规模跟不上项目的规模，从而导致项目失败。

因此，在对合同目标进行范围界定时，要对 IT 项目企业的需求和范围进行清楚的了解，做到目标界定要严格，目标范围在可以控制的范围之内，并且目标范围要做到不能随意更改。

3. 合同拟写

合同的拟写过程就是合同双方根据各自想要实现的共同利益目标对有关 IT 项目实施的合同内容进行书面确定的过程。合同的双方根据法律要求，结合各自的项目需求进行一系列的程序，在法律的保护下，使双方各自的责任与权利在合同中清楚地规定下来，从而达到保护各自根本利益的目标。

缔约各方从相互协商到达成合意的过程，就是一个要约。《中华人民共和国合同法》第十三条规定："当事人订立合同，采取要约、承诺方式。"要约和承诺是合同订立的基本规则，也是合同成立必须经历的两个阶段。

7.3 IT 项目合同谈判

7.3.1 合同谈判的准备工作

在 IT 项目的谈判过程中，谈判的结果会直接影响到合同条款是否对自己有利，并且这也是业主与承包人最直接的较量。因此，在正式的谈判进行之前，IT 项目企业和项目承包人必须在各方面做好深入细致的准备工作。只有做到准备充分，做到知己知彼，才能在谈判时应付自如，得到自己想要的结果。

1. 谈判的思想准备

IT 项目合同谈判是一项比较复杂烦琐的工作。只有做好充分的思想准备，才能在谈判中占据主动地位，坚持自己的立场，适当让步，最终才能达到目标。

（1）谈判的目的。由于不同的谈判目的决定着双方的谈判方式和不同的谈判技巧，谈判方式和谈判技巧的存在就是为了实现各自的谈判目的。因此，谈判的目的是谈判时首先要清楚的问题。另外，还要收集信息并分析对方真实的谈判目的。在这些基础上，才能够有针对性地选择相应的谈判方式和谈判技巧。

（2）谈判的基本原则。在双方的谈判目的都明确了以后，对方进行谈判的立场和原则也要明确下来，这样才能清楚在谈判过程中哪些问题是不能让步的，哪些问题是可以让步的，以及让步的程度是多大。另外，还需要细致分析在谈判过程中可能出现的问题及相应问题的对策，这样才能尽可能减少所出现的问题对谈判结果的影响。当遇到找不到合理解决办法的实质性问题时，我们要尽可能保证合同谈判在顺利进行的同时，自己又能够获得于己有利的合同条款。

2. 谈判的组织准备

在明确了谈判的目标并做好了应对各种情况的思想准备后，就需要开始组织一个能力超强、经验丰富、应对谈判自如的谈判队伍来进行谈判的各项准备及谈判。谈判队伍中谈判人员的专业素质、对专业知识的把握与运用及个人综合能力都对谈判的成功与否有着重要的影响。谈判队伍的成员应该具备相应的谈判经验，一般情况下，谈判人员主要有技术人员、法律人员，以及双方的财务管理人员。一个谈判小组的组长应该具备较高的应变能力，并且能够熟悉业务，有较强的组织能力，只有思路清晰的谈判小组组长才会使谈判的结果朝着有利于自己的方向进行。

3. 谈判的资料准备

合同的谈判必须以事实为依据，因此需要在正式的合同谈判开始之前就收集各种有关谈判对方的基础资料及背景资料，主要包括：对方履行合同的能力、对方的信用状况、对方所处的发展阶段、合作项目的由来及目前的进展情况、项目的资金状况等。在谈判前，双方接触并已经达成一致意见的合作意向书、会议纪要、备忘录等也是要准备的谈判资料。

收集资料结束后，还要对资料进行分类整理，一般包括三种类型。第一类是准备原招标文件中的合同条件、技术规范、投标文件、中标函等文件，以及向对方提出的建议等资料。第二类是准备好谈判时对方可能索取的资料，以及在充分估计对方可能提出的各种问题基础上准备好适当的资料论据，以便对这些问题做出恰如其分的回答。第三类是准备好能够证明自己能力和资信程度等的资料，使对方能够确信自己具备履约能力。

4. 背景材料的分析

1）对己方的分析

在正式签订合同之前，己方应该仔细地分析了解自身的现实情况。发包方应该通过定性与定量分析相结合的方法，做出项目的可行性分析，以此为基础比较不同的方案在技术上、经济上的可行性，并选出最优方案。另外，在对己方实际情况分析之后，对自己所拥有的设备情况也应该清楚地了解，包括技术准备、资金准备等情况。己方在 IT 项目工期和质量方面的要求也是要仔细分析的，通过对己方各方面基本情况的分析与理解来确定己方的谈判方案。

承包人接到中标函后，应该对项目的合法性和有效性进行细致的分析与总结，对自己承包该项目存在的优势与不足进行详细的分析，以此确定自己在双方谈判时所处的地位。在熟悉合同内容的基础上，确定自己在谈判时的立场和谈判原则。

2）对对方的分析

对对方的实际情况进行分析时，我们必须明确的问题就是对方是不是合法的主体，对方的资信情况是否符合我方对资信情况的要求。否则，如果承包人出现跨级承包的情况，或者承包人履行合同的能力特别低，就很可能会造成 IT 项目质量不符合要求，也可能会导致工期严重推迟，进而导致双方所签订的合同根本无法顺利进行，给发包人带来巨大损害。同样，如果 IT 项目的发包主体不合法，或者发包方的信用状况存在问题，都会给承包方带来不必要麻烦和经济损失。所以，双方在谈判开始前，必须仔细地分析对方的信用状况、履行合约的能力，要确保对方的基本情况能够顺利完成项目的合作。

3）对方谈判人员的基本情况

对对方谈判人员的了解主要包括对方谈判人员的组成，谈判人员的身份、年龄、健康状况、性格、资历、专业水平、谈判风格等，从而可以相应安排己方的谈判人员，并且可以在思想上和技术上做好准备，还可以与对方建立良好的合作伙伴关系，进一步发展己方与对方之间的友谊关系。尽量在进行正式的谈判之前，双方的谈判人员之间建立起信任关系，从而为正式的谈判创造和谐的氛围。另外，己方要掌握谈判的对方对己方的了解情况，还必须要掌握的是，对方谈判人员对双方的谈判所持有的态度和意见。当这些情况都了解充分以后，要尽可能地确定双方谈判的关键问题，并尽可能地确定关键人物的倾向及关键人物对谈判关键问题的意见。

5. 谈判方案的准备

首先要列一个谈判提纲，这是建立在己方的谈判目标和认真分析对手的实际情况的基础上的。另外要准备几个不同的谈判方案，以应对不同的谈判目标。还要研究考虑各个方案的优缺点，甚至包括对方更容易接受哪种方案。只有这样做才能在对方不接受己方的某个方案时，随时更换另外一种方案。然后，通过双方的沟通与协调找到一个双方都能满意都能接受的最佳方案。所以，谈判之前要准备几个不同的谈判方案，当对方拒绝接受某一方案时，避免进入比较尴尬的局面。

6. 会议具体事务的安排准备

会议具体事务的安排准备是谈判前的必要工作，准备的工作主要有以下三个方面：谈判时间的选择、谈判地址的选择、谈判事项的安排。会议议程的安排应尽可能地选择有利于己方的时间和地点，同时也要考虑到对方是否能够接受会议的安排。所以，议程的安排时间要宽松有度，应该根据不同的情况安排具体的事项和时间。

7.3.2　合同谈判的主要内容

合同谈判时，要在满足招标要求和中标结果的前提下，对谈判内容的具体细节进行谈判，主要有以下几个方面。

1. IT 项目的主要内容

IT 项目的主要内容就是指项目承包人按照合同规定所应该承担的工作内容，主要有 IT 项目的设计、项目所需的硬件和软件的提供、IT 项目的实施及 IT 项目的功能实现。另外，在 IT 项目的实施过程中，项目的质量要求及工作量和工作人员的安排也是 IT 项目的主要内容。

2. 合同价格

合同价格一直是合同双方谈判的关键问题。影响价格的因素有很多，包括项目的工期、项目的工作量及其他各种工作要求。

合同价格是合同谈判中的核心问题，也是双方争取的关键。价格是受工作量、工期及其他各种义务制约的，除单价、总价、工资和其他各项费用外，还有支付条件及支付的附带条件等内容都需要进行认真谈判。

3. 工期

工期是合同双方控制 IT 项目进度和成本的重要依据。因此在谈判过程中，要依据施工规划和确定的最优工期，考虑各种可能的风险影响因素，争取商定一个较为合理、双方都满意的工期，以保证有足够的时间来完成合同，同时不致影响其他项目的进行。

4. 验收

验收是 IT 项目的一个重要的环节，因而需要在合同中就验收的范围、时间、质量标准等作出明确的规定。在合同谈判的过程中，双方需要针对这些方面的细节性问题仔细商讨。

5. 保证

合同的保证效力主要是通过各种保证方式进行的，主要有各种投标保证金、付款保证、履约保证、保险等细节内容。

6. 违约责任

在合同项目实施过程中，如果当事人一方由于自身的原因不履行或者不完全履行合同条款，另一方在未违约的情况下可以要求过错的一方承担损失并进行赔偿。另外当事双方也可以在合同条款中写明违约后对应的惩罚措施。这一内容关系到合同能否顺利执行、损失能否得到有效补偿，因而也是合同谈判双方关注的焦点之一。

7.4　案　例

1. 项目背景

某市公安局的其中一个分局在 2009 年年底开始进行信息化建设，伴随着公安局的科学技术和项目信息化建设的不断推进和进一步深化，该分局目前已经大致建成了可以全面覆盖整个辖区所有的派出所和刑侦支队各有关队伍等相关业务部门的综合数据业务网。在此基础上建成了自动化的办公系统、全面的道路实时监控系统、及时上传信息的系统、110 报警应接处的应急系统、宾旅馆工作人员信息记录系统、计算机预防病毒和杀毒系统、派出所应用及管理系统、电子网上视频会议系统等其他各种公安业务智能化管理信息系统二三十项。所有的这些信息化系统的建设及运用，不仅大幅度地有效提高了公安系统工作科技技术含量，改善了公安业务运作模式和工作机制，还初步建成了以科技为基础的新型警务工作模式。这种模式在各项警务工作中都起到了非常重要的作用，为顺利建成先进的警务管理和执行机制打下了坚实基础。

2. 信息化项目建设和管理的现状

多年以来，该单位在项目信息化的建设管理过程中，能够正确地处理好财务部门与各项目部、技术部与业务部及其他相关部门之间的关系，各部门团结互助，相互协作。

在项目的建设前期，主要针对项目的建设管理进行了多次实地调查。在项目的建设过程中，调研工作展开的程度及各种科研成果运用的效果，在某种程度上将会直接决定项目信息化决策水平的高低。公安系统的信息化严格依照规范的步骤展开，技术部门负责收集相关资料，然后结合调研结果给出指导意见，再依次向上级反馈以便做出合理的决策。

在推进项目建设发展的进程中，特别要关注进行实地调查研究，要熟悉项目的关键技术、重要环节和能够熟练地应用各种项目管理方法和经验。实践是检验一切工作效果的最终和最高标准，在实现信息化的建设实施中，要求有关项目建设单位对各关键节点工作和材料及机械设备采取有效监督以保证项目质量。项目文档的管理一定要认真仔细地进行，绝不可马虎，要能够详细地记下项目运行轨迹。这些资料都要进行备份以便后期查询。还要科学地把握政策是否合理与技术是否先进两者之间的关系，同时也要严格实施项目准入制度。在后期进行运营管理时，应该依据国家的各项法律法规规定的内容来查找资料并进行整理然后归档。这一环节涉及多个项目参建单位，贯穿于项目的整个生命周期。项目竣工后要依法将档案移交相关负责单位。项目完毕之后必须完善固定资产管理制度，耐心做好固定资产的登记等后续工作，还要提高固定资产维修等技术管理水平，保证项目能以最优的效率运行。

规范信息化项目的运行管理，改善项目的运营质量，完善与之相对应的工作体制机制。信息化项目建设的目的是运行应用。为了保证项目的规范运行管理，多年以来，有关各方统一了网络信息发布管理模式、网上会议及系统运行管理、自动化办公系统的运行管理等相关的规章制度。这些措施使项目的运行更加规范，大幅度提高了项目管理水平和质量。政府投资建设公安局内的项目信息化涵盖的范围广泛，通常包括通信工程的线路传输、有线及无线通信设备、光纤工程等各种通信工程基础设施和信息化应用服务等，项目很多但是配套的公安科技人员却非常少，甚至严重不足。

3. 信息化项目建设过程中存在的问题

信息化项目建设过程中，缺乏专家论证和咨询机制，没有在事前对项目有关技术问题进行严格细致的专家咨询论证。决策缺乏科学性，没有充足的依据，政府资金投入太随便不够严谨。实施信息化项目的立项一般都是在项目的概预算环节，对项目缺乏系统且严谨的论证，而且从事项目概预算的专业人员、工作人员和技术人员等对项目业务的宏观管控能力有待提高，还需加强对信息应用系统的需求进行详细全面分析的能力。在许多地区都存在下列不良现象：有些公司尚未建成全面有效的管理体制，信息化工作的主要负责部门也大不相同，一部分是由办公室负责的，还有一部分是由业务科室负责的。由于管理部门较少承担信息化方面的工作所以缺乏专业知识，主要是在信息技术方面不是很专业，通常只把信息化项目的建设实施当作一项临时的任务来管理。由此引起了不少问题，例如：领导对项目建设的关心程度远远不够，各工作岗位上的人员频繁调动缺乏稳定性，过于强调信息化技术的重要性等。由此导致对于项目建设的发展规划、各项具体的管理规定、具体需要建设完成的内容等无从了解。由于缺少连贯性导致一般情况下都很难按照原先规定的信息化项目管理的各项具体要求来开展工作。这样做一方面耽误了项目建设实施的最佳时机；另一方面也严重影响到信息化建设的完整性，特别容易引起项目研发过程中前后相接的多个环节脱节，要么前紧后松，要么前松后紧。有些更糟糕的甚至是只完成了前期资金审批，对后续管理工作竟然放任自流不管不顾，由此导致项目管理的真正作用和目的难以充分地体现出来。

在项目管理的整个过程中，启动阶段其实就是识别和开始下一个新项目或项目阶段的过程。虽然这一过程表面看起来容易实现，但是为了保证能以最合理的时机开始最合适的项目就需要考虑多方面的影响因素。信息化建设的过程中，问题主要是体现在项目预算环节，没有对项目的合理性进行严格仔细的论证，而且负责项目概预算的工作人员、技术人员把控宏观业务的能力还需要大力提升，同时还要加强应用系统的需求研究分析和整合能力。此外，对项目的专业性技术问题在最开始没有实行有效的专家访谈和实地调研。

项目的启动过程一般包含的内容有制定项目计划、组建项目组织机构、选择项目类型。项目信息化管理在启动阶段同样也应该包含前面所述内容，通过实践发现在项目管理的过程中存在以下问题。

1）项目的整体目标与组织分目标在结合过程中的问题

一般情况下信息技术在组织中的功能表现主要是支持性的。组织的战略计划主要起到为项目提供参考依据的作用，是规划项目和选择项目类型的基础。开展信息化管理的重点之一是要全面熟悉组织在现在和以后的发展规划目标及所需要的技术支持。比如，信息化管理一定要和实战的具体需求相结合才能够起到加速信息化项目发展和实施应用的作用，从而保障人民安定团结的生活局面。从事信息系统建设的过程中如果忽视了组织战略，往往就会出现信息化项目还没有建成，但是系统却已经不能很好地适应组织各方面需要的情况，从而面临失败局面。

应用信息系统的目的大多数是有效并快速地解决在业务处理时出现的必须要用复杂的方式才能解决的问题。例如，根据目前统计数据发现现在的犯罪和过去相比有了更强的流动性和隐蔽性，老套简单的方式已经难以适应抓捕流动性犯罪分子的需求，所以必须借助先进的信息技术，将案件进行并串，然后通过信息系统自动处理各类案件，对数据进行分析，找出尽可能多的线索。但信息化项目通常情况是目标模糊，并且需求单一，最后也达不到符合实际的效果，其主要原因是信息系统的宗旨和业务目标的结合程度不够。

2）领导支持及相关部门共同参与程度低

组织对于项目来说起到了关键性的保障作用。在项目前期的开始阶段，就一定要组建可以充分保证项目能够成功向前推进的顽强的组织机构。项目的领导班子小组成员中一定要有了解本单位的发展规划、日常运行模式、项目所涉及业务等多方面信息的领导，而且因为项目的建设实施和本单位的日常事务联系紧密，挑选本单位的"一把手"作为项目领导小组的组长来组织项目的各项工作实施对项目的尽快展开和最终取得成功会起到非常重要的作用。项目的推进过程就是在了解和掌握一定知识的基础上，改变原先的管理模式和管理方法，所以在项目的推进过程中一定要有负责人承担管理责任，做好管理工作。由于项目组里面的成员大多数来源于公司里面的各个业务部门，所以在管理方面不能够凌驾于各业务部门之上。只有"一把手"领导的权威指导才能轻易地理顺多方面复杂衔接关系，从而快速促进项目的建设实施，最终顺利实现组织目标。实施小组人员的构成中一定要有技术部和其他相关的业务部的人员，各单位的组织管理和业务实施流程，一定要请业务部门来联系解决。系统运行过程中出现的互联网不良和机械设备故障等其他专业性技术问题，则应该全面由技术部来处理。实际情况中因为大多数信息化项目都是支持性或者只是改进业务的辅助角色，所以往往不能取得单位"一把手"的强烈支持，并且还存在业务部门和技术部门信息闭塞互不通气的问题，所以通常都是各自依据自身的片面理解来开展信息化项目建设的各项具体工作，往往会导致项目实施的前期准备阶段过于单薄无力。

3）缺乏冷静选型的问题

前期没有深刻地、详细地、多方位地对项目的技术是否可行及经济是否合理进行分析。许多项目一定要进行严格的论证来获得足够的资源。该项目涉及广泛的业务处理和先进的信息管理和应用技术，一定要由专门的业务部和信息技术部同时进行可行性研究论证，而且能够量化的信息一定要量化。有关的业务处理，业务部应当结合本单位的发展目标和业务的需求规划，来判断系统的适应性是否良好。关于信息技术的内容，信息部应该结合信息发展的具体规划及考虑技术是否成熟、是否可用，对各方面供应商的潜在能力等都要进一步做出详细的评价判断。因为信息化项目的建设投入资金量多，并且随着管理知识的发展导致信息系统的建设也会有一定程度提升，所以在建设信息系统的过程中大多数单位会采取总体规划和分步实施相结合的方式来进行。此外，信息化产品的控制标准和评判标准缺失也是一大问题。近年来信息技术的发展非常迅猛，由此导致信息部对有关供应产品的判断出现了一些困难，但是项目的类型选择对于项目后期实施有着特别重大的作用。在具体项目类型选择过程中一般不会对业务部门的各种需求进行充分思考，而且在双方合作过程中，也不一定能在事前对项目建设实施中也许会出现的困难预测出来然后提出解决方案，由此在某种程度上增大了项目的实施风险。

现实情况里面人们对于信息化的计划编制所给予的关注程度远远不够。大部分工作人员都是保持消极松懈的态度，所以导致编制出来的计划方案通常难以真正地应用实施。编制计划最重要的作用是对项目的各环节实施给予详细的指导。为保障项目能够顺利开展实施，编制的计划一定要有实际性和有效性，这就要求在制定计划时注入足够的人力和物力，除此之外还要安排有相关经验的技术人员来指导。

信息化的开展一般要取得各个业务部和技术部的充分支持和指导，所以在制定计划时一定要动员项目里面的全体成员都参与进来，对有关事项要达成一致意见。通常参与项目的各个人员所具有的专业背景均不相同、在项目的开展中分配的任务也不相同，有关人员只了解自己在整个项目中的地位和自己承担的项目对其他工作的影响，但是并不了解项目的整体规划。另外，由于背景差异，有关专业术语还需要全体成员共同讨论制定，这就需要花费更多的资金和时间。在编制财务计划的过程中，需要考虑许多财务结算点，但是又缺乏相关数据导致计划的编制非常粗糙。在制定整体性时间进度表时，难以把握具体范围和明确的进度，使得项目的计划缺乏里程碑式节点目标。

第 **8** 章

IT 项目合同支付

8.1 IT 项目合同价款

8.1.1 合同金额与合同价格

按照《中华人民共和国招标投标法》的规定，对于采用招标方式的招标项目，其中标合同金额应在中标通知书发出之日起 30 天内，由发包人和承包人双方依据招标文件和中标人的投标文件在书面协议中加以约定。同时，招标人与中标人不得签订背离合同实质性内容的书面协议。合同约定不得违背招、投标文件中关于工期、价格、质量等方面的实质性内容。由此可见，在一般情况下，中标合同金额就是中标人的中标价。

1. 中标合同金额的约定

承包人和发包人双方应当将以下事项在合同条款中做出约定，若当事人在合同中没有做出约定或者约定并不明确，则需由双方协商确定：

（1）IT 项目的计量和进度款支付的数额、方式及时间；

（2）预付款的数额、抵扣方式及支付时间；

（3）价款的调整要素、程序、方法及支付；

（4）现场签证和索赔的程序、支付时间及金额确认；

（5）发生价款争议时的解决方法和时间；

（6）承担风险的范围、内容及超出约定范围和内容时的调整方法；

（7）结算款的支付及时间、编制与核对；

（8）缺陷责任保修金的预留方式、数额及期限；

（9）和支付价款与履行合同有关的其他事项等。

2. 中标合同金额和合同价格

1）中标合同金额

中标合同金额是指合同当事人双方以报价与标底（招标控制价）为基础，按照评标标准与方法协商一致，并在 IT 项目协议书中写明的 IT 项目各目标段的实施、完工和修补任何缺陷所需的金额，即承包人的投标报价，经过评标和合同谈判后确定的一个暂时虚拟 IT 项目价格。

2）合同价格

合同价格是按照实际情况用来支付给承包人的最终价款，其中包括按照合同约定所做出的调整。

3. 中标合同金额与合同价格的构成

中标合同金额由直接费用、间接费用、利润、税金、风险费用等构成，而合同价格是指按合同条款约定完成全部合同内容的价款。中标合同金额与合同价格之间的关系见下式：

$$合同价格 = 中标合同金额 \pm 合同调整的数额$$

公式中，合同调整的数额是指在 IT 项目实施的时候，由于变更、索赔等原因发生的合同价款调整的金额。

8.1.2　合同价款

1. IT 项目定价

1）IT 项目和物质产品的区别

IT 项目与其他物质产品不同。比如生产一台电脑，因为制造电脑不仅要有原材料，而且还需要对这些原材料进行加工，这两部分的生产成本再加上利润就是一台电脑的销售价格。但是 IT 项目与此不同，它不需要任何有形的物质材料，完全依靠程序员的脑力劳动，所以在一般人看来，IT 项目似乎不需要成本。IT 项目从业者常常有这样的感叹，即企业客户往往愿意购买非常昂贵的经营设备，但是在 IT 项目上却总是斤斤计较，同样是作为生财工具，但是企业客户花钱的意愿为什么相差这么大？当然，类似这样的想法也常常反映在个人客户身上，比如很多人愿意购买非常昂贵的显卡和 CPU，但是 IT 项目中的客户一般只想尽办法去省钱，有些甚至使用盗版产品。

2）IT 项目定价方法

外包方常常会埋怨接包方漫天开价，而且价格高得相当离谱。接包方也同样常常发出抱怨，在他们看来，自己的收入都比不过一个民工。这主要是由于外包方和接包方对于 IT 项目的计价方式并没有统一的标准，由此导致外包方和接包方在 IT 项目外包的价格上面各执一词，甚至往往导致项目谈判最终破裂。这个问题反映在现实外包中，就是 IT 项目的外包方和接包方在价格上往往存在很大的差距。

从经济学的角度出发，商品的价格始终取决于商品价值，商品价值又取决于生产这种商品所需的社会必要劳动时间。一般来说，有形的物质产品采用这样的定价方式，这样的定价方式也适用于无形的软件产品。同时，IT 项目外包也有统一的计价标准，即外包费用 = 每位程序员每天的工资 × 项目所需要的工期（天数）× 人数。这里每位程序员的工资取决于当地程序员的工资水平，比如在北京，一般程序员的工资是 11 000 元/月。IT 项目的工期，是在正常条件下，按照每天工作八小时来估算，这个项目所需的平均工作时间。这里需要注意的是，有些兼职人员通常只能在业余时间来做项目，这就导致项目工期很长，可是在真正计算工期的时候，是以平均的社会必要劳动时间作为标准的，所以只能按照在正常条件下每天工作八小时需要的时间为标准来计算工期。关于人员数量，因为很多 IT 项目并不是一个人的力量就可以完成的，如果要做一个网站项目，就需要有前台设计师、后台程序员和美工相互配合完成，所以做这种网站项目至少需要 3 人。如果要做一个软件项目，要求设计方在 1 个月以内完成该项目，工作地点在北京，人数是 4 人，则这个项目的费用就是 44 000 元，所以 4.4 万元就是这个项目的合理定价。

在实际外包时，应该在需求确定之后确定外包的价格。首先需要双方坐在一起谈需求，当然，客户此时应该把己方的要求全部提出来，而接包方要据此确定完成项目所需要的人数和工期，然后再套用之前的公式就可以比较准确地得出外包费用。接包方应该给客户详细解释计算出来的价格，如果双方对此还有争议则可以进一步讨论。通过这样的方式制订出来的价格会使得双方都满意，最终有利于项目的顺利实施。

当然，供求关系也会在现实的软件外包过程中影响实际的价格。因为虽然商品的价值取决于商品的价格，但由于供求关系的影响，商品的价格也会绕着价值出现上下波动。一般情况下，外包方在发布项目的时候，会选择那些软件外包公司相对较为集中的网站，因为这些网站的软件外包公司会相对较多，在项目发布以后，一方面能够尽快得到回复，这样有利于尽快找到项目的接包方；另一方面是因为存在众多竞争者，外包方可以货比三家，然后选择一个相对较低的价格来外包项目。当然对于双方来说，也要尽可能地避免恶性竞争，以防止破坏外包市场正常的价格秩序。

总而言之，虽然在定价方面，这种特殊的商品与有形的商品相比要相对复杂一些，但是只要能够掌握统一的定价标准，仍然能够得到一个相对较为准确的报价。只要双方可以坐在一起进行一次认真的计算，就能够得出一个让彼此都满意的价格，只有通过这样的方式，才能达成外包的意向。另外，只有当双方根据统一的计价标准议价并且遵循公平交易的原则时，外包市场才能不断发展壮大。

2. IT 项目合同价款

招标 IT 项目的合同价款由当事人双方按照中标价格在协议书内做出约定。非招标 IT 项目的合同价款由当事人双方按照工程预算书在协议书中做出约定。发包和承包双方中任何一方不得在合同价款约定以后擅自进行更改。双方可以在专用条款内约定采用以下三种方式来确定合同价款：

（1）固定价格合同。当事人双方在专用条款中约定合同价款并且后期不再进行调整的合同类型。

（2）可调价格合同。当事人双方在专用条款中约定合同价款并且后期可以根据实际情况进行调整的合同类型。

（3）成本加酬金合同。工程施工的最终合同价款将根据工程的实际成本再加上一定的酬金进行计算的合同类型。

在 IT 项目实施过程中，承发包双方在项目合同中约定的合同价款会随着一些事件或因素的产生而发生变动。此时，就会出现调整合同价款的情况。一般情况下，合同价款调整的范围可以分为以下几种。

（1）根据综合单价来进行结算。在这种情况下，IT 项目的单价是以合同的形式按照综合单价来计算的，无论市场价格涨跌都不能对价格进行调整。

（2）工作量可以按照 IT 项目完成图进行调整。如果是合同中约定的工作量，则可以按照实际完成图所显示的工作量来进行适当的调整。

（3）措施项目费要按照部分合同包干的形式进行结算。无论实际情况有何变化，在结算的时候都不可以对价格与工作量进行调整。

8.1.3 工作量确认

1. 工作量的影响因素

1）软件类 IT 项目规模

对软件类 IT 项目工作量影响最大的因素是软件类 IT 项目的规模，主要原因是软件类 IT 项目的规模容易发生变化。某普通业务系统 IT 项目规模变化范围在 25 000 代码行到 1 000 000代码行之间，其工作量增长情况如图 8－1 所示。

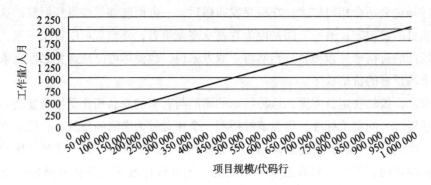

图 8－1 某普通业务系统项目规模与工作量之间的关系

在图 8－1 中，用代码行表示规模，但无论使用功能点、需求数量、Web 页面数，还是使用其他任何度量方法来表示同样的规模范围，它们的变化特性都是一样的。图中的特定数值只对普通的业务系统项目有意义，其变化特性普遍适用于各种类型的软件项目。具有 1 000 000代码行的 IT 项目所需工作量远超过只有 100 000 代码行的 IT 项目所需工作量。

由于存在规模不经济现象，因此软件类 IT 项目规模越大，协调与沟通工作量越多，随着 IT 项目规模的扩大，人与人之间沟通路径的数目会随着 IT 项目中人员数量的平方增加（沟通路径的实际数目是 $n \times (n-1)/2$，n 表示人员数量）。由于沟通路径按照指数方式增长，因此随着 IT 项目规模的增长，IT 项目中的工作量呈指数增长。

2）软件类 IT 项目的类型

软件类 IT 项目类型对其工作量的影响程度仅次于 IT 项目规模，也就是说 IT 项目类型是对 IT 项目工作量产生影响的第二大因素。不同类型 IT 项目的生产率（代码行/人月）如表 8－1所示。

表 8－1 不同类型 IT 项目的生产率   单位：代码行/人月

软件类 IT 项目的类型	10 000 代码行的项目 最低值~最高值 （典型值）	100 000 代码行的项目 最低值~最高值 （典型值）	250 000 代码行的项目 最低值~最高值 （典型值）
航空电子 IT 项目	100~1 000（200）	20~300（50）	20~200（40）
应用系统 IT 项目	800~18 000（3 000）	200~7 000（600）	100~5 000（500）
命令与控制 IT 项目	200~3 000（500）	50~600（100）	40~500（80）
嵌入式系统 IT 项目	100~2 000（300）	30~500（70）	20~400（60）
公众因特网系统 IT 项目	600~10 000（1500）	100~2 000（300）	100~1 500（200）

软件类 IT 项目的类型	10 000 代码行的项目 最低值~最高值 （典型值）	100 000 代码行的项目 最低值~最高值 （典型值）	250 000 代码行的项目 最低值~最高值 （典型值）
内部因特网系统 IT 项目	1 500 ~ 18 000（4 000）	300 ~ 7 000（800）	200 ~ 5 000（600）
微代码 IT 项目	100 ~ 800（200）	20 ~ 200（40）	20 ~ 100（30）
过程控制 IT 项目	500 ~ 5 000（1 000）	100 ~ 1 000（300）	80 ~ 900（200）
实时系统 IT 项目	100 ~ 1 500（200）	20 ~ 300（50）	20 ~ 300（40）
科学系统/工程研究 IT 项目	500 ~ 7 500（1 000）	100 ~ 1 500（300）	80 ~ 1 000（200）
套装软件 IT 项目	400 ~ 5 000（1 000）	100 ~ 1 000（200）	70 ~ 800（200）
系统软件/驱动程序 IT 项目	200 ~ 5 000（600）	50 ~ 1 000（100）	40 ~ 800（90）
电信软件 IT 项目	200 ~ 3 000（600）	50 ~ 600（100）	40 ~ 500（90）

从表 8 - 1 中可以看到，不同类型的软件类 IT 项目在同一规模下的生产率（代码行/人月）存在巨大差异。内部因特网系统 IT 项目和应用系统 IT 项目的生产率最高，航空电子 IT 项目、嵌入式系统 IT 项目、微代码 IT 项目、实时系统 IT 项目等生产率最低，最高生产率和最低生产率之间相差 10 ~ 20 倍。同时，表中数据体现了规模不经济性，在 10 000 代码行、100 000 代码行和 250 000 代码行三种规模中，10 000 代码行规模 IT 项目的生产率最高，250 000代码行 IT 项目的生产率最低，即 IT 项目规模越大，其生产率越低。按照典型值计算，具有 250 000 代码行的 IT 项目生产率仅为具有 10 000 代码行的 IT 项目生产率的 1/5 左右。

3）人力资源

人力资源因素对软件类 IT 项目的实施结果将产生显著的影响。人力资源的因素包括程序员的能力、需求分析师的能力、人员持续性、应用（业务领域）经验、使用编程语言和开发工具的经验、对平台的经验、团队凝聚力等子因素，它们对工作量的影响程度如表 8 - 2 所示。

表 8 - 2 人力资源各子因素对工作量的影响程度

序号	子因素名称	在不同情况下工作量变化幅度/%		
		在最好情况下工作量 减少幅度/%	在一般情况下工作量 变化幅度/%	在最差情况下工作量 增加幅度/%
1	程序员的能力	- 24	0	34
2	需求分析师的能力	- 29	0	42
3	人员持续性	- 19	0	29
4	应用（业务领域）经验	- 19	0	22
5	使用编程语言和开发 工具的经验	- 16	0	20
6	对平台的经验	- 15	0	19
7	团队凝聚力	- 14	0	11

表 8 - 2 人力资源各个子因素对于工作量的影响程度有比较大的差异，其中需求分析师

的能力的影响最大，团队凝聚力的影响最小。以需求分析师的能力为例，对于同一软件类 IT 项目，能力最差的需求分析师所需的工作量将比一般情况增加 42%，而能力最好的需求分析师所需的工作量则比一般情况减少 29%。自 20 世纪 60 年代以来，大量研究都验证了来自 Cocomo II 模型的这些因素的影响幅度，它们显示出个人和团队的表现存在 10 ~ 20 倍的差距。

根据 Cocomo II，在具有 10 000 代码行规模的 IT 项目中，人力资源因素的组合效果对 IT 项目工作量的影响程度达到 22 倍。以表 8 - 2 中数据为例，人力资源各子因素都处于最差情况所需要的工作量是所有子因素都处于最好情况所需要工作量的 22 倍。

由此可见，只有全面、准确地掌握人力资源各子因素的具体情况，才能将人力资源因素对软件类 IT 项目工作量的影响降到最低，否则软件类 IT 项目的工作量误差可以达到 10 倍以上。对于投资估算、设计概算、设计预算、项目管理预算、标底等估价文件，需要确定人力资源各子因素的社会平均水平。对于报价等估价文件，则需要确定个别承包人人力资源的水平。但是在实际工作中，在任何一个特定的开发组织中的估算是不需要考虑人员间那么大差异的，因为最好的开发人员和最差的开发人员都喜欢跳槽到那些雇员水平和他们相当的组织中。

4）技术水平

技术水平是影响软件类 IT 项目工作量（代码行数）的关键因素，并且技术水平对不同类型软件 IT 项目工作量（代码行数）的影响程度存在较大的差异。技术水平对不同类型的 IT 项目工作量（代码行数）的影响程度如表 8 - 3 所示。

表 8 - 3 技术水平对不同类型的 IT 项目工作量（代码行数）的影响程度

项目名称	技术水平	代码行数/行						平均增加幅度/%
		10 000	50 000	100 000	150 000	200 000	250 000	
		工作量/人月						
系统软件及驱动程序软件类 IT 项目	社会平均水平	170	3 000	8 500	15 000	20 000	28 000	
	工作量增加 1 个标准偏差时的工作量	400	7000	20 000	34 000	49 000	68 000	
	工作量增加幅度/%	135.29	133.33	135.29	126.67	145.00	142.86	136.41
电信软件类 IT 项目	社会平均水平	160	3 000	8 000	13 000	19 000	25 000	
	工作量增加 1 个标准偏差时的工作量	400	7 000	18 000	31 000	45 000	62 000	
	工作量增加百分比/%	150.00	133.33	125.00	138.46	136.84	148.0	138.61
科学项目及工程研究软件类 IT 项目	社会平均水平	70	1 500	4 000	6 700	9 600	12 000	
	工作量增加 1 个标准偏差时的工作量	200	3 500	10 000	17 000	24 000	33 000	
	工作量增加百分比/%	185.71	133.33	150.00	153.73	150.00	175.00	157.96
实时软件类 IT 项目	社会平均水平	30	700	2 000	3 100	4 500	6 200	
	工作量增加 1 个标准偏差时的工作量	120	1 000	4 500	8 000	12 000	16 000	
	工作量增加百分比/%	300.00	42.86	125.00	158.06	166.67	158.06	158.44

项目名称	技术水平	代码行数/行						平均增加幅度/%
		10 000	50 000	100 000	150 000	200 000	250 000	
		工作量/人月						
嵌入式系统软件类 IT 项目	社会平均水平	34	600	1 600	2 500	3 500	4 500	
	工作量增加 1 个标准偏差时的工作量	100	1 500	4 000	7 000	9 000	12 000	
	工作量增加百分比/%	194.12	150.00	150.00	180.00	157.14	166.67	166.32
公众互联网软件类 IT 项目	社会平均水平	55	1 200	3 300	5 300	7 600	10 000	
	工作量增加 1 个标准偏差时的工作量	200	3 100	8 700	13 000	19 000	25 000	
	工作量增加百分比/%	263.64	158.33	163.64	145.28	150.00	150.00	171.82
套装软件类 IT 项目	社会平均水平	70	1 800	4 000	8 000	13 000	15 000	
	工作量增加 1 个标准偏差时的工作量	270	4 000	11 500	18 000	26 000	35 000	
	工作量增加百分比/%	285.71	122.22	277.50	125.00	100.00	133.33	173.96
业务系统软件类 IT 项目	社会平均水平	30	600	1 800	2 800	4 400	6 600	
	工作量增加 1 个标准偏差时的工作量	100	2 200	6 100	11 000	16 000	20 000	
	工作量增加百分比/%	233.33	266.67	238.89	292.86	263.64	203.03	249.74
内部互联网软件类 IT 项目	社会平均水平	25	1 600	5 000	13 000	18 000	28 000	
	工作量增加 1 个标准偏差时的工作量	120	5300	20 000	38 000	60 000	90 000	
	工作量增加百分比/%	380.00	231.25	300.00	192.31	233.33	221.43	259.72

（1）技术水平是影响软件类 IT 项目工作量的关键性因素。当工作量增加 1 个标准偏差时，软件类 IT 项目工作量平均增加 179.22%，其中，系统软件及驱动程序软件类 IT 项目、电信软件类 IT 项目、科学项目及工程研究软件类 IT 项目、实时软件类 IT 项目、嵌入式系统软件类 IT 项目、公众互联网软件类 IT 项目、套装软件类 IT 项目、业务系统软件类 IT 项目和内部互联网软件类 IT 项目等不同类型 IT 项目所需要的工作量分别增加 136.41%、138.61%、157.96%、158.44%、166.32%、171.82%、173.96%、249.74% 和 259.72%。

（2）技术水平对于不同类型的 IT 项目的影响程度差异很大。相对而言，技术水平对内部互联网软件类 IT 项目工作量的影响最大，达到 259.72%，即工作量增加 1 个标准偏差时，工作量增加 259.72%。技术水平对系统软件及驱动程序软件类 IT 项目工作量的影响最小，为 136.41%，即工作量增加 1 个标准偏差时，工作量增加 136.41%。

由此可见，当采用基于工作量的方法对软件类 IT 项目进行估价时，需要准确地确定技术水平（生产率水平），否则，技术水平的微小误差都将对软件类 IT 项目的估价精度产生较大的影响。另外，为了降低软件类 IT 项目的费用，提高技术水平是降低软件类 IT 项目费用的最为有效的途径。

5）编程语言

项目使用的特定编程语言至少会从以下 4 个方面影响到估算结果。

（1）在表 8-2 中，项目团队使用开发工具和特定编程语言的经验对项目总体的生产率大约会产生 40% 的影响。

（2）一些编程语言的代码行能够比其他语言实现更多的功能，部分高级语言与完成相同功能的 C 语言语句数量相比的结果如表 8-4 所示。

表 8-4　部分高级语言与完成相同功能的 C 语言语句数量之比

语言	与 C 语言的数量比	语言	与 C 语言的数量比
C	1:1	宏汇编	2:1
C#	1:2.5	Perl	1:6
C++	1:2.5	Smalltalk	1:6
Cobol	1:1.5	SQL	1:10
Fortran 95	1:2	Visual Basic	1:4.5
Java	1:2.5		

如果对要使用的编程语言无法进行选择，编程语言对估算就没有什么影响。但是如果在选择编程语言时有一定的余地，就应该注意到如果使用诸如 Java、C#或者 Visual Basic 等编程语言，可能会比使用 C、Cobol 或宏汇编具有更高的生产率。

（3）与编程语言有关的第三个影响因素是与该语言有关的支持工具和开发环境是否丰富。根据 Cocomo Ⅱ，与使用最强大的开发工具集和环境相比，使用最差的工具集和环境会让项目总工作量增加大约 50%。

（4）与编程语言有关的最后一个影响因素是使用解释型语言进行开发，人员的生产率往往比那些使用编译型语言的开发人员的生产率更高，前者可能会达到后者的 2 倍。

2. 基于 WBS 的工作量估价法

基于 WBS 的工作量估价法是指利用 WBS 的方法，首先将抽象的任务用工作包的形式进行详细划分，直到每一层工作包能够得到具体的确认为止，比如某一功能点、某一活动单元、某种设备等。然后把每一个工作包的工作量估算出来，最后以此为基础对成本进行估算。采用这种方法的先决步骤或者前提条件如下。

（1）比较完整的限定 IT 项目的需求。

（2）按照功能特点及开发过程将 IT 项目工作分成几个层次和部分，与此同时，把过去已经完成的项目和待开发的项目进行类比，从每一个子任务中区分出类似的及新的部分。类似的部分主要是指在开发过程中之前类似的功能模块、管理工作和开发内容等，对此可以参考已完成的项目工作量来进行估算。对于新的部分需要尽量对工作进行细化，然后具体分配给个人，由负责人描述并且给出开发工作量的承诺。

（3）软件开发的部分可以详细划分为数据库设计、体系结构设计、设计编码及单元测试等。然后再通过对每一个部分进行详细划分来估算工作量。这可以依据某些标准模块或者构件进行估算，将各个组件详细划分为许多的部分，并且按照某些标准对每一个部分进行估算，最后把各部分估算的工作量进行加总，得到的就是软件开发部分的工作量。其中，对于工作量估算有困难的部分可以依据需求分析的要求，由相关的开发人员对工作量进行估算。

编制 WBS 表最简单的方法是利用箭头图，将箭头图上的各项活动都作为一项工作任务，然后再对分工作任务进行描绘。当进度表及 WBS 表完成之后，就可以对成本进行估算了。对于大型项目，最后应以下述的报告形式表述成本估算的结果。

（1）对于每一个 WBS 要素详细费用的估算。需要有项目和整个计划的累积报表及各项分任务、分工作的费用汇总表。

（2）每个部门的计划工时曲线。在部门工时曲线包含"谷"和"峰"的时候，应该考虑适当改变进度表来实现工时的均衡性。

8.1.4　预付款与进度款支付

1. 预付款支付

预付款是一种支付手段，而给付预付款是一种履行主债的行为。预付款的作用是帮助一方当事人解决周转资金困难的问题，作为合同履行的诚意，使对方能够更有条件适当履行合同。

预付款主要有如下几个特点：预付款的数额没有限制；当事人对于预付款的约定，具有诺成性，不以实际交付作为生效要件；预付款是先付的一部分价款，其实质仍属于清偿；预付款并没有双向或者单向担保的效力，在因为当事人不履行合同致使合同解除的时候，应当返还预付款。各方的违约责任是通过合同约定的其他条款来确定的，如果没有约定违约责任的，一般不需要承担违约责任。

预付款不能证明合同成立，也没有担保债的履行的作用。预付款既能一次性支付，也能分期支付。如果收受预付款一方违约，则只需要将所收款项返还，并不需要双倍返还。预付款在合同正常履行的情况下，成为价款的一部分，在合同没有得到履行的情况下，不管是给付一方当事人违约，还是接受方违约，预付款都要原数返回。

如果实行 IT 项目预付款，双方应当在专用条款内对发包人向承包人支付预付款的数额和时间做出约定，按约定的比例和时间逐次扣回。预付时间不应迟于约定的项目启动日期 7 天。如果发包人不按照约定预付，承包人在约定预付时间 7 天后可以向发包人发出要求预付的通知。如果发包人收到通知后仍不能按照要求预付，承包人可以在发出通知后 7 天停止项目的实施，发包人应当从约定应付之日起向承包人支付应付款的贷款利息，并承担违约责任。

2. 进度款支付

1）工作量计量

在工作量清单中列出的工作量，仅仅是双方在签订合同时对相应时间段内的 IT 项目工作量的估算，并不是实际完成的工作量，所以并不可以作为承包人完成合同所规定的工作量的结算凭证。在支付 IT 项目进度款之前，需要对承包人实际所完成的工作量进行测量，以实际完成的工作量作为进度款的支付依据。

2）承包人提供报表

承包人应该按照 IT 工程师所规定的格式提交支付报表，主要包括以下几点：

（1）本阶段中承包人完成的工作量清单中 IT 项目和其他项目的应付款项（包括变更）；

（2）法律法规变化所造成的调整，应当减少或增加的应付款项；

（3）作为保留金而扣减的款额；

（4）预付款的支付（分期支付的预付款）及扣还应减扣和增加的任何款额；

（5）承包人用于采购的设备和材料应预付和扣减的款额；

（6）依据合同或其他的规定（包括索赔、争端裁决和仲裁），应付的其他应扣减和增加的款额；

（7）所有以前的支付证书中证明的款额的减少或扣除（对已付款支付证书的修正）。

3）工程师签证

在接到报表以后，工程师对承包人所完成的项目质量、规模和各项价款的计算进行核查。当产生疑问的时候，可以要求承包人一起进行复核。在收到支付报表后的 28 天内，根据核查的结果和在总价承包分解表中核实的实际完成情况签发支付证书。工程师可以扣减承包人报表中部分金额或者不签发证书的情况主要有以下几种。

（1）当合同内约定有 IT 工程师签证的最小金额的时候，如果本月应当签发的金额小于签证的最小金额，则工程师不签发月进度款的支付证书。本月的应付款接转下月，等超过最小签证金额后一并进行支付。

（2）如果承包人提供的 IT 项目不符合合同要求，可以扣发修整或者重置相应的费用，直到修整或者重置工作完成以后再进行支付。

（3）如果承包人未能够按合同规定履行义务或者进行工作，并且在工程师已经通知承包人的情况下，就可以扣留这项义务或者工作的价值，直到义务或者工作履行为止。由于进度款支付证书是一种临时的支付证书，工程师有权利对先前已经签发过的证书中错、漏或重复的地方提出更改或者修正，承包人也有权利提出更改或者修正，当双方复核同意后，才能把增加或减的金额纳入本次签证中去。

4）业主支付

在工程师认可承包人的报表并且签发工程进度款的支付证书以后，业主应当在接到证书后及时向承包人付款。业主付款的时间不应超过工程师收到承包人月进度付款申请单后的 56 天。如果发生逾期支付的情况，将要承担延期付款的违约责任，延期付款的利息按照银行贷款利率加 3% 计算。

8.2 IT 项目合同支付类型与支付程序

8.2.1 支付类型

IT 项目合同根据合同款的支付方式可以分为总价合同、单价合同和成本加酬金合同。

1. 总价合同

总价合同是指根据合同规定的有关条件和内容，业主支付给承包人的款额应当是一个规定的数额。这适用于已完成设计详细并且风险较小、工期比较短的 IT 项目。一般来说，总价合同有下列四种形式：调制总价合同、固定总价合同、固定工作量总价合同、管理费总价合同。对业主而言，采用总价计价类型比较简便，评标时易于确定报价最低的承包人。业主按计价类型规定的方式分阶段付款，在 IT 项目实施过程中可以专注于对 IT 项目的质量和进度进行控制。但是在采用该种计价类型方式的时候，应当满足下列 3 个条件：

（1）必须详尽且全面地准备好项目详细的设计及各项说明，使得投标人能够准确地对项目工作量进行计算；

（2）IT 项目的风险较小，技术不是特别复杂，工作量不是特别大，工期也不是特别长，一般在 2 年以内；

（3）应当在计价类型条件允许范围之内，向承包人尽可能地提供各种方便。

总体来说，如果采用总价计价方式，则承包人将承担更多的风险。因此承包人在投标报价时要仔细分析风险因素，考虑一定的风险费。另外，业主在制定招标文件时也应充分考虑承包人承担风险的可能性，只有这样，业主才能选择到合格并具有竞争力的投标人。

2. 单价合同

单价合同是指承包人按照招投标文件中有关于分部分项工程列出来的工作量表来确定各分部分项工程费用的合同。在单价合同中，承包人按招标文件提供的工作项目单价来计算投标价格并且签订合同价格，在项目结束的时候按竣工图中所显示的实际工作量来计算项目总价格。

一般情况下，单价合同适用于那些在准备发包的时候仍然不能确定项目设计指标及项目全部内容的 IT 项目或者那些工作量出入较大的 IT 项目。单价合同的优点包括能够简化招标准备工程、缩短招标的时间，结算程序比较简单等。其适用的范围比较宽，能合理分摊风险，还能鼓励承包人运用提高工作效率等手段来达到节约成本并且提高利润的目的。缺点在于对于复杂工程而言不易结算，很容易引起纠纷或索赔。

单价合同可以分成固定单价合同和可调单价合同。

（1）固定单价合同。它是一种比较常用的合同形式，特别是当设计等建设条件不太确定（计算条件应当明确），以后又需要增加工程内容或者工作量时，合同双方就能够按单价追加合同的内容。当每月（或每阶段）工程结算时，可以根据实际完成的工作量来结算，当工程全部完成时按照竣工图工作量最终结算工程的总价款。

（2）可调单价合同。合同单价可以调整，一般情况下是在工程招标文件中规定的。在合同中约定的单价可以按合同约定的条款进行适当调整。有些工程在招标或签约的时候，因为某些不确定性因素而在合同中暂时地规定某些分部分项工程的单价，在工程进行结算的时候，再依据实际的情况对之前合同中约定的单价作适当调整，确定最终的结算单价。

3. 成本加酬金合同

成本加酬金合同是指最终合同价格按照工程实际成本再加上一定比例的酬金进行计算的合同形式。适用于在合同签订之时不能确定合同的具体价格，而只能确定酬金比例的情况。其中酬金由管费、利润及奖金组成。成本补偿合同一般有以下几种形式：成本加固定费用合同、成本加定比费用合同及成本加奖金合同。

8.2.2　支付程序

IT 项目付款流程很少有一个固定的比例去约束彼此的付款方式，一般是具有弹性的。因为 IT 项目存在许多不确定性因素，从而导致对于不同的 IT 项目，彼此协调的付款方式和开发周期都是不一样的。一般情况下，签定合同后先支付合同额的 40%，系统上线试运行后支付合同额的 50%，IT 项目验收后再支付合同额的 10%。

在项目金额比较小的情况下就不必多次付款，因为这会拖长彼此之间沟通的时间。甲、乙双方应建立相互信任、公平对等的关系才能将项目做好，否则如果前期彼此针对 IT 项目付款流程的问题斤斤计较，则该项目就很难做下去了。

另外一种形式是人才外派，一般情况下，人才外派时间最短也要派半年，只有当公司有闲人时，才会做短期的人才外派。一般来说，人才外派的付款方式是客户方先要观察软件外包公司人才的能力，在没有问题的情况下，才会签合同开工，若是项目时间很短，则采用按月结算的方式，若是项目很长，一般是至少一个季度结一次账。

8.3 IT 项目合同解除

8.3.1 合同解除的概念与条件

1. 合同解除的概念

1）合同解除的定义

合同解除是指在合同有效成立以后，因当事人双方或者一方的意思表示，提前终止合同的法律效力，解除双方的权利义务关系。

2）合同解除的分类

（1）法定解除与约定解除。

法定解除是指合同解除的条件是根据法律进行规定的。

约定解除是通过合同的形式，约定为双方或者其中一方保留解除权的一种行为。保留解除权不仅可以在当事人订立合同的时候约定，而且能在之后通过订立合同来保留解除权。

《中华人民共和国合同法》承认约定解除，约定解除注重当事人的意思表示，所以其本身就有很大的灵活性。对于相对复杂的事物来说，它很好地适应当事人的需要。当事人为了适应复杂多变的市场环境，就有必要把合同条款定得更加灵活并且更具策略性，一般情况下，应当包含保留解除权的条款，从而使自己处于相对主动有利的位置。

（2）单方解除与协议解除。

单方解除是解除权人一方依法行使解除权进而解除合同的一种行为。它仅需解除权人将解除合同的意思表示通知对方，或者经过人民法院或仲裁机构向对方主张就能解除合同，并不需要经过对方当事人同意。

协议解除是双方当事人通过协商然后把合同解除的行为。解除权并不是必然存在的。在中国的法律中，协议解除是合同解除的一种形式，理论解释也没有把协议解除与合同解除当作是完全不同的，而认为协议解除与一般解除具有很多相同的地方。但是也有其特点，比如，解除的条件是当事人双方协商同意，并不因此而损害社会公共利益和国家利益，解除行为应当是当事人的合意行为等。

3）合同解除的特点

（1）解除合同应具备的条件。

合同一旦成立就具备了法律效力，因此当事人双方必须严格遵守合同约定，不得擅自解除或者变更任何合同内容。只有在主客观情况发生变化，并且使得继续履行合同成为不必要或者不可能的时候，才允许解除合同。这是合同解除的必备条件，如果违反这个条件就是违约，违约方要承担违约责任。

（2）解除行为应具备的条件。

解除条件仅仅是合同解除的一个前提。由于中国法律没有采取当然解除主义，所以当合同具备解除条件的时候，并不是合同一定会解除，一般来说，如果想要解除合同，还必须要有解除行为。虽然很多情况下合同解除常常会受到上级主管部门的行政命令的影响，但是仅有行政命令还不能使合同解除的效果发生，只有在满足当事人接受行政命令的条件时，合同解除的效果才会发生，这一点说明了解除行为是当事人的行为。然而，适用于变更原则时的解除是由法院依据实际情况而做出裁决的。解除行为分为以下两类：一是解除权人一方发出解除的意思表示；二是当事人双方协商同意。

（3）合同关系的消灭。

合同关系消灭有两类：一类是使合同关系自始就消灭，也就是在合同成立之时消灭，使其发生和合同没有订立过一样的后果；另一类则是使得合同关系从解除的时候消灭，但是之前的合同关系依然存在。

2. 合同解除条件

1）合同的法定解除

法律规定，有下列情形之一的，当事人可以解除合同。

（1）因不可抗力致使不能实现合同目的。不可抗力致使合同目的不能实现，该合同失去意义，应归于消灭。在此情况下，我国合同法允许当事人通过行使解除权的方式消灭合同关系。

（2）在履行期限届满之前，当事人一方明确表示或者以自己的行为表明不履行主要债务。此即债务人拒绝履行，也称毁约，包括明示毁约和默示毁约。作为合同解除条件，它一是要求债务人有过错；二是拒绝行为违法（无合法理由）；三是有履行能力。

（3）当事人一方迟延履行主要债务，经催告后在合理期限内仍未履行。此即债务人迟延履行。根据合同的性质和当事人的意思表示，履行期限在合同的内容中特别重要时，即使债务人在履行期届满后履行，也不致使合同目的落空。在此情况下，原则上不允许当事人立即解除合同，而应由债权人向债务人发出履行催告，给予一定的履行宽限期。债务人在该履行宽限期届满时仍未履行的，债权人有权解除合同。

（4）当事人一方迟延履行债务或者有其他违约行为致使不能实现合同目的。对某些合同而言，履行期限至为重要，如债务人不按期履行，合同目的即不能实现，于此情形，债权人有权解除合同。其他违约行为致使合同目的不能实现时，也应如此。

（5）法律规定的其他情形。法律针对某些具体合同规定了法定解除条件的，从其规定。

2）合同协议解除

合同协议解除的必要条件是双方当事人协商一致以解除原来的合同关系。其实就是在原合同当事人双方之间重新订立了一个合同，其目的主要是废除双方原先的合同关系。

协议解除应当采取合同的方式，所以必须具有合同生效的要件，也就是当事人的意思表示真实，具备相应的行为能力，内容要与国家法律法规和社会公共利益一致并采取适当的形式。

8.3.2 合同解除的程序

1. 单方解除

单方解除是指享有合同解除权的一方通过行使解除权来解除合同。单方解除只需解除权人一方的意思表示就可以使解除合同的法律效果发生。但是解除权的行使并不是一点限制都没有的，合同法对解除权的行使方式和行使期限都作出了明确的规定。

《中华人民共和国合同法》第九十五条对于解除权的行使期限有如下规定："法律规定或当事人约定解除权行使期限，期限届满当事人不行使的，该权利消灭。法律没有规定或者当事人未约定解除权行使期限，经对方催告后在合理期限内不行使的，该权利消灭。"

《中华人民共和国合同法》第九十六条对于解除权的行使规定："当事人一方主张解除合同的，应当通知对方。合同自通知到达对方时解除。对方有异议的，可以请求人民法院或仲裁机构确认解除合同的效力。法律、行政法规规定解除合同应当办理批准、登记等手续的，依照其规定。"

2. 协议解除

协议解除是当事人双方通过协商一致，把合同解除的过程。它的特点是：合同的最终解除是当事人双方意思表示一致的结果，而并不是基于当事人一方的意思表示，也就是用一个新的合同来解除原来的合同。在单方解除中，在解除权人愿意使用这种程序的情况下，法律应当充分允许并且加以提倡。

由于协议解除采用合同的形式，所以要约、承诺是使得合同解除的必要条件。其中的要约是指解除合同的要约，其主要内容是使得已经确立的合同关系消灭，甚至还包括责任如何分担，已经履行的部分是否返还等问题。其必须是在已经存在的合同消灭以前向合同对方当事人发出。这里所说的承诺是指解除合同的承诺。针对协议解除是否一定要经过法院或者仲裁机构的裁决的问题，我国法律尚未作出明确的要求，要么经过法院或者仲裁机构的裁决，要么直接由当事人双方协议解除原先订立的合同。

当采取协议解除的时候，有两种情况能够使解除的效力发生：第一种是当合同解除需要有关部门批准的时候，合同解除的时间就是有关部门批准解除的时间；第二种是当合同解除不需要有关部门批准的时候，合同解除的时间就是当事人双方协商一致的时间，或者是通过当事人双方协商一致所确定的解除生效的时间。

3. 行使解除权

行使解除权的前提是当事人拥有解除权。解除权是指当事人能够使得合同解除的权利。解除权按照性质来讲不需要对方当事人的同意，仅仅需要解除权人一方的意思表示。如果解除权人想要解除合同，则需要通知对方当事人，合同从通知到达对方的时候解除。如果对方当事人对此存在异议，可以请求仲裁机构或者人民法院确定合同的效力。法律和行政法规定如果解除合同需要办理批准和登记等手续的，依照其规定。

在当事人一方违约和约定解除或者不可抗力致使合同不能履行等情况下，可以行使解除权。在因为不可抗力导致合同不能履行的情况下，当事人双方共同享有解除权。在因为当事人一方违约的情况下，守约方单独享有解除权。而在约定解除的情况下，合同指定的当事人享有解除权，既可以是双方当事人共同享有，也可以是一方当事人单独享有。

解除权对于权利人来说是一种利益。只要对国家的利益及社会公共利益没有损害并且没有损害对方当事人的合法权益，不管解除权是否会被解除权人推迟取得或者舍弃，这种行为都应当被允许。因此，行使解除权的自主性主要表现在解除权人能够在请求继续履行和合同解除之间选择，在特定期间的任何时刻都可以行使解除权，可以采用与对方协商的方式等。

行使解除权也是有限制的。当事人双方约定或者有法律规定解除权行使期限，期限届满而当事人不行使的，则该权利自动消灭。当事人并未约定或者法律没有规定解除权的行使期限，在合理期限内经对方催告后仍然不行使的，则该权利自动消灭。

中国应当大力提倡采用双方协商的形式来行使解除权，原因有以下三点：第一，合同解除会使双方当事人在物质利益方面此消彼长。因此，双方当事人要对合同解除及由此而产生的责任分担、财产返还等达成协议是不容易的。可是，当事人的物质利益是以根本利益一致为前提的，双方并没有不可调和的冲突。如果合同解除是出于维护国家的利益的考虑，那么双方当事人最好通过协商把合同解除。第二，协商的过程是当事人搞清楚事情原委及责任如何进行分配的过程。在这个过程中，既能够解决法律后果问题，又能够解决思想认识问题，有利于解决纠纷，减少诉讼。第三，提倡协商的方式与民事诉讼法的调解原则相符合，使程序法和实体法的规定更加统一。

双方协商的方式并不会使得解除权丧失。其实，正是因为解除权的存在及其作用的发挥，才大大增加了协商一致来解除合同的可能性。无解除权的当事人会同意解除权人的意见，其原因在于，在很大程度上，即使不同意，解除权人也仍然会按照自己的意思表示把合同解除，并且按照合同约定或者法律规定发生一定的法律效果。

4. 法院裁决

法院裁决是指在适用情事变更原则解除合同的情况下，由法院来裁决将合同解除。因为当适用情事变更原则来解除合同的时候，当事人并没有解除行为，只是由法院按照情事变更原则的法律要件及案件的具体情况加以裁决。所以，对于这类合同的解除只能利用法院裁决的程序。

8.3.3　合同解除的效力

1. 一般规定

《中华人民共和国合同法》第九十七条规定："合同解除后，尚未履行的，终止履行；已经履行的，根据履行情况和合同性质，当事人可以请求恢复原状或者采取其他补救措施，并有权要求赔偿损失。"该规定明确合同解除的效力有以下两个方面：第一个方面是向将来发生效力，也就是终止履行；第二个方面是合同的解除会产生溯及力。有学者认为，继续性合同的解除没有溯及力，而非继续性合同的解除是有溯及力的。

2. 损害赔偿

《中华人民共和国合同法》第九十七条和《中华人民共和国民法通则》都规定，合同解除及损害赔偿能够同时存在。但对损害赔偿的范围，两者有不同观点。一个认为，无过错方可以对其遭受的任何损害请求赔偿，包括债务不履行时的损害赔偿和由于恢复原状而发生的损害赔偿；而另一个则认为，对于损害赔偿范围的确定应当作具体分析，在很多时候，合同解除与损害赔偿是相互排斥的，选择了其中之一就能充分地保护当事人的利益，因此不必同时采取两种方式。

3. 核心问题

对承包人而言，在合同解除以后，核心的问题是已完工程的 IT 项目结算。

（1）如果已经完成部分的 IT 项目质量是合格的，则发包人应当根据合同约定，支付相应的价款。

（2）如果已经完成部分的 IT 项目质量是不合格的，则要按照下列情形分别进行处理：

修复后的 IT 项目经过验收合格的，仍然应该按照合同约定进行已完项目工程款的支付，但是发包人要求承包人来承担修复费用的应当给予支持；若修复以后，经过验收仍然达不到要求，承包人要求支付价款时，不应给予支持。

这样的规定主要是结合实际，适用《中华人民共和国合同法》第九十七条关于合同解除后的法律规定及第二百六十二条关于规定比照承揽合同，由违约方来承担减少报酬的法定违约责任。除此以外，结合有关无效合同的认定及合同无效以后工程款结算的规定可以得出，处理工程合同纠纷的工程质量优先于合同效力的精神，也就是无论合同是否被解除或是否有效，只要工程质量是合格的就应当支付该工程款。承包人在承建工程的时候，只有保证了工程质量合格才能够保证自己的权益，如果工程质量不合格，经修复后，验收仍然不合格的，则承包人不但不能向发包人要求支付工程款，而且还要赔偿发包人的损失。

8.4 案 例

1. 项目背景

针对 A 省的某 IT 项目计量支付过程，通过研究成功设计开发了一套基于 . Net 平台 B/S 模式的计量支付管理系统，从而可以全方位地管理 IT 项目建设和运营等多个方面的计量支付。IT 项目的设计实施是一项工序复杂、工作量巨大的系统工程。计量支付就是其中的一项尤为重要的工作，关系到开发方与用户两者间的人员往来和资金流动。众多业内人士较为关心的是费用控制是否取得了预期的效果。多年来，IT 项目的发展建设非常迅速，也花费了大量资金，从预付款开始到后续的各个阶段都要进行分期支付，投资体现在每一个具体的环节。借助目前最先进的浏览器技术，可以使 IT 项目的工程计量支付水平提高到一个新的层次。主要是通过研发一套基于 B/S 模式的工程计量支付 Web 应用系统，对决策、开始施工、竣工和完工验收的全过程进行系统化、科学化和智能化的管理，合理使用资金可以确保成功地完成计量支付，可以保证工程项目质量，准确有效地实施项目进度，控制各项要求，从而可以保证 IT 项目工作顺利开展不受阻碍。

2. 计量支付主要业务流程

计量支付流程如图 8 - 2 所示。

本系统的审核流程管理主要是根据用户角色定义业务流程过程中角色处理事务的顺序时间。专门对审核流程研究开发一个通用的签字审核组件，对于系统不同的业务流程仅仅需要一个配置业务角色参与到顺序流程和中转顺序流程中就可以进行全面审核了。这样做不仅提高了系统的开发效率，而且也提高了系统的扩展性。

在流程审核组件中，流程进入审核前一定要对用户进行身份验证，检查用户是否具有权限，有权限才能进入系统中。流程审核组件实现的三个主要功能有：验证用户、检查状态和获取信息。这一部分的具体设计流程包括以下内容：首先要验证用户的身份。如果是合法的用户，则具有相应权限的用户进行三种不同的操作，分别是审核流程的创建、审核流程的执行及审核流程的终止。针对合法的执行用户还会检查进程状态并得到工作信息通知，该用户还能进入审核流程页面继续执行自己的操作，系统会根据用户实际操作选择触发相应的处理事件，这时系统自动检查更新审核流程任务运行状态，通知下一步骤的任务处理人。如果有异常则可以通过系统异常管理机制向管理员发出通知。该组件同时也支持事务处理能力，一

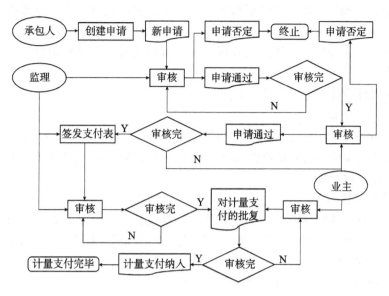

图 8-2　IT 项目计量支付流程图

且运行成功则可以向系统正式提交，否则系统将会自动返回到开始时没有执行的状态。这样做才能使审核流程数据的完整性和一致性得到保证。系统异常管理机制主要是由启动异常处理模块来解决，然后将异常的内容和消息再进一步提交到系统日志，从而方便系统管理员在以后的日子里更容易地获取处理这些异常的方法。

如图 8-3 所示，验证完毕系统用户的身份后，系统就会根据先前的审核流程运行状态来为其分配合适的操作权限，权限分配之后就可以进入相应的步骤开始运行，紧接着再根据用户的操作调用。

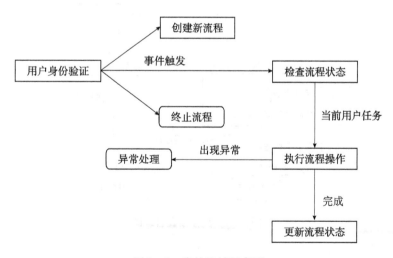

图 8-3　审核流转示意图

（1）如果同意操作，系统就会自动更新流程状态开始进入下一个步骤，同时还会告知相关人员进行处理。

（2）如果驳回操作，系统则会根据先前定义好的驳回规则将流程状态撤回，同时也会告知相关人员进行处理。

（3）如果不同意操作，系统则会立即终止该流程的操作。这样做就完成了一个审批工作流转的功能。

流程审核组件设计包含以下几个方面。

（1）流程定义的审核。

依照审核流程参与的角色选择合适的顺序开始向系统定义并且录入审核任务流程的相关信息、流程定义的步骤和具体的操作规则，最终系统会将这部分定义存储在相应的数据库中以便后期检查和再次利用。

（2）控件的审核。

利用 ASP.Net 提供的用户自定义控件进行控件设计，主要是负责审核流程步骤的参与角色信息，并进行审核管理等工作。重要的功能一般有填写审核意见、签字确认审核然后推进审核流程的正常运行。除此之外还有是否同意签发设定的审核流程任务、是否驳回审核流程的初始任务和是否要终止审核流程任务等一系列功能。

（3）数据交互和访问的实现。

数据交互包括用户接口和内部接口这两项工作。其中用户接口负责审核流程组件流程数据与用户的交互工作，用户接口需要满足验证审核流程中客户身份的功能，因为特定的用户角色在特定的审核流程任务中具有与之相匹配的权限；内部接口则主要是负责流程数据与审核流程组件的交互工作，对特定操作触发事件进行必要的流程数据处理，而审核流程的操作通常遵照事先制定好的规则来运作是为了确保工作流数据的完整性、正确性和一致性。数据访问管理一般情况下还会提供读取和处理审核流程数据的功能，基本上可以实现业务流程审核的各种需要，流程设置管理如图 8-4 所示。

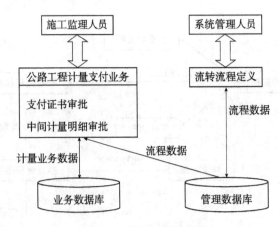

图 8-4　流程设置管理图

3. 小结

工程计量支付的一般业务主要包括工程进度款和预付款的计量支付、计量支付的审核、工程完工决算和结算款的支付和扣回、审查工程计量的资料、中期工程进度款的审查和支付、材料机械设备预付款的支付和扣回、计日工和暂列金额的计量支付、工程变更费用与索赔的支付及监理费用的支付等。本案例着重讨论了与该项目的计量支付有关的业务流程，给出了计量支付流程设计和流程审核组件设计，同时还具体描述了工程台账及其编制的办法。在描述计量支付系统建设目标的基础之上，给出了具体的系统总体架构，并且还具体描述了开发实施环境及需要使用的各种工具。

第 *9* 章

IT 项目合同变更与索赔

9.1 IT 项目合同变更

9.1.1 合同变更内容

1. 变更的含义

变更是指由于一定法律事实的出现而改变合同状态（包括合同内容、结构和表现形式等）的法律行为，即变更是指 IT 项目合同文件的任何部分的改变，包括形式、时间、质量、数量等的变化。IT 项目会受各种外界因素的影响，项目情况也比较复杂，在合同实施过程中不可避免地会发生变更，包括设计变更、材料代用、材料价格的变化、经济政策的变化、实施条件的变化及其他不可预见的变化等。

2. 变更起因

IT 项目往往需要反复地调试，项目经理就需要与客户反复地沟通、协商，一个较为复杂的 IT 工程合同，实施中的变更可能有几百项，这是 IT 行业的特点。正是由于 IT 项目合同内容频繁变更的特点，我们从以下几个方面来理解合同变更的原因。

（1）由于设计的错误，必须对设计图纸做修改。这可能是因为项目经理、监理工程师或承包人在项目开始之前，没有进行充分的沟通，没能很好地理解 IT 工程的意图。

（2）IT 工程环境的变化会使得原先的 IT 项目条件不准确，从而要求实施方案或计划变更。

（3）IT 行业的发展速度较其他行业更为迅速，新的技术和知识层出不穷，在必要的时候需要改变原设计、实施方案或实施计划。

（4）在合同实施的过程中，IT 合同相关当事人之间就 IT 合同的目标或者相关条款出现异议，从而进行适当调整。

（5）IT 合同中相关当事人出现倒闭等重大变化也会导致合同变更。

3. 变更内容

在 IT 合同的范围内，变更只能是合同状态的变化。因此，为便于约定合同双方的权利义务关系、处理合同状态的变化，对于具体的 IT 项目合同，我们从以下几个方面理解其需要变更内容的规定。

（1）IT 合同中出现某一项工作内容或某几项工作内容的增加或者减少。

（2）IT 合同中关键项目的工作量与专用合同条款规定相比所超出的百分比（通常情况

下，该百分比取 15% ～ 25%，视具体 IT 项目而定）调整。

（3）取消合同中任何一项工作。合同中任何一项工作被取消，由监理人发布变更指示，按变更处理。但被取消的工作不能转由业主实施，也不能由业主雇用其他承包人实施。

（4）IT 合同中的工作标准或者性质的改变。在合同履行过程中，根据 IT 项目的实际情况，如果需要提高标准或改变工作性质，由监理人按变更处理。

（5）改变合同中任何一项 IT 项目的完工日期或改变已批准的实施顺序。合同中任何一项 IT 项目都规定了其开工日期和完工日期，而且总进度计划、实施计划（施工组织设计）、顺序已经监理人批准，要改变应由监理人批准，按变更处理。

在上述范围内，如果变更没有造成 IT 项目组织和进度计划发生实质性变动并且与原定价格相差不大的情况下，那么 IT 项目单价不进行调整。

9.1.2　合同变更价格

1. 变更价格的含义

变更价格是指由于非承包人原因发生的变更而导致的价格增加或减少的金额。在多数情况下，变更将影响 IT 项目价格。导致变更的原因包括承包人原因和非承包人原因两种，按照合同约定，承包人应对其自身原因导致的变更承担责任，即因承包人原因导致变更，其价格不予以调整。只有因非承包人原因导致的变更，才能调整因变更带来的价格变化。对于因变更导致索赔的情况，其索赔金额按照索赔有关规定进行计算，并计入索赔金额，不应计入变更价格。

2. 变更价格调整的处理原则

1）一般原则

在 IT 合同变更时，我们对合同价格调整往往参考清单中是否有用于变更工作的项目。如果有这样的项目，就采用该项目单价；如果没有这样的项目，可以在可接受范围内依据相似项目的价格作为调整价格的基础，最后由 IT 合同相关当事人相互协商来确定变更后的单价或者合价。此外，若清单中完全找不到可参考的项目，那么 IT 合同的监理人、业主方和承包人共同协商，协商重点参考承包人当初所提供的单价分析表、总价合同项目分解表等材料，从而确定变更后的单价或者合价。归纳起来，IT 项目变更确定单价或者合价时就是上述三种情况。

2）工作量变更价估价原则

IT 项目中，我们经常会遇到承包人就工作量清单漏项向业主提出变更请求，承包人也会就设计变更所引起的新工作量清单相应的综合单价向业主提出变更请求，此时业主的确认是重要的结算依据。

另外，工作量清单的工作量数量有误或者设计变更都会引起 IT 项目合同中的工作量的增加或者减少。对于这部分工作量的增加或者减少，我们依据其是否在合同约定的幅度以内，来决定是否执行原有的综合单价。若不执行原有的综合单价，承包人向业主提出增加或者减少工作量的综合单价，由业主来确认其是否可以作为结算的依据。当然，承包人也可以就工作量变更发生的额外费用向业主提出索赔，要得到业主的确认才可以作为结算补偿的依据。

除合同另有约定外，IT 项目综合单价因工作量变更的调整主要依据上述办法确定。整体上说，由于 IT 项目在招投标时订立的合同被大家认为是最公平合理的，所以我们在变更价款时优先参考 IT 合同中已有的项目，确认增（减）加（少）的 IT 项目变更价款作为追加（减）合同的价款，并与 IT 项目进度款同期支付。

3. 因变更引起的单价调整

IT 项目变更的具体情况分为两种：一种是 IT 项目的变更只是工作量的适度变化，对其组织和进度的变更并没有影响到原定价格的大幅度变化；另一种是 IT 项目的变更已经不再是轻度的工作量的变化，或者说已经严重影响到 IT 项目合同原定的价格。不论对于哪种情况，都需要对单价进行调整，其中，对于第一种情况，只有变更项目的工作量变化超过合同专用条款所规定的百分比，方可调整单价；对于第二种情况，直接判定应当调整单价。

两种情况的调整方法存在较大差异，其中，对于第二种情况，单价调整方法与单价编制方法基本相同，即根据变更情况，依据合同文件的原则和依据，重新分析单价，从而确定新的单价；对于第一种情况，单价调整方法如下。

设某条目合同工作量为 x_0，单价为 p（其中，直接费、措施费、规费等为 p_1，管理费和利润为 p_2），合同约定单价调整的百分比为 g。现因变更使得该条目的实际工作量（按照合同约定的工作量计算规则计算得到）为 x_1。新单价（p_n）计算公式如下：

$$p_n = p_1 + \frac{p_2 \times x_0}{x_1}$$

公式中：p_n——新单价，即调整后的单价；p_1——直接费、措施费、规费等；p_2——管理费和利润；x_0——某条目合同工作量；x_1——按照工作量计算规则计算得到的实际工作量。

4. 因变更引起的合同价格增减超过 15% 的价格调整

我们着重观察这样两部分金额，一是在合同项目完工结算时由于全部变更工作引起 IT 合同价格增加或者减少的金额；二是实际工作量与招标文件的"工作量清单"中估算工作量的差值所引起合同价格增加或者减少的金额。当这两部分金额的总和超过合同价格的 15% 时，IT 合同相关当事人已经按规定确定变更工作的增加或者减少金额之后，若还需要对 IT 合同的价格进行调整，所需调整的金额需要合同相关当事人共同协商确定。若监理人、发包人和承包人协商无果，需要监理人根据项目的实际情况提出相应的调整方案，经过发包人确认后将调整的方案通知给承包人。

9.1.3 合同变更处理程序与要求

1. 处理程序

（1）IT 项目合同当中，监理人依据发包人的授权范围，就 IT 合同变更范围和内容的规定等的变更指示及时通知项目承包人。通知承包人的变更指示由变更 IT 项目的详细变更内容、变更 IT 项目的工作量、变更项目的技术要求和有关文件图纸及监理人按合同约定指明的变更处理原则等构成。对于涉及 IT 项目结构、重要标准等影响较大的重大变更，发包人按规定必须向上级主管部门报批。发包人应在上级主管部门批准后，再按照合同约定的程序办理。

（2）在执行完第一步之后，IT 合同中的承包人将向监理人发出变更报价书，并要求监理人在合同约定的时间内审核该变更报价书。监理人在审核完成后会再向 IT 项目承包人和 IT 项目发包人发送变更处理决定的通知。

（3）监理人通知的变更处理决定，很有可能得不到发包人和承包人共同的认可，此时监理人有权认为自己所审核的价格和需要调整的工期是合理的。监理人就暂定的处理决定通知给承包人和发包人。对已实施的变更，IT 合同中的监理人可将其暂定的变更费用列入自己所出具的月进度付款证书中，在月进度付款中予以支付。

（4）紧急情况下，监理人需要发布变更指示但该变更项目又超出了发包人的授权范围，监理人出于 IT 项目安全、避免发包人更大损失等考虑，可以先向承包人发出变更指示，要求其立即进行变更工作，并在发出变更指示后，及时向发包人汇报已经进行的变更情况。在监理人向承包人发出变更指示后，承包人的反应首先是要执行变更指示，再依据变更的报价处理规定出具变更报价书并向监理人提交。监理人对承包人的变更报价进行充分评估，并仍应按正常变更的处理规定，在得到发包人的批准或扩大授权后再补发变更决定。

2. 处理要求

1）变更时间

在实际情况当中，常常会出现 IT 项目的承包人将自己手中的工作完全停下来，等待着变更指令或者变更会议的决议，或者由于变更的决议没有及时做出，IT 项目的承包人将项目依照原先的计划不断推进，最后造成更大的返工损失。这些现象的出现就是由于变更决策的时间过长或者变更程序太慢造成的。

2）变更指令落实

（1）变更指示一旦形成，就要求 IT 合同的相关当事人全面修改与之相关的图纸、采购、规范等文件，使这些相关的文件能够反应出最新的变更情况。

（2）IT 项目的各小组要将最新的变更指示落实到位，拟定切实可行的方案，并应对新出现的问题，做好沟通协调。

（3）IT 合同变更指令必须在项目中及时实施。这是因为与合同订立相比，合同变更用时短，没有周密的计划，所以就会出现当项目出现问题时，合同的责任难以落实，容易造成管理的漏洞，引起巨大的损失。但在发包人和监理人看来，这是承包人的问题，所以承包人很难就此损失向发包人提出补偿请求。此时合同的管理人员对合同进行动态管理显得尤为重要，这将决定合同的监督和跟踪能不能以最新的合同内容作为目标，及时将合同变更落实。

3）影响分析

我们常常碰到合同相关当事人就变更的内容发生争执的情况。原因在于合同变更往往要进行索赔，而索赔要求在合同变更过程中，所有证据需要保存下来，换句话说，IT 项目实施过程当中的图纸、技术说明和变更指令都要及时记录并保存下来。所以 IT 合同中相关当事人都要谨慎对待合同变更过程，特别是那些对整体 IT 项目有着巨大影响的变更。此外，在生产实际过程中，索赔和 IT 合同变更是同步进行的，并且赔偿的结果也作为合同变更的一部分。

4）应注意的问题

（1）第一个需要注意的问题就是承包人对 IT 工程师的口头变更指示需要及时转化为书面变更命令。因为 IT 工程师的书面变更指令是支付变更进度款的重要依据。通常承包人应在 IT 工程师的口头变更指令发出后 7 天以内起草书面确认信，由 IT 工程师签字确认，但是工作实际中拖延往往会导致遗忘，所以承包人要及时向 IT 工程师索要书面确认。

（2）IT 工程的认可权应当得到限制。我们知道 IT 工程师对设计的认可权将直接决定设计质量的标准。针对 IT 工程师的认可权，当合同中比较模糊时，容易发生争执。

（3）IT 合同变更并不意味着合同中的承包人不再承担合同责任。对于影响巨大的合同变更指令或者涉及 IT 合同相关当事人责任权利关系有重大变化的合同变更，需要核实，必须有相关当事人共同签署的变更协议。

9.2 IT 项目合同索赔

9.2.1 违约责任划分

1. IT 项目合同索赔的特点

1）索赔的双向性

在生产实践的过程中，我们发现索赔的发生经常是由承包人向 IT 项目发包人提出的。实际的情况确实是发包人有着更加强势的地位，所以，通常情况下 IT 项目承包人向发包人提出索赔是比较难实现的，并且这种情况经常出现。一般理解的是，只要不是承包人自己造成的工期延长或者总费用增加，都可以向 IT 合同中的发包人提出索赔。所以，我们知道如果 IT 项目工期延长或者总费用增加与合同中承包人有关系时，IT 项目合同的发包人可以对 IT 项目的承包人提出索赔要求。

2）索赔的真实性

索赔的前提往往是经济损失、权利损害两者之一存在或者同时存在。经济损失比较容易理解，通常指人工费、管理费等的额外增加，即超出 IT 合同原定的价格的支出。权利损害就是指去除经济损失之外的，造成合同当事人权利的损害。

3）索赔的单方行为

IT 合同中任何一方的索赔只是单方行为，对其他各方并未形成约束力，因为索赔要通过相关当事人之间的协商、谈判、调解、仲裁甚至诉讼后才能实现。

2. 违约责任的划分

IT 合同在实施过程中，难免会发生违约，合同相关当事人违约责任分以下四种情况。

（1）IT 项目中，不论违约方有没有过错责任，只要是未按 IT 合同约定的内容履行，就要承担违约责任，比如继续履行，采取补救措施等。

（2）我国的合同法规定，不可抗力发生对合同当事人履行合同造成影响的，合同当事人可以部分或者全部免除责任，除非法律另有规定。特别需要指出，如果不可抗力发生在 IT 项目当事人延迟履行阶段，那么这个违约责任不能免除。

（3）IT 合同中，作为当事人的一方在履行合同过程当中，由于第三方的缘故从而导致违约的情况，那么当事人可以要求第三方来承担责任。

（4）在 IT 项目合同中，处于被违约的那一方在发生违约事实后，为了避免进一步扩大经济损失，应该积极采取与之相对应的解决方法。相反，如果处于被违约的一方没有采取任何补救或者防止措施，那么对应违约事件所造成的扩大的经济损失是没有权利要求违约方进行赔偿的。

3. 合同索赔原则

在 IT 项目当中，合同的相关当事人若想使索赔得到公平合理的解决，要遵从以下原则。

1）公平合理原则

从 IT 项目索赔案例中，我们发现 IT 工程师是合同管理的核心，可以说 IT 工程师能否公平行事决定着 IT 合同索赔是否公平合理。具体来说，IT 合同中发包人和承包人之间存在立场和利益的错位，容易产生争执甚至冲突，这个时候 IT 工程师往往起着缓冲矛盾的作用。

（1）IT 项目工程师应从总目标和项目整体的经济利益出发，沟通协调好冲突。这就要求 IT 工程师有大局观念，认清合同风险的分配，秉承索赔行为不要对 IT 项目整体的效益和总目标造成影响的准则，使得 IT 项目能顺利进行。

（2）IT 工程师要以合同作为指导项目实施中的最高准则。无论从项目质量、项目进度等都要求 IT 工程师按合同规则准确地理解并执行。

（3）讲求证据，实事求是。

2）索赔处理的及时性原则

IT 项目在实施过程当中，IT 工程师工作的及时性很重要，很多事项都有明确的时间节点。其作用表现在以下几个方面。

（1）最明显的作用就是可以降低 IT 项目承包人的索赔概率。

（2）可以防止损失进一步扩大。我们知道若 IT 工程师不及时发出停工等指令，承包人将继续实施项目，这样会造成更大的损失。

（3）及时性不仅体现在采取措施防止损失进一步扩大这一方面，还体现在 IT 工程师可以掌握最全面最真实的信息，从而为索赔提供资料做好准备。

（4）反过来说，IT 工程师做不到及时行事，容易使得发包人和承包人之间产生较大的冲突，从而引发信任危机。

（5）若索赔出现困难时，容易引起索赔的增加，带来新的矛盾，使得问题更加复杂。

3）协商一致原则

在索赔过程中，IT 工程师在发包人与承包人之间，起到沟通协调、缓和争执的重要作用。倘若 IT 项目工程师没有起到一个较好的沟通作用，往往会使矛盾升级，使索赔出现更多的困难，这对合同的各方当事人都不利，会严重影响 IT 项目的集体利益。

4）诚实信用原则

在项目管理中，IT 工程师是最为发包人信任的一方，可以说发包人完全依赖 IT 工程师来管理 IT 项目，所以合同中的各方都希望 IT 工程师能够公平公正、诚实守信。

4. 合同违约的解决方法

IT 合同中，一方当事人提出索赔要求时，若对方不予接受，这个时候往往出现争执，甚至冲突。那么合同违约的解决方法有哪些呢？一般来说，和解、调解、仲裁和诉讼是合同违约的解决方法。

1）和解

在 IT 项目合同的纠纷中，和解的方式能够解决大部分的争议，区别于司法程序，和解比较简单容易操作，时间成本也最低，只要根据 IT 合同的违约情况和相关当事人的实际情况解决纠纷即可。需要注意的是，和解的协议没有很强的法律约束力，为了避免有些当事人反悔，和解要求依法协商、尊重客观事实、采用书面和解协议。

2）调解

在 IT 合同争议当中，若和解无法达成，合同相关当事人之间的争议将升级，这时候需要在经济合同管理的机关或相关的部门、团体（民间调解组织机构、仲裁委员会、人民法院、行政主管机关）的主持下，分别与当事人商谈，公平公正地平息升级的争议。调解要求合同相关当事人之间能够互谅互让。

3）仲裁

在 IT 项目合同中，由于种种原因，IT 项目合同相关当事人不愿意和解的，可以根据合同中的仲裁条款或者纠纷发生后达成的仲裁协议，将问题提交相应的仲裁机构。而后，仲裁机构会依据当事人的申请，公平公正地进行裁定。值得注意的是，仲裁采取的是一裁终局的原则。

4）诉讼

诉讼方式解决 IT 合同中的争议是最后的解决途径。也就是说，对 IT 合同当事人的争议，合同当事人可以依法请求人民法院行使审判权，公平公正地进行判定，用以保证其合法权益。

9.2.2　索赔成立条件与依据

在 IT 项目合同实施的过程中，如果合同的一方没有履行合同中所规定的义务，或者合同的一方没有按照合同要求正确地履行义务，或者，因合同所规定的合同目标没有实现从而给对方造成损失的，合同的另一方所提出的有关补偿要求就是指索赔。索赔是双向的，承包人可以向发包人索赔，发包人可以向承包人索赔。

1. 索赔成立的前提条件

（1）以合同为依据，索赔事件已经带给 IT 项目承包人额外的费用支出，或者索赔事件直接造成 IT 项目的工期损失。

（2）按照合同条款，并非是由于承包人的风险责任或者承包人的实施行为责任，所造成的额外费用支出或者工期损失。

（3）在实际损失发生后，IT 项目承包人已经按照双方所签订的合同，依照合同规定的索赔程序提出了索赔意向，并提交了索赔报告。

2. 索赔应具备的理由

（1）由于发包人的违约行为，给 IT 项目的承包人带来了时间和费用上的损失。

（2）由于 IT 项目承包人所提出的 IT 项目变更，经过 IT 项目监理工程师的批准后，项目变更所导致的时间和经济损失。

（3）由于 IT 项目所需的技术资料不够准确，或者监理工程师歧义地解释合同文件，或者由于某些不可抗力所导致的 IT 项目在时间和经济上的损失。

（4）由于 IT 项目发包人的某些特殊要求，如发包人要求承包人缩短工期从而提前完成 IT 项目，这种情况所导致的 IT 项目承包人的经济损失。

（5）由于 IT 项目发包人推迟项目的支付时间，所导致的 IT 项目承包人的经济损失。

（6）检验双方签订的合同所规定之外的项目，并且项目的检验合格，这种检验所造成的费用，或者对项目某些缺陷进行修复所造成的费用，这些费用并非是由于 IT 项目承包人的原因所导致的。

（7）由于某些外部原因而不是由于 IT 项目承包人的某些行为或风险所导致的 IT 项目的暂时停工，这种暂时停工所带来的费用。

3. 索赔分类

1）工期的索赔

工期的索赔主要有三种类型，分别是赶工费用索赔、延误损失索赔、工期延展索赔。

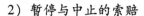

2）暂停与中止的索赔

（1）在 IT 项目的实际实施管理中，IT 项目工程师有暂时停止项目实施或者任何其他部分项目实施的权利，如果这种项目的暂停并不是由于承包人违反合同规定，也并非是因为其他意料之外的风险所导致的，IT 项目承包人有权要求对项目工期进行延展，而且，IT 项目承包人可以针对被迫停工所造成的损失申请合理的额外的资金补偿。

（2）中止合同和暂停项目的意义是不同的。有时合同的中止是因为意外风险对项目所带来的损失特别严重，如果 IT 项目的发包人对承包人履行合同的能力持有怀疑态度，有可能会导致 IT 项目合同的中止。

3）财务费用补偿的索赔

由于各种无法预估的原因，IT 项目承包人的实际费用支出可能会超出计划支出，从而导致贷款利息或者其他方面的经济损失，这种情况下，承包人是可以提出索赔要求的。

4. 合同索赔的依据

1）合同文件

索赔发生的主要依据是合同文件，包括：本合同协议书；中标通知书；投标书及其附件；本合同专用条款；本合同通用条款；相关标准、规范及有关技术文件；图纸；工作量清单；预算书。

2）法律法规

（1）适用的法律法规：主要有对 IT 项目的管理相对比较适用的法律及行政法规。还有一些双方在专用条款中约定声明的法律、行政法规。

（2）适用的标准、规范：招标者和中标者在专用条款内约定的其他标准规范。

3）其他相关证据

可以纳为证据范围的材料主要包括以下七种。

（1）书证：具有证明效力的书面文件或其他存储形式的文件。

（2）物证：物证就是指能够证明事件真相的证据，这些物证的某些特征或者特性能够证明事实，比如一些存在质量问题的产品，一些被封存起来的样品，一些被损坏的机器或者相关设备。

（3）证人证言：目击者所看到的现象及其所提供的证词，或者是目击者向司法机关对事情的描述。

（4）视听材料：主要是一些能够证明事情真相的音像资料。

9.2.3　索赔程序

1. 承包人提出索赔要求

1）发出索赔意向通知

导致索赔不可避免的事件发生以后，在合同规定的时间内，IT 项目承包人应该主动提交索赔意向通知给 IT 项目工程师，并且告知将对该事件提出索赔要求。索赔意向通知就是针对某项索赔事件，IT 项目承包人所表达的索赔意向和索赔要求。如果承包人提出的索赔意向通知超出了合同规定的时间期限，承包人所提出的索赔要求就会被发包人和 IT 项目工程师拒绝，因为过了索赔期限，他们有权利否定索赔要求。承包人应该在规定的时间期限内，对 IT 项目实施做出详细的工作记录，IT 项目工程师可根据项目需要进行随机性的检阅，并以此结果判断承包人借以索赔的事件所造成的真实损失。

2）递交索赔报告

当 IT 项目承包人提交索赔意向通知后，在合同规定的时间段内或者其他合理的经过 IT 项目工程师同意的时间段内，一份正式的索赔报告应该由 IT 项目承包人提交给 IT 项目工程师。索赔报告的内容主要有：提出的索赔依据，导致索赔事件发生的缘由及索赔的事件给 IT 项目承包人造成损失的证据资料、承包人所要求的补偿款项或者所希望延展的工期时间等相关的文件资料。当索赔事件仍在持续地对 IT 项目的实施产生影响时，在合同约定的时间内，如果 IT 项目承包人无法详细地估计索赔额度和工期延展时间，承包人应该在一定的时间间隔内，定期地提交相对应的索赔资料及索赔要求。当索赔事件对 IT 项目的影响结束后，IT 项目承包人应该及时提交详细的最终版索赔报告书，并提出索赔证据资料及最终的累积索赔额度。

当承包人提交索赔意向通知以后，可根据工程师安排的合理时间段，再次提交正式的索赔报告，当索赔事件发生后，IT 项目工程师可暂缓处理承包人所提出的索赔。如果，在索赔事件发生的时期，项目工期比较紧张，IT 项目工程师希望把主要精力用在 IT 项目的实施上，而不是对承包人所提出的索赔进行立即处理，基于这种情况工程师会向承包人说明索赔处理的合理时间。在索赔事件发生后的合同约定的时间内，IT 项目承包人必须及时提交索赔意向通知。如果双方由于变更估价的原因，不能对索赔事项意见达成一致，可以先按照 IT 项目工程师单方面所决定的价格进行执行，此时承包人还应该及时提交保留索赔权利的意向通知。但是，在合同规定的时间段内，如果 IT 项目承包人不能及时地提交索赔意向及与之相对应的索赔报告，那么承包人对索赔事件的索赔权利就会被剥夺。

2. 工程师审核索赔报告

1）工程师审核承包人的索赔申请

当 IT 项目工程师接到承包人的索赔意向以后，为了检查承包人的各种同期记录，工程师应该对承包人建立与之相应的索赔档案，并对承包人的意向通知内容认真地进行核对，并针对一些相应的内容提出相应的意见，或者提出工程师想要增加的项目记录，同时对索赔事件的影响进行密切关注。

当 IT 项目承包人正式提交的索赔报告被接收以后，工程师应该仔细地阅读各种索赔资料。首先，当索赔事件的责任归属不明确的情况下，工程师应该对导致事件发生的原因进行客观分析，并对承包人提交的索赔证据进行仔细研究，在结合合同中所对应的相关条款的同时，对承包人的同期记录进行检查；其次，工程师应该在结合合同相应的条款的情况下，对索赔事件的责任界限进行明确划分，必要的时候，IT 项目工程师可以要求承包人提供一些补充资料。当索赔事件的责任需要由发包人、承包人和工程师共同承担时，应该对各方需要承担责任的比例进行清楚的划分；最后，工程师应该对承包人所提出的额外的补偿要求进行仔细审查，把其中不够合理的补偿要求删除掉，并对索赔的补偿金额和 IT 项目工期进行合理的分析与确定。

2）工程师判定承包人索赔成立的条件

结合合同条款，索赔事件已经导致了承包人项目费用的额外增加，或者导致了项目工期延迟；而索赔事件发生的原因不应该由承包人来承担责任，既不属于承包人的行为责任，也不属于其风险责任；IT 项目承包人根据合同约定对索赔意向通知书和索赔报告进行了及时的提交。当这三个条件同时具备时，索赔要求成立。

3）工程师对索赔报告审查

（1）事态调查：工程师需要根据合同约定对 IT 项目的实施情况进行调查与跟踪，通过对索赔事件发生过程的了解，分析事件发生的前因后果，对事件的具体情况进行了解与掌握。

（2）原因分析：在项目实践中，IT 项目索赔事件的发生往往是由于多个方面的原因导致的，所以工程师应该仔细分析索赔事件发生的原因，再根据合同条款的约定，对责任进行详细划分，各方按照划分的责任范围承担相应的损失和补偿。

（3）分析索赔理由：依据双方所签订的合同条款，分析索赔事件是不是由于承包人没有履行合同约定导致的，或者是不是由于承包人虽然履行了合同条款但是履行的方式不正确导致的，该索赔事件是不是在合同所约定的赔偿的范围之内。只有当索赔要求与合同约定的条款相符合时，索赔要求才能够在合法的情况下成立。

（4）分析实际损失：索赔事件对 IT 项目所造成的实际损失需要认真核定，实际损失主要有两种表现形式，分别是项目的实施费用增加和项目工期的延迟，当索赔事件没有实际的损失时，那么索赔就不成立。因此，当工程师对实际损失进行审查时，应该重点对 IT 项目进度在实际和计划状态下的情况进行分析与对比，还应该重点分析 IT 项目的成本和费用在实际支出时是否超出计划的范围，并在分析的基础上仔细地核算应该给予的索赔值。

（5）证据资料审查：证据资料的审查主要涉及资料的合理性、完整性及资料的有效性，因为这些证据资料是承包人索赔要求的充分先决条件。如果承包人对索赔原因、索赔值的计算等方面的详细资料无法在索赔报告中体现出来，承包人的索赔要求将无法成立。或者，承包人提交的证据资料无法证明其索赔要求的合理性时，承包人需要再提交一些有关的补充资料来证明其索赔要求的合理性。

3. 确定合理的补偿额

1）工程师与承包人协商补偿

由于合同双方对所发生的损害事件各自所承担的责任界限划分不同，或者由于对索赔计算所采取的方法和依据不同，或者是由于索赔的证据掌握不够，就会出现承包人所要求的索赔金额与工程师初步确立的损失补偿金额不一致的现象，这种情况下，双方应该对索赔的解决办法进行积极的沟通和商讨。

当有些工期延误事件持续影响时间超过合同规定时间，工期索赔条件同时成立时，在工期延误事件影响的时间段内，承包人应该每隔一个固定的时间提出阶段性的索赔报告，那么 IT 项目工程师就可以根据同期记录或者其他依据，对该阶段应该顺延的工期时间做出批准，这样就可以准确地把索赔金额确定下来。每当对阶段性的索赔报告进行审查后，工程师都应对临时延长工期的要求做出决定，并在工期延误事件结束后规定的时间段内，应该由承包人对最终的索赔提出申请，工程师对最终的工期顺延时间做出批准。

2）工程师索赔处理的决定

工程师在认真分析、审核各种索赔资料和实际情况后，主动与发包人和承包人进行积极沟通，然后 IT 项目工程师应该要做出自己对索赔的决定，并向发包方和承包人提出该决定。一般情况下，对发包人和承包人而言，工程师做出的索赔决定并不是最终的结果，并不具有很强大的约束作用，无论任何一方对工程师的索赔决定存在不满，都可以按照合同中针对争议的条款约定要求仲裁或者诉讼。

4. 发包人审查索赔的处理

当索赔的额度超过了工程师的控制权限时，索赔必须要经过发包人的核定与批准。对于发包人来说，其要做的第一件事就是对索赔事件发生的原因进行仔细分析，并分析清楚索赔事件的责任范围。其次，发包人应该结合合同条款的约定，对 IT 项目工程师对于索赔事件的处理决定及承包人对于索赔事件的索赔要求进行审核，结合 IT 项目的最终目标、IT 项目的竣工日期及 IT 项目的投资控制，对 IT 项目承包人在项目实施过程中的违反合同约定的不良行为进行综合考虑，并仔细分析与索赔事件的关联程度，最终确定 IT 工程师的处理意见。现实情况中往往会出现以下情况：如果 IT 项目承包人对索赔事件的索赔理由能够成立，IT 项目工程师应该结合合同条款的约定，赞成对承包人进行一定金额的赔偿，也赞成承包人对工期延长相应时间段的要求。可是，发包人对 IT 项目的实施情况和整体项目要求进行适当的权衡以后，发包人可能会要求承包人采取一定的赶工措施，从而促使 IT 项目的工期能够按照计划顺利完成，甚至在 IT 项目工期之前完成，这样要求的前提条件是，发包人承诺对 IT 项目承包人提高资金补偿。这种情况的决定权只有发包人才拥有，只有在发包人赞成索赔报告的情况下，IT 项目工程师才可以签发有关证书。

5. 承包人最终索赔处理的接受与否

如果承包人对最后的索赔解决方式满意，那么索赔事件就算是成功解决。但是，如果承包人不愿意接受最后的索赔处理决定，就会导致合同争议，处理争议的最佳方法就是双方进行相互沟通与协商，争取找到一个双方都能够接受的方案。如果合同争议无法达成一致，承包人有权提交仲裁或诉讼解决。

9.3 案　例

1. 项目背景

当前环境下，我国的大多数合同管理软件都只是进行非常简单的文档型管理，它们通常只是省略了一些繁重的手工作业，但是却缺少结构性的实质改变，还远远没有达到实现数据预期统计的效果。A 企业为了适应国际市场的需求，在深入了解 IT 项目管理需求的基础上，结合现阶段国际上通用的合同范本及国内 IT 行业现有的特点，详细分析现今国内 IT 项目管理的进度管理、合同管理、合同索赔等主线，设计 IT 项目项目款支付、合同变更与索赔模块。

2. 项目款支付模块

项目款支付这一模块主要是详细地记录建设单位与总承包单位、总承包单位与各相关的分包单位等按照在合同中明确规定的节点实际支付进度款、预付款、结算款、维护运营的保证金等其他款项，如图 9 - 1 和 9 - 2 所示。

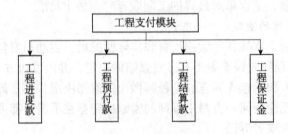

图 9 - 1　工程支付模块功能设计图

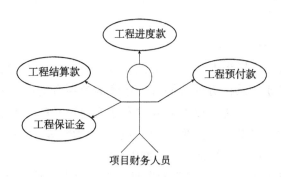

图 9-2 项目财务人员用例图

3. 合同变更模块

IT 项目承包合同签订生效后，在项目长期的进行过程中，由于各种原因会对原先项目的做法推翻或更新，例如对项目某部分的使用功能进行简单修改，便会造成很多专业分包单位的材料、工程量、工程做法等有变动，由此需要建立变更来确定其具体内容，以便日后确定项目成本。

此模块将记录所有项目合同变更的内容、发起单位、签订日期、编号等，并对变更合同进行归纳整理，如图 9-3 和 9-4 所示。

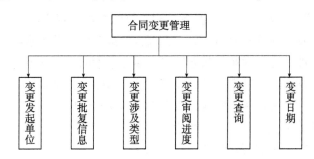

图 9-3 合同变更管理模块功能设计图

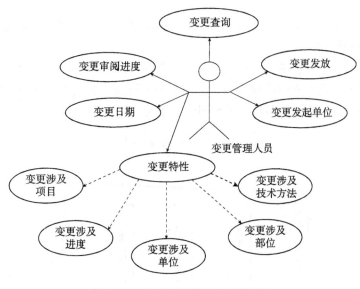

图 9-4 合同变更管理人员用例图

169

4. 索赔模块

1) 索赔模块功能设计

这部分的系统模块以结果为出发点，将项目实施过程中的实际情况与合同签订内容进行比较找出两者之间的差别，从而方便合同管理系统的使用者能够更好、更加清晰地作出判断。索赔关系可分为两种：一种是以索赔双方发起人为定义的，主要涉及索赔发起人的利益，例如建设方向总承包方索赔，总承包方向分包单位索赔等；另一种是以索赔对象为定义的，主要涉及索赔方式，例如经济索赔、工期索赔等。

IT 项目的索赔具有相互性，但在实际的项目实施过程中，对于项目索赔事件，合同签订的甲方占据绝对的主动权，例如建筑项目的建设单位对工程总承包方，工程的总承包方对工程的专业分包，他们是乙方支付工程款、材料款的违约保障金的支付方，所以常常利用扣除支付金额的手段达到自己索赔的目的。但是合同乙方向甲方要求索赔的流程和手续将会烦琐得多，他们往往要收集更多具有说服力的证据，索赔事件管理也相对复杂。在索赔内容上两者也略有区别，比如甲方向乙方索赔时不涉及工期的内容，只存在经济索赔，而乙方对甲方的索赔管理包含工期和经济索赔两个方面。

索赔模块中将主要包含以下内容。

（1）在 IT 项目发生索赔事件的情况下，索赔单位应当在规定的时限内向有关各方提出索赔意见，一方面要及时地发起索赔，另一方面也要准备好相关的索赔合同文件和有效的索赔证据。索赔合同文件内容由索赔发起方撰写，涵盖了索赔事件的原因分析、相关证据、项目索赔方式、经济索赔数额、进度索赔时间等。经济索赔与进度索赔的数量应参照合同已签订的条款、相关规范、往来函件等资料，避免索赔内容有倾向或损害某方利益。

（2）IT 项目索赔合同文件经双方认可生效后，归入存档，并根据索赔合同相关内容修改原有合同内的进度要求、项目价款等资料，并在本模块中保存并记录索赔合同的内容或要求。

（3）索赔模块将对索赔过程及进展进行分析，管理索赔合同的签订流程和合同签订进度。

（4）合同管理者可对索赔合同文件进行检索和编辑，便于实施已生效的索赔合同内容。

2) 子模块分项功能

索赔模块中对专业分包单位向项目总承包人及项目总承包人向建设单位索赔的模块进行了分类，在承包人向业主索赔模块中包含五个小的子模块，分别为索赔判定原则、索赔信息录入、索赔交往文件、索赔文件库及索赔计算，如图9-5所示。

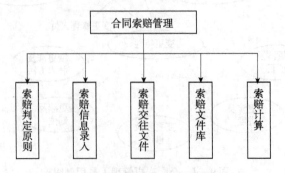

图9-5　合同变更控制模块功能设计图

（1）索赔判定原则子模块。

IT 项目索赔时，索赔发起单位必须收集一套完整的令人信服的索赔证据。索赔证据的相关文件或有关资料都应该支持索赔发起方要求索赔的相关内容，所以索赔证据的编制和组成是索赔成败与否的重中之重。索赔模块中的判定原则子模块正是从索赔的编制内容出发，为索赔提出单位提供有力的法律文件及相应条款。

如同前文所述，合同管理软件为了避免只是简单的文件存储，在合同录入阶段便会按照合同双方的责任类型及条款予以区分，这样在索赔过程中，合同管理系统会就合同索赔问题的相关事件和双方责任，查找并列举出索赔事件的合同文件及法律条款，避免合同管理者对合同进行通篇人工查找，索赔事件处理起来也更为方便，避免合同条款的遗漏。

条款分为专项条款和通用条款两类，分别为本合同签订时的条款和现行国际上行业内使用最为广泛的通用条款。合同管理者可根据所需进行选择，查看索赔事件在合同签订文件中或是 IT 行业通用条款中有关这次索赔事件的相关解决办法或赔偿责任等。

（2）索赔信息录入子模块。

当专业 IT 项目分包单位或总承包单位向上级单位进行索赔事件得到双方认可并签订索赔合同后，索赔发起单位应当及时将索赔事件的相关信息进行整理并且进行分类，同时记录索赔事件进度、部位、索赔金额等相关信息，以便项目完成结算时作为项目款调整的依据。

对专业 IT 项目分包单位或总承包单位而言，一个索赔事件的发生往往涉及很多方面，索赔的费用也会由很多项目组成。所以在一个索赔事件发生时，为了避免合同管理人员对索赔事件的重复录入，在索赔信息录入子模块中将设计索赔事件的添加键和就一个索赔事件的多个费用的费用增加选项键合并，单击其增加按钮可就一个索赔事件的不同索赔项目和索赔金额进行添加，避免合同管理者对一个索赔事件的多个费用增项重复录入。

（3）索赔交往文件子模块。

项目索赔事件的发生到确认往往经历很多审核单位和审核部门，周期过长，在索赔事件审核认可过程中，往往不同单位和不同部门之间产生很多函件以便最终对索赔事件进行确认，这便要求项目合同的管理者在索赔合同的签订过程中对这些往来函件进行归类、整理，以便在最终的索赔合同签订时作为有力依据。

在索赔交往文件模块中，若索赔过程中有文件录入结束，合同管理系统将会自动提示操作者是否有相关的往来函件。系统得到管理者的确认后，将会自行转跳至索赔交往文件子模块进行文件添加。在日后对索赔事件的查找及浏览时，若用户点击子模块按钮，合同管理系统将自行对索赔事件的相关文件进行检索，列举出所有此次索赔事件的往来函件以便合同管理者进行查阅。

（4）索赔文件库子模块。

索赔文件库子模块是 IT 项目合同管理者对索赔文件的修改、删除、查找的操作界面。例如，在 IT 项目实施过程中，若索赔文件签订后对此索赔部位出现新的合同变更和新的处理办法时，索赔合同出现覆盖作废等情况，此模块将便于合同的管理者对无效索赔合同及其相关往来函件进行查找、删除、管理。

（5）索赔计算子模块。

在索赔合同计算子模块中，合同管理软件将按照索赔合同不同的分类模式对索赔事件进行统计。例如，在进度要求范围内进行索赔事件的查询，系统将自动对在该进度要求范围内的索赔事件的基本情况、合同金额、完成情况等类别进行整理和统计，并显示其分项和汇总的结果。

第10章 IT 项目合同争议解决

10.1 IT 项目合同争议及其解决方式

IT 项目合同争议是指合同的当事人双方在签订、履行和终止合同的过程中，对所订立的合同是否成立、生效、合同成立的时间、合同内容的解释、合同的履行、合同责任的承担及合同的变更、解除、转让等有关事项产生的纠纷。尽管合同是在双方当事人意见一致的基础上订立的，但由于当事人所处地位的不同，从不同的角度和立场来看，对某些问题的认识往往会得出冲突的结论，因此，发生合同争议在所难免。

IT 项目合同争议的 4 种主要表现为：因 IT 项目合同订立引发的争议；因 IT 项目合同履行引发的争议；因 IT 项目合同变更或者解除合同而引发的争议；因 IT 项目合同的成立、效力而引发的争议。

为了及时解决合同纠纷，稳定市场秩序，保护合同当事人的合法权益，《中华人民共和国合同法》对合同争议的处理作了专门的规定。无论是哪种合同争议，都需要采取适当的方式来解决。根据规定，发生合同争议时当事人可以通过协商或者调解解决；当事人不愿协商、调解或者协商、调解不成的，可以根据仲裁协议向仲裁机构申请仲裁；当事人没有订立仲裁协议或者仲裁协议无效的，可以向人民法院起诉。

综上所述，解决合同争议的方式有当事人自行协商、第三人调解、仲裁机构仲裁和法院诉讼。

（1）协商解决。

协商解决是指合同纠纷发生后，由合同当事人就合同争议的问题进行磋商，双方都做出一定的让步，在彼此都认为可以接受的基础上达成和解协议的方式。最佳的方式是合同当事人在友好的基础上，通过协商解决。

（2）和解与调解。

和解是指当事人自行协商解决争议。调解是指由第三人出面协调双方当事人的利益，使双方当事人在自愿的原则下解决争议的方式。和解、调解可以在诉讼外进行，也可以在诉讼中某个阶段进行。当事人不愿和解、调解或者经过协调解决不成功的，可以根据达成的仲裁协议申请仲裁，但和解与调解并非当事人申请仲裁或提起诉讼的必经程序。

（3）仲裁。

仲裁是指仲裁机构根据当事人的申请，通过仲裁程序依法做出裁决，以解决当事人纠纷的活动。这里所谓的"仲裁"，是指 IT 项目合同双方当事人在发生争议后，按照签订合同时或争议发生后达成的书面仲裁协议，依法向仲裁机构申请仲裁，由仲裁机构对双方当事人之间的争议进行审理并作出有约束力的裁决。通常情况下，仲裁协议有两种形式：一种是在争议发生之前订立的，作为合同中的一项仲裁条款出现；另一种是在争议发生之后订立的，把已经发生的争议提交仲裁的协议。

（4）诉讼。

诉讼是指人民法院根据合同争议双方的请求、事实及法律条款，依法做出裁判，借此解决争议的方式。当事人没有订立仲裁协议或者仲裁协议无效的，可以向人民法院提起诉讼。这是解决合同争议的最后方式。

在解决 IT 项目合同争议时，应该注意以下几点。

一是上述 4 种方式是《中华人民共和国合同法》规定的解决合同争议的方式，至于当事人选择什么方式来解决其合同争议，取决于当事人自己的意愿，其他任何单位和个人都不得强迫当事人采用哪种解决方式。

二是合同争议的解决应当首先寻求通过非诉讼方式解决争议的途径，通过诉讼解决争议的方式一般不建议使用。

三是在解决合同争议过程中，合同双方任何一方当事人都不得采取非法手段，否则将依法追究其法律责任。

10.2　IT 项目合同和解与调解

和解和调解具有方法灵活、程序简单、节省时间和费用、并且不伤争议双方感情的特点，我国法律历来重视和解与调解解决合同争议的方式。和解与调解解决 IT 项目合同争议要本着自愿、依法、公平、公正的原则进行。

10.2.1　和解

IT 项目合同争议和解是指合同当事人发生争议后，在没有第三方介入的情况下，遵循平等、自愿的原则，本着互谅互让的精神，对发生的争议进行谈判从而达成协议，自行解决争议的一种方式。

和解要求合同双方当事人均怀有诚意，以诚恳的态度，实事求是地看待签订、履行合同中发生的争议，做到查清事实，分清责任。这种方式简便易行，成本较低且不会伤及合同双方的感情，有利于维持和发展双方的合作关系，在实践中被广泛采用。IT 项目合同双方当事人遇到争议和纠纷时，一般都愿意先进行和解。但在特殊情况下，例如在争议所涉及的金额巨大或争议双方分歧严重，或者一方故意毁约明显没有和解的诚意时，就无法用和解解决了。由于和解协议缺乏法律履行效力，因而和解解决争议的方法有其自身的局限性。因此，我国法律虽重视和解解决争议的方式，但并不把它作为唯一的方式，而是允许争议当事人在进行和解解决无效时，可以通过调解、仲裁或诉讼等途径解决。

和解是解决合同纠纷的一种有效方式，其特点包括以下几个方面。

（1）简单易行，经济实用，能够及时地解决纠纷。

（2）依靠当事人的妥协与让步，没有第三方的介入，合同双方能够保持友好的合作关

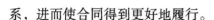

系，进而使合同得到更好地履行。

（3）和解协议不具有强制执行效力，和解协议的执行依靠当事人的自觉履行。

在履行项目合同中如发生争议和纠纷，不能为了协商解决而一味地让步，让步也必须要有原则地让步。如果争议纠纷涉及的金额较大，双方都不愿意或不可能做太大的让步，或者一方故意毁约，没有协商的诚意的情况下就必须要通过必要的法律程序来解决。如果当事人选择采用和解的方式解决彼此之间的争议，那么选择一个合适的协商谈判的人员尤为重要，他最好是既熟悉合同的签订、履行情况，又对相关的法律、政策有所了解。需要注意的是，协商谈判的人员必须要有明确的授权，并掌握正确的协商方法。

10.2.2 调解

IT 项目合同争议的调解是指当合同双方当事人发生纠纷又不愿意主动协商和解时，在第三者的主持下，根据事实和法律，经过第三者的说服与劝解，给双方创造一个协商解决问题的机会和氛围，使争议双方互谅互让，自愿达成协议，从而公平、合理地解决纠纷的一种方式。这种由第三人出面主持、居中调停，也是解决合同纠纷的一种比较好的方式。

调解不仅方法灵活、程序简便、有利于争议的公正解决，而且便于当事人双方冷静、理智地考虑问题。因此，我国法律历来也十分重视调解解决合同争议的作用。但调解能否成功完全依赖于双方的善意和诚意，对于涉及重大经济利益或双方分歧严重的合同争议的解决，这种方式则不适用。主持调解的第三者可以是仲裁机构及法院，也可是其他组织和个人。

根据合同争议调解的"第三者"不同，调解又可分为下列几种。

（1）仲裁机构调解。

（2）联合调解。在涉外合同争议中，由当事人双方所属国的仲裁机构分别派出相等数量的人员组成"联合调解委员会"进行调解。

（3）法院调解。

（4）专门机构调解。

（5）其他民间组织和个人调解。这种调解的主持人是基于当事人的信赖而进行调解并不一定有专门调解职能。

在实践中，调解比较容易的多数是合同双方业务主管部门或者行政管理部门居中的调解。这是因为合同双方的业务主管部门或者行政管理部门对双方都有相当的影响力，能够说得上话，且都了解和关心双方的情况，愿意从中调解，解决双方的合同纠纷。因此，只要合同双方的业务主管部门或者行政管理部门能够做到平等待人，客观公正，方法得当，调解就比较容易成功。

调解同和解一样，也是以自治的方式解决争议的途径。因调解达成的调解协议也算合同，自成立起对当事人具有法律约束力。调解解决的特点包括以下几个方面。

（1）通过第三者介入作为调解人，调解人的身份没有任何限制，但以双方都信任者为佳。

（2）能够较为方便、经济、而又及时地解决争议。

（3）有利于消除合同双方的对立情绪，维护当事人双方的长期合作。

（4）调解协议不具有强制执行的效力，调解协议的执行需要依靠当事人自觉履行。调解如不能达成协议，或者达成协议后又反悔，仲裁机关和法院应尽快做出裁决或判决。

10.3　IT 项目合同评审

10.3.1　评审的含义与特点

1. IT 项目合同争议评审的含义

在 IT 项目的合同管理和合同争议的解决越来越受到全球范围重视的情况下，争议评审在避免、减少和高效解决 IT 项目合同争议中突显出其优势，得到了全球范围的充分认可。

IT 项目争议评审，是指当事人在履行 IT 项目合同过程中发生争议时，根据事先或者临时达成的评审协议的约定，将争议提交专家评审组进行评审，由评审组对争议出具评审意见，来帮助合同双方减少和解决合同纠纷的一种争议解决方式。争议评审以"细致分割"的方式及时化解小争议，能有效防止争议的扩大，而且有利于避免项目拖延、项目损失，从而保障项目顺利进行。

2. IT 项目争议评审制度的特点

1）专业性

争议评审组由同时具有合同管理经验和 IT 项目实践经验的专家组成，专家的参与能够针对 IT 项目争议技术性较强的特点，将其专业优势引入解决过程。这使得评审意见更加准确，更具说服力，更容易被合同双方所接受，合同得到双方自觉的履行。

2）非对抗性

争议评审组的专家由合同双方协商选出，对争议的评审是从双方的利益出发，而不是单纯地运用法律条文进行评判。在这种情况下，双方的工作关系不会受到太大的影响和破坏。再者，争议解决的程序具有不公开的特点，这也有利于建立双方之间相互信任的关系。

3）国际性

参与评审的人员没有国籍之分，任何国籍的专家都可以成为争议项目评审组成员。也就是说，争议评审制度中没有管辖之说，因此双方可以指定任何评审组来负责争议评审事宜。

4）灵活性

根据国际通行惯例和我国的实际情况，当事人一般有两种可选择的模式，一是允许当事人对评审意见提出异议，并约定提出异议的期间，当事人在此期间提出异议的，无论异议是否成立，评审意见对双方当事人均不产生约束力，当事人可以依据合同约定提请仲裁或者诉讼；在约定的期间内，当事人没有对评审意见提出异议，评审意见对双方当事人产生约束力。二是允许当事人事前约定，无论哪一方当事人对评审意见提出异议，评审意见仍然对双方当事人产生约束力。

10.3.2　评审注意事项

1. 评审的主要内容

（1）合同内容是否符合国家法律。

（2）合同双方是否均有法人委托资格。

（3）业主或者顾客提出的技术性能、指标、型号、规格及功能要求是否合理、明确或供应商能否满足对方提出的技术性能、型号、规格及功能要求。

（4）交付期、价格、交付方式及验收条件能否接受。

（5）厂商或者下包的质量保证能力（包括技术、生产、设计、设备、检验及运输）能否满足合同规定的要求。

（6）合同规定中的违约责任是否合理、清楚。

（7）发票是否开具。

（8）双方印章是否齐全，骑缝章是否完整无缺。

2. 合同评审的几种错误观念

（1）合同全部都是从范本演化而来，只要把个别地方修改即可，无须句句都看清楚。

（2）合同评审过程中有法务和涉及此案的各人员共同评审，因此我简单看看没有关系。

（3）合同只是双方程序上的文件，真正涉及诉讼的很少，因此可以不必太较真。

（4）因为订立合同的双方一直以来合作愉快，双方的关系也很好，对方不会欺骗我们，因此合同不必细看，也不必深究。

（5）合同有固定的范本。

10.4　IT 项目合同仲裁

IT 项目合同争议仲裁与一般的合同争议仲裁大体相同，但也有其自身的特点。

10.4.1　仲裁的含义与特点

1. IT 项目合同争议仲裁含义

仲裁，是指仲裁机构根据当事人的申请，通过仲裁程序依法做出裁决，以解决当事人纠纷的活动。这里所谓的"仲裁"，是指 IT 项目合同双方当事人在发生争议后，按照签订合同时或争议发生后达成的书面仲裁协议，依法向仲裁机构申请仲裁，由仲裁机构对双方当事人之间的争议进行审理并做出有约束力的裁决。通常情况下，仲裁协议有两种形式：一种是在争议发生之前订立的，作为合同中的一项仲裁条款出现；另一种是在争议发生之后订立的，把已经发生的争议提交给仲裁的协议。

2. IT 项目合同争议仲裁特点

1）自愿性

仲裁机构受理案件时必须要有当事人签订的书面仲裁协议。仲裁协议是排除诉讼管辖的依据，有了仲裁协议，当事人不应到法院提出诉讼。同时，在仲裁的整个过程中，许多内容都应由当事人自主确定。

2）保密性

保密和不公开审理是仲裁制度的两大重要特点，除了当事人、代理人及需要的证人和鉴定人外，其他人员不得出席和旁听，仲裁庭和当事人不得向外界透露案件的任何实体及程序问题。

3）专业性

仲裁机构的仲裁员由各方面的专业人士组成，当事人应优先选择熟悉 IT 领域的专业人士担任仲裁员。

4）裁决的终局性

仲裁裁决给出后是终局的，对 IT 项目合同双方均具有约束力。

5）执行的强制性

仲裁裁决具有强制执行的法律效力，但仲裁机构没有强制执行权，因此当事人可以向人民法院申请强制执行。

10.4.2 仲裁机构

仲裁机构，是指依照法律规定设立，依法平等地对主体的自然人、法人和其他组织之间发生的合同争议和其他财产权益争议专门地进行仲裁的组织。在我国，仲裁机构即是仲裁委员会，是独立于行政机关的社会团体，与行政机关没有隶属关系，仲裁委员会相互之间也没有隶属关系。仲裁委员会应当由当事人协议选定。

由于国内合同和涉外合同之间存在差异，我国对这两类合同争议的仲裁规定了不同的仲裁机构，即我国仲裁委员会分为两类：一是针对国内合同的仲裁委员会，是各地设立的仲裁委员会；二是针对涉外合同争议的涉外仲裁委员会，是由国际商会设立的中国国际经济贸易仲裁委员会。涉外合同的当事人在合同履行过程中需要用到仲裁解决争议时有两种方式：一种是根据合同中的仲裁协议向中国的仲裁机构申请仲裁；另一种是向协议中规定的其他仲裁机构申请仲裁。

发生 IT 项目合同争议，需要利用仲裁解决争议时，选择合适的仲裁机构是必要的。公民、法人和其他组织之间发生的合同纠纷和其他财产权益纠纷，可以到直辖市和省、自治区人民政府所在地的市仲裁机构申请仲裁，或者是根据需要在其他设区的市仲裁机构申请仲裁。用人单位与劳动者因订立、履行、变更、解除和终止劳动合同发生的的争议，可以到省、自治区人民政府决定的在市、县设立的劳动争议仲裁委员会申请劳动争议仲裁。

10.4.3 仲裁的基本原则

1. 以事实为根据，以法律为准绳原则

这一原则要求在处理合同争议时应从实际出发，以实事求是的精神，对争议事项做出全面认真的调查研究，分清是非，判明责任，并依据法律规定做出正确的裁决，保证仲裁的客观和公正。在仲裁过程中，仲裁机构应避免主观臆断、以偏概全、偏听偏信等行为，更不可徇私枉法，而应严格依法办案，做到公平公正。

2. 先行调解原则

这一原则是指仲裁机构在受理合同争议后，为了促进双方争议的解决、缓解其矛盾，在查清事实的基础上优先进行调解，如对当事人说服教育，以消除当事人之间的隔阂，互谅互让，最后达成和解协议。先行调解的前提是当事人必须自愿接受调解，任何一方或者双方当事人不愿调解的，仲裁机构就不能进行调解，而应开庭强制裁决。而当事人同意调解，但经过仲裁机构调解后仍不能达成一致协议的，也应及时裁决，不能久拖。调解达成协议的，仲裁机构应当制作调解书或者裁决书，分别下达给当事人双方。

3. 平等行使权利原则

在仲裁中，无论是申请人还是被申请人，在法律面前都是平等的，都有权享有仲裁程序中规定的各项权利，如陈述事实、场上辩论、提供证据、聘请律师参加等。因此，仲裁机构在处理争议过程中，应保障当事人平等地行使这些权利，任何人都不例外。

4. 一次裁决原则

所谓一次裁决，是指仲裁机构对合同争议实行一裁终审制，即裁决一经做出就具有法律效力，当事人必须执行，不得申请复议，也不得另行向人民法院起诉。一次裁决的优点是能够迅速解决争议，尽可能避免因争议久拖不决所带来的当事人损失的扩大及因此而带来的其他不良影响。

5. 独立仲裁原则

这一原则是指，仲裁机构受理合同争议后，依法享有独立仲裁权，不受行政机关、其他单位和个人的干涉，能够在其职权范围内独自对争议做出具有法律效力的最终裁决。当然，独立行使仲裁权并不意味着仲裁活动不受监督，人民法院有权对仲裁活动进行监督，有权对违法的裁决予以撤销或不予执行。

10.5　IT 项目合同诉讼

10.5.1　诉讼的含义与特点

1. IT 项目合同争议诉讼的含义

诉讼是解决合同争议的最后方式，是指人民法院根据争议双方的请求、事实和法律，依法做出裁判，从而解决争议的方式。当事人没有订立仲裁协议或者仲裁协议无效的，可以向人民法院起诉，要求人民法院解决合同争议。人民法院应当依法审理，及时做出判决。

基于所要解决的案件的不同性质，诉讼可以分为民事诉讼、刑事诉讼和行政诉讼。在民事诉讼中，原告与被告只是称谓不同，双方当事人法律地位平等，审判实践表明，原告起诉不一定都有理，被告不一定都败诉。因此，无论是作为原告还是被告，发生合同纠纷的当事人都应当合理运用法律手段维护自己的合法权益，通过诉讼解决纠纷。

2. IT 项目合同争议诉讼的特点

1）判决的严格性

与其他解决纠纷的方式相比，诉讼程序和实体判决都应当严格依法进行。

2）当事人的平等性

诉讼当事人在程序和实体上的地位平等。原告起诉，被告可以反诉；原告提出诉讼请求，被告可以反驳诉讼请求。

3）二审终审

合同双方如果不服从一审人民法院判决，可以上诉至第二审人民法院。IT 项目合同争议经过两级人民法院审理，即告终结。

4）执行的强制性

诉讼判决具有强制执行的法律效力，合同双方可以向人民法院申请强制执行。

10.5.2　诉讼注意事项

采用诉讼方式解决争端时，有一些事项需要加以注意。

（1）合同争议的起诉地点

为了方便合同争议的解决，合同双方当事人可以约定打官司的法院，但只限于与合同有关联地方的法院，即被告或原告住所地、合同签订地、合同履行地、标的物所在地的人民法院。

（2）合同争议起诉状的提交地点

当事人通常应当向被告所在地的人民法院起诉，这也就是常说的"原告就被告"原则。

（3）合同争议的诉讼时效

向法院请求保护民事权利的诉讼时效一般为 2 年，涉外合同诉讼时效为 4 年。因产品存在缺陷造成损害，而提出损害赔偿的诉讼时效是 2 年。有特殊情况的，人民法院可以延长诉讼时效。但是无论哪种特殊情况，从权利被侵害之日起超过二十年的，人民法院均不予保护。

（4）诉讼保全

诉讼保全是一种民事诉讼法律制度，主要是针对因合同当事人一方行为或者其他原因，使判决不能执行或者难以执行的案件。如对方当事人提出申请，法院可以根据对方当事人的申请，依职权对一方当事人的财物进行查封、扣押、冻结并向对方当事人提供担保。具体是指，在诉讼过程中，如果一方当事人发现对方当事人的财产有灭失或转移的迹象，有可能使自己申请给付的诉讼难以达到预期的目的，那么一方当事人可以在法院正式判决之前，先行向法院申请诉讼保全，以保证自己权利的实现。需要注意的是，申请诉讼保全的一方应有胜诉的把握，一旦败诉，就要按规定赔偿对方当事人因诉讼保全所遭受的财产损失。

（5）调解及判决

法院在受理一方当事人的起诉案件时，有必要尝试对双方当事人进行调解。如果经过调解双方达成了协议，调解协议即具有法律效力，双方要认真执行，否则法院将强制执行。如果调解不成，则要做出判决或裁定。当事人对判决或裁定不服的，可以在规定日期内向上一级法院提起上诉。超过了上诉期当事人没有上诉的，那么一审判决或裁定即发生法律效力，当事人必须执行。另外，二审法院作出的判决、裁定，是终审的判决、裁定，当事人必须执行。

10.6 IT 项目合同 DAB

在许多国际工程承包合同中，合同双方往往愿意采用 DAB（争端裁决委员会）或 DRB（纠纷审议委员会）方式解决争议。这不同于调解，也不同于仲裁或诉讼。在 FIDIC 合同中采用的是 DAB 方式。

10.6.1 DAB 的任命

根据工程项目的规模和复杂程度，争端裁决委员会可以由 1 人、3 人或者 5 人组成，人员任命方式有以下 3 种：

（1）常任争端裁决委员会；

（2）特聘争端裁决委员会，由只在发生争端时任命的一名或三名成员组成，他们的任期通常在 DAB 对该争端发出其最终决定时期满；

（3）由工程师兼任。

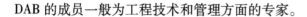

DAB 的成员一般为工程技术和管理方面的专家。

10.6.2　DAB 的优点

采用 DAB 方式解决纠纷有以下优点：

（1）DAB 委员可以在项目开始时就介入项目，了解项目管理情况及其存在的问题；

（2）DAB 委员具有公正性、中立性；

（3）周期短，可及时解决争议；

（4）DAB 的费用较低；

（5）DAB 委员是发包人和承包人自己选择的，其裁决意见容易为他们所接受；

（6）DAB 提出的裁决不是强制性的，不具有终局性。

10.7　案　例

1. 项目背景

2016 年 4 月 12 日零点整，某团购网站公布了一条"原价 50 元的 MQ 现金券仅售 29 元"的团购促销活动，也就是说消费者如果在网上买了团购券就只需要出 29 块钱就可以在 MQ 的实体门店领取价值 50 元的冰淇淋，没过多久就有上万名消费者在网上成功团购到该活动券，但是该团购活动于 12 日 13 点的时候就结束了。该团购网站发表声明说，这次团购活动已经和 MQ 签署了相关的合作协议，在团购网站页上显示有 2 月 26 日双方加盖公章的正式合同的扫描件和 1 月 28 日某团购网站向 MQ 付预付款的汇款凭证，而且上面还明确地标注了：这次团购活动是由该团购网站组织的，参与团购的大众消费者将会与该团购网站产生直接的买卖合同关系。但是在团购的那天 MQ 的官方网站门户上却发出了声明，表示公司并没有和该团购网站有过相关合作，并且表示该团购网站上显示的合同协议书是假的，而且该合同公章还涉嫌假冒伪造，MQ 也没有发给该团购网站任何的现金券和优惠券。该团购网站对于这个问题给出的解释是 MQ 对这次团购活动的声明是因为在价格方面没有办法应对各种供应商的压力而做出的无奈之举。在这起合同纠纷案件中，由于给消费者的利益造成了多方面影响，所以该团购网站决定采用先行赔付机制，首先向所有先前团购成功的消费者进行了全额退款，也就是每位消费者返还 50 元到该消费者的账户余额上。但是该团购网站与 MQ 的纠纷到此并没有结束，对于这起合同纠纷事件的最终结果，法官一定会做出公断，如果该团购网站所提供的合同扫描件都是假的，合同没有法律效力，则该团购网站涉嫌欺骗消费者，那么消费者有权要求该团购网站给予双倍补偿，但是如果经过证明发现该合同是真的，则 MQ 方属于违约，需要承担由此造成的一系列违约责任。

2. 案例的法律分析

1）网络团购的概念及分类

网络团购最先是起源于美国的 Groupon 式团购模式，Groupon 最早建立于 2009 年，主要是以网友团购作为经营卖点方式，其显著的特点是每天仅仅推出一款产品供网友选购，并且一个人一天只能拍一次，这个团模式在线下有着大规模的销售团队。没过多久国内的团购网站就开始纷纷效仿这种销售模式，一夜之间团购网站如雨后春笋般陆续诞生，例如美团网、百度糯米、唯品会、聚美优品、京东等全都出现了，从此之后国内进入了网络团购迅猛发展的时代，到现在已经成立了数万家团购网站。网络团购同时又叫作网络团体采购，是近年来新兴的一种利用互联网购物的模式，是继 B2B、B2C、C2C 之后的一种全新的电子商务模式。Robert J. Kaufman 曾在 2003 年就将网上团购定义为利用互联网将有购买意向的众多消费者联合起来从而提高对供应商的议价能力，最后达到可以用相对较低廉的价格购买到合意的较昂贵的商品。

当前的网络团购模式一般具体分为以下两种。

（1）自发团购，也就是消费者在网络上自愿进行的团购模式。这种团购通常出现在具有一定共同购买意向的消费者中，他们在网络上召集大家共同购买，因为集体购买可以达到较多的数量所以可以在价格上得到比较大的优惠，也就是薄利多销的原理，网上团购的合同协议书中主要有两方利益主体——消费者和销售者，他们之间的法律关系往往很简单。

（2）营销团购，即销售者网络组织所形成的团购行为。这种团购方式可以用于进行销售者自发组织的批发活动，这是一种薄利多销的销售手段。和第一种方式一样，这种团购方式同样也只有两方消费主体——消费者和销售者，没有第三方的参与。这种网络团购合同模式与传统的合同模式有着非常大的区别，其在合同的主体、合同主体之间的法律关系及合同的效力等方面都有着显著的不同，这种团购形式正是本文所要讨论的对象——商业网络团购。

2）商业网络团购的主体

商业网络团购的参与主体一般都有三方当事人——消费者、销售者和团购网站。消费者与销售者之间的关系往往比较简单，只有买卖合同或者服务合同。但是团购网站和消费者及销售者之间的关系变得特别复杂，这主要是由团购网站的法律定位所引起的。

上述案件中 MQ 首先是案件的适合主体，MQ 方的被告的抗辩权事由是根据合同的相对性决定的。这个案件中主要存在三个不同的合同：消费者与 MQ 之间的服务合同、MQ 与该团购网站之间的合作协议还有消费者与该团购网站的买卖合同。这三个合同和三个合同主体都是紧密联系的。虽然签订买卖合同的直接双方是该团购网站和消费者，但是在消费者购买团购券并付款之后，便立刻在消费者和 MQ 之间产生了服务合同，所以 MQ 的责任也是不可推卸的，MQ 和该团购网站都是本案件的适合主体。如果该团购网站和 MQ 之间并没有达成一致的有效的合作协议，该团购网站的行为涉嫌对消费者进行了严重欺诈，所以消费者有权利要求得到双倍赔偿。

第 *11* 章
IT 项目合同条款及合同条件

11.1 IT 项目合同条款

合同条款是采购人和成交供应商应共同遵守的基本原则。从法律文书的角度来看，合同的各项条款构成合同的内容。因此，合同条款应当明确、完整，各个条款之间不能相互矛盾，否则将影响合同成立、生效及履行。对于 IT 项目合同来说更是如此，因此需要对 IT 项目合同条款进行全面的了解及分析，这样不但能在合同签订时有效地避免一些不必要的问题，而且有助于合同的管理。

11.1.1 合同条款分类

根据合同条款的地位和作用，合同条款主要有以下内容。

1. 必备条款和非必备条款

必备条款即主要条款，顾名思义，缺少这些条款将影响合同的成立，是指根据合同的性质和当事人的特别约定所必须具备的条款。非必备条款即普通条款，即使合同不具备这些条款也不应当影响合同的成立，如有关履行期限、数量、质量等条款。如缺少这些条款，可以根据《中华人民共和国合同法》第六十一条、第六十二条的规定填补漏洞。《中华人民共和国合同法》第十二条规定，合同一般包括当事人的名称、住所、标的、数量、质量等八项条款，有人称这些是合同的提示条款，这些条款中有合同必备条款，也有非必备条款。

2. 格式条款和非格式条款

格式条款是指由当事人一方为了反复使用而预先制订的条款，在订立合同时只能按照格式进行，不能与对方协商。而非格式条款则是指当事人在订立合同时可以与对方协商、可以灵活做出改变的条款。从定义可以看出两者最主要的区别在于格式条款预先拟定、未与对方协商。

3. 实体条款和程序条款

凡是规定当事人在合同中所享有的实体权利义务内容的条款都是实体条款，如有关合同标的、数量、质量的规定等。程序条款主要是指当事人在合同中规定的履行合同义务的程序及当事人在合同中规定的解决合同争议的条款。

4. 有责条款和免责条款

有责条款即违约条款，是指当事人在合同中约定的，当事人违反合同应承担的责任条款。相反地，免责条款指当事人在合同中约定的，免除其未来责任的条款。

11.1.2 合同条款分析

软件项目合同对软件环境、实施方法、双方的权利义务等方面的重要条款规定是否具体可行，对项目实施能不能达到预期，或者在发生争议纠纷时能否公平解决等方面具有决定性的作用。因此，有必要对软件项目合同主要条款进行分析。

1. 与软件、软件产品有关的合法性条款

1）软件的合法性条款

软件的合法性，主要表现在软件著作权上。只有软件的著作权清晰明了，客户所在单位才能避免因使用该软件而侵犯他人知识产权的行为。只有明确了软件系统的著作权主体，才能确定合同付款方式中采用的"用户使用许可报价"方式是否合法。因此，如果项目采用的是已经产品化的软件，应在实施合同中明确记载该软件的著作权登记版号。如果没有进行软件著作权登记，或者项目完全是由客户单位委托软件开发商独立开发，则应当明确规定开发商承担软件系统合法性的责任。

2）软件产品的合法性条款

根据我国《软件产品管理办法》的相关规定，凡在我国销售的软件产品，必须经过登记和备案。无论是软件开发商自己生产的还是委托加工的软件产品，如果没有经过有关部门的登记和备案，所有的实施行为都是无效的。如果软件是接受客户单位的委托而开发的，并且是客户单位自己专用的软件，则不用进行登记和备案。因此，在签订信息化项目实施合同时，如果采用的软件系统的主体是一个独立的软件产品，就应当在合同中标明该软件产品的登记证号。

2. 与软件系统有关的技术条款

1）与软件系统匹配的硬件环境

一是软件系统适用的硬件技术要求，包括主机种类、性能、配置等；二是软件系统支撑的硬件配置和硬件网络环境，包括服务器、台式终端、移动终端、掌上设备、打印机、扫描仪等外部设备；三是客户单位现有的、可运行软件系统的计算机硬件设备，以及项目中对该部门设备的利用。签订硬件环境条款的目的，是有效地整合现有设备资源，减少不必要的硬件开支。同时，也可以防止日后发生软件系统与硬件设备不配套的情况。

2）与软件匹配的数据库等软件系统

软件要与数据库软件、操作系统相匹配才能发挥其作用。因此，在项目合同中，必须明确这些匹配软件的名称、版本号、数量，以便客户单位能够尽早购买相应的软件系统，为项目实施做准备。

3）软件的安全性、稳定性保证

我国对计算机信息系统的安全、保密方面已经有明确的规定。计算机信息系统的安全保护，应当保障计算机及其相关的和配套的设备设施、网络的安全，保障运行环境的安全，保障信息的安全，保障计算机功能的正常发挥，维护计算机信息系统的安全运行。这种保证对今后的保修、维护，甚至终止合同、退货、争议的解决等都有重要的作用。另外，合同中还应该对信息化管理软件的稳定性等进行文字化表述，以确定客户单位在实际运用中要求提供商进行技术维修。

3. 软件适用的标准体系方面的条款

软件是否符合相关的标准规范，对客户单位来说至关重要，特别是对一些特殊行业的生产性企业，是能否进行生产的必要条件。例如，药品企业的管理软件系统，必须保证与其匹配的企业相关的业务流程和管理体系符合 GMP 质量认证标准。否则，就很可能引起纠纷。所以，客户单位在签订实施合同之前，必须与软件提供商确定软件对有关标准的支持或符合的程度。一般情况下，除了上述计算机信息安全方面的标准外，管理软件设计的标准有以下几类：会计核算方面的标准、通用语言文字方面的标准、产品分类与代码方面的标准、通用技术术语方面的标准、国家强制性质量认证标准等。

在合同中，要指明适用的标准，或者符合哪项要求，或者应有利于客户单位在实施过程中进行标准化管理。

4. 软件项目实施方面的条款

软件项目实施方面的条款通常包括项目实施定义、项目实施目标、项目实施计划、合同双方在项目实施中的权利与义务、项目实施的具体工作与实施步骤、项目的实施与变更、项目验收等主要内容。下面分别对这些内容中涉及的条款进行详细的说明。

（1）项目实施定义。项目实施定义是确定整个项目实施范围的条款，从表面上看，它没有具体的实质性内容，但实际上它是项目实施的纲领，其他具体条款都是在它的框架下生成的。例如，把实施完毕的标志定义为以软件系统安装调试验收为终点，还是以客户单位数据录入的试运行结束为终点，差别就很大。前一种情况下，软件提供商只要把软件系统安装成功就完成了实施任务，可以收取全额实施费用，而不承担软件系统适用性的任何风险；后一种情况却要承担在试用期的风险。按照我国法律规定，在试用期内，客户单位有权决定是否购买标的物。因此，在实施合同中签订这个条款对维护双方的权利至关重要。

（2）项目实施目标。项目实施目标是通过项目的全部实施，使客户单位获得的技术设备平台和达到的技术操作能力。在实施合同中约定的项目实施目标，是项目验收的直接依据和标准，是合同中最重要的条款之一。但是，在当前，相当一部分合同中并没有这个条款，而是把它放在软件提供商的项目实施建议书中。如果该建议书是合同的附件，与合同具有同等的效力，其约束力还是比较强的；如果不是合同的附件，其效力的认定就是一个比较复杂的问题了。

（3）项目实施计划。项目实施计划是双方约定的整个实施过程中各个阶段的划分、每个阶段的具体工作及所用时间、工作成果表现形式、工作验收方式及验收人员、各时间段的衔接与交叉处理方式，以及备用计划或变更计划的处理方式。项目实施计划是合同中最具体的实施内容之一，有明确的时间界限，对软件提供商的限制性很强。因此，通常情况下它是最容易发生争议的环节。

（4）合同双方在项目实施中的权利与义务。双方的权利与义务一般体现在以下几个方面：组建项目组；对客户单位实际状况的了解与书面报告；提交实施方案；实施过程中的场地、人员配合；对客户方项目组成员的技术培训；软件安装及测试、验收；客户方的数据录入与系统切换；新设备或添加设备的购买；实施工作的质量管理认证标准等。

（5）项目实施的具体工作与实施步骤。双方签约文件中必须包括项目实施的具体工作及其实施步骤，不管是体现在合同中，还是表述在双方签字的项目实施计划中。具体工作应逐一列出。同时，应标出工作人员、工作内容、开始与结束的时间、工作场所、验收方式与验收人、工作验收标准等内容。实施步骤是把具体工作做成一个完整的流程，使双方都明确应当先做什么，后做什么，知道自己工作的同时知道对方在干什么，便于相互间的配合与理解。

（6）项目的实施与变更。从软件本身的结构上看，通常情况下是由软件开发商，根据客户单位的实际情况对自己的软件系统进行客户化改造与变更。这样做既可以保证软件修改的质量，又在合同的权利义务的分配上比较合理。在实施过程中对软件系统的客户化改造与变更，必须按照合同规定的程序进行，不能随意处理。为了简化书面形式，可制订一个固定格式的软件修改需求表，双方在提出及确认需求、修改完毕时在同一张表上签字。在双方签署的合同或实施计划中，软件提供商应当明确声明软件系统不能修改的范围，以避免误导客户、侵犯客户知情权及妨碍后续软件模块使用等行为的发生。

（7）项目验收。由于软件系统涉及的业务流程较多，实施过程中分项目、分阶段实施的情况经常存在，因此，会有不同类型的验收行为。体现在实施合同中，就应当明确约定各个验收行为的方式及验收记录形式。通常，验收包括对实施文档的验收、软件系统安装调试的验收、培训的验收、系统及数据切换的验收、试运行的验收、项目最终验收等。软件的验收要以企业的项目需求为依据，最终评价标准是它与原来的工作流程与工作效率，或者是原有系统相比的优劣程度，只有软件的功能完全解决了企业的矛盾，提高了工作效率，符合企业的发展需要，才可以说项目是成功的。

11.1.3　合同条款内容

1. 定义

合同中的术语解释如下。

（1）"合同"是指买方、见证方与卖方签署的、合同格式中载明的买方与卖方所达成的协议，包括所有的附件、附录和构成合同的所有文件。

（2）"合同价"是指根据合同规定，卖方在正确地完全履行合同义务后买方应支付给卖方的价格。

（3）"软件产品"是指卖方根据合同规定完成信息系统开发项目，项目应向买方提供的一切计算机软件、备件、工具、手册、技术资料及其他材料等。

（4）"服务"是指根据合同规定卖方承担与供货有关的辅助服务，如运输、保险及其他的伴随服务，比如安装、调试、测试、提供技术服务、培训和其他所有的卖方应承担的义务。

（5）"买方"是指前附表中所述购买软件产品和服务的单位。

（6）"卖方"是指前附表中所述提供软件产品和服务的中标供应商。

2. 技术性能

卖方所提供软件产品和服务的技术规格、内容应与招标文件规定的技术规范相一致；若技术性能无相应说明，则按国家有关部门最新颁布的标准及规范为准。

3. 专利权及版权

本项目所有软件的成果所有权归买方。未经买方同意，不得擅自扩散或提供给第三方使用。中标单位对买方提供的业务资料、技术资料应严格保密，不得扩散。卖方应保证买方在使用、接受本合同软件产品和服务或其任何一部分时不受第三方提出侵犯其专利权、版权、商标权和工业设计权等知识产权的起诉。一旦出现侵权，由卖方负全部责任。

4. 包装要求

（1）除合同另有规定外，卖方提供的全部软件产品均应按标准保护措施进行包装。该包装应适应于远距离运输、防潮、防野蛮装卸，以确保软件产品安全无损运抵指定现场。由于包装不善所引起的损坏和损失均由卖方承担。

（2）每件包装箱内应附一份详细装箱单和质量合格凭证。

5. 装运条件

所有软件产品以交到为准，在此前的一切运输、保险费用均由卖方负担。

6. 付款

（1）本合同以人民币付款。

（2）卖方应按照与买方签订的合同规定交货。交货后卖方应向买方提供下列单据：发票、质量检验证书、装箱单、买方加盖公章证明交付使用合格的验收证明文件、有关本项目的所有技术文档资料，按合同规定审核后付款。

（3）按"合同条款前附表"规定的付款计划安排付款。

7. 伴随服务

（1）卖方应按照投标文件的承诺和合同中所附的服务承诺提供服务。

（2）除第1条规定外，卖方还应提供下列服务：软件产品的现场安装和启动监督；提供软件产品安装和维护所需的工具；在合同中卖方承诺的期限内对所提供软件产品实施运行监督、维护，但前提条件是该服务并不能免除卖方在质量保证期内应承担的义务；在软件产品交货现场就设备的安装、调试、启动、运行、维护等对买方人员进行培训。

（3）伴随服务的费用应含在合同价中，不单独进行支付。

8. 质量保证

（1）卖方应保证软件产品是全新、未使用过的，是经过合法渠道进货的原装合格正品，并完全符合合同规定的质量、规格和性能的要求。卖方应保证其软件产品在正确安装、正常使用和保养条件下，在其使用寿命期内应具有满意的性能。项目最终验收后，在质量保证期内，卖方应对由于设计、开发、编制、工艺或选型等的缺陷而发生的任何不足或故障负责，费用由卖方负担。

（2）在交货之前，卖方应对提供的软件质量、规格、性能和数量进行精确和全面的检测，并出具证明产品与投标文件相符的证明书和质量检验证书。投标书所规定的品牌型号不得变更，如特殊原因确需变更，则要求证明替代品更优更好且价格不得变动。

（3）交付使用前出现任何不合格情况，一律退换新品。在质量保证期内发生的软件损坏和性能不合格（非使用不当原因造成），除买方同意修复者外，可以退换新品。

（4）根据第三方技术机构测试、检验结果或者在质量保证期内，如果软件产品的数量、质量、性能或规格与合同不符，或证明软件产品是有缺陷的，包括潜在的缺陷或使用不符合要求的材料等，买方以书面形式向卖方提出本保证下的索赔。

（5）卖方在收到通知后，应在合同中所附服务承诺约定的时间内主动协助买方对软件免费维修、修改有缺陷的软件产品。

（6）如果卖方在收到通知后，在合同中所附服务承诺约定的时间内没有弥补缺陷，买方可采取必要的补救措施，但风险和费用将由卖方承担。

（7）履行合同的过程中，确因在现有水平和条件下难以克服的技术困难，导致部分或全部失败所造成的损失，风险责任由卖方全部承担。达不到项目规定的技术指标，卖方应当承担违约责任。承担方式和违约金额如下：每超期 10 天，扣合同金额的 3%；累计超期 30 天，买方有权终止执行合同，并没收履约保证金。

9. 检验

（1）在发货前，卖方应对软件产品的质量、规格、功能、性能、数量等进行准确而全面的检验，并出具一份证明软件产品符合合同规定的证书。该证书将作为提交付款单据的一部分，但有关质量、规格、性能、数量等的检验不应视为最终检验。卖方检验的结果和细节应附在检验证书后面。

（2）买方将在卖方交货现场组织验收，如果软件产品的性能、质量和规格等与合同规定不符，或在质量保证期内发现软件产品是有缺陷的，包括潜在缺陷或使用不符合要求的材料，买方应报请当地质检部门或权威检测机构进行检查，并有权凭其出具的检测、检验报告向卖方提出索赔。

（3）验收不合格的软件产品，卖方应在三个工作日内予以更换，逾期按交货延误予以处罚。

（4）买方的所有验收均不免除卖方承担在软件或项目施工中的缺陷的责任。

10. 索赔

（1）买方有权根据质检部门或权威检测机构出具的检验、检测报告，向卖方提出索赔。

（2）根据合同规定的检验期和质量保证期内，如果卖方对买方提出的索赔和差异负有责任，卖方应按照买方同意的下列一种或多种方式解决索赔事宜：卖方同意退货，并按合同中规定的货币将货款退还给买方，并承担由此发生的一切损失和费用，包括利息、银行手续费、运费、保险费、检验费及为保护退回软件产品所需的其他必要费用。根据软件产品的低劣程度、损坏程度及买方所遭受损失的数额，卖方必须降低软件产品的价格。用符合合同规定的规格、质量和性能要求的新软件、部件或设备来更换有缺陷的部分，卖方应承担一切费用和风险并负担买方所蒙受的全部直接损失费用。同时，卖方应按合同规定，对更换件相应延长质量保证期。

（3）如果在买方发出索赔通知后 20 天内，卖方未作答复，上述索赔应视为已被卖方接受，如卖方未能在买方提出索赔通知后 20 天内或买方同意的更长时间内，按照合同规定的任何一种方法解决索赔事宜，买方将从卖方开具的履约保证金中扣回索赔金额，或采用法律手段解决索赔事宜。

11. 卖方交货延误

（1）卖方应按合同规定的交货期交货和提供服务，并交付买方验收使用。

（2）如果卖方无正当理由拖延交货和提供规定的服务，将受到以下制裁：没收履约保证金，加收误期赔偿或终止合同。

（3）在履行合同过程中，如果卖方遇到不能按时交货和提供服务的情况，应及时以书面形式将不能按时交货的理由、可能延误的时间同时通知买方和见证方。买方在收到卖方通知后，应对情况进行分析，决定是否修改合同、酌情延长交货时间或终止合同；同时保留按第 1 条规定对卖方进行制裁的权利。

12. 误期赔偿

除合同条款第 13 条规定外，如果卖方没有按照合同规定的时间交货和提供服务，买方将从货款中扣除误期赔偿费而不影响合同项下的其他补救方法，赔偿费按迟交软件产品或未提供服务每天计收 0.3% 合同总额，直至交货或提供服务为止。但误期赔偿费的最高限额为误期软件产品或总合同价的 9%。一旦达到误期赔偿的最高限额，买方可考虑终止合同。

13. 不可抗力

（1）尽管有合同条款第 11 条、第 12 条和第 17 条的规定，如果卖方因不可抗力而导致合同实施延误或不能履行合同义务的话，不应该被没收履约保证金，也不应该承担误期赔偿的责任。

（2）本条所述的"不可抗力"是指那些卖方无法控制、不可预见的事件，但不包括卖方的违约或疏忽。这些事件包括：战争、严重火灾、洪水、台风、地震及其他买方和卖方商定的事件。

（3）在不可抗力事件发生后，卖方应尽快以书面形式将不可抗力的情况和原因通知买方。除买方书面另行要求外，卖方应尽实际可能继续履行合同义务，以及寻求采取合理的方案履行不受不可抗力影响的其他事项。如果不可抗力事件影响时间持续 30 天以上时，买方有权终止与卖方的合同，买方也可以和卖方通过友好协商在合理的时间内达成进一步履行合同的协议。

14. 税费

软件产品交付买方验收合格前发生的一切税费均由卖方负担。

15. 履约保证金

如卖方未能履行合同规定的义务，买方有权从履约保证金中取得补偿。

16. 仲裁

（1）在执行合同中所发生的或与合同有关的一切争端，买方和卖方应通过友好协商的办法进行解决。如从协商开始 30 天内仍不能解决，应将争端提交有关省、市政府或行业主管部门寻求可能解决的办法。如果提交有关省、市政府或行业主管部门后 30 天内仍得不到解决，则应申请仲裁。

（2）仲裁应根据《中华人民共和国仲裁法》的规定向仲裁委员会申请仲裁。

（3）仲裁裁决为最终裁决，对买方和卖方均有约束力。

（4）在仲裁期间，合同应继续执行。

17. 违约终止合同

（1）在买方对卖方违约而采取的任何补救措施不受影响的情况下，买方可向卖方发出终止部分或全部合同的书面通知书。如果卖方未能按合同规定的期限或买方同意延长的限期内提供部分或全部软件产品；卖方在收到买方发出的违约通知后 20 天内，或经买方书面认可延长的时间内未能纠正其过失；卖方未能履行合同规定的其他义务。

（2）在买方根据上述第 1 条规定，终止了全部或部分合同后，买方可以依其认为适当的条件和方法购买与未交软件产品类似的软件产品，卖方应对买方购买类似软件产品所超出的那部分费用负责。但是，卖方应继续执行合同中未终止的部分。

18. 破产中止合同

如果卖方破产或无清偿能力时，买方在任何时候书面通知卖方中止合同而不给卖方补偿。该中止合同将不损害或影响买方已经或将要采取的补救措施的权利。

19. 转让

除买方事先书面同意外，卖方不得部分转让或全部转让其应履行的合同义务。

20. 合同生效及其他

（1）合同应在买方、卖方、见证方签字，并在卖方向见证方交纳履约保证金后生效。

（2）合同一式四份，以中文书写，买方、卖方、见证方、单位各执一份。

（3）如需修改或补充合同内容，应经买方、卖方、见证方协商一致，签署书面修改或补充协议。该协议将作为本合同不可分割的一部分。

（4）合同应按照中华人民共和国的现行法律进行解释。

合同条款中的定义条款对合同中的术语作出了解释，技术性能条款规定了卖方所提供产品的技术规格应与招标文件规定的技术规范相一致。专利权条款保证了使用方在使用该产品时不受第三方提出侵犯其专利权、商标权和设计权的起诉，一旦出现专利侵权，卖方应负全部责任。包装要求条款规定卖方提供的全部软件产品均应按标准保护措施进行包装，以确保软件产品安全无损运抵制定现场。付款条款指定了合同的付款方式及付款凭据。伴随服务条款规定了卖方应提供的各项服务。质量保证条款指出卖方应保证其产品在其质量保证期内使用应具有满意的性能。索赔条款详细说明了关于解决索赔事宜的一系列方式。不可抗力条款指出因不可预见的事情而导致合同实施延误或不能履行合同义务不应该承担误期赔偿或终止合同的责任。税费条款规定对卖方征收的与本合同有关的一切税费均由卖方负担。违约终止合同条款指出在买方和见证方对卖方违约而采取的任何补救措施不受影响的情况下，买方和见证方可向卖方发出终止部分或全部合同的书面通知书。破产中止合同条款指出如果卖方破产或无清偿能力，买方和见证方可在任何时候以书面形式通知卖方中止合同而不给卖方补偿。转让条款规定除买方和见证方事先书面同意外，卖方不得部分转让或全部转让其应履行的合同义务。

11.2　IT 项目合同条件

目前，IT 项目还没有形成较为完整的标准技术条件和合同条件体系。因此，IT 项目合同体系的建立可以参考 FIDIC 合同条件、NEC 合同条件及国家发展和改革委员会、财政部、建设部、交通部、铁道部、信息产业部、水利部、民航总局、广电总局九部委联合发布的《标准施工招标文件》等。通常，标准条件包括标准合同条件和标准技术条件。

11.2.1　标准合同条件

1. 土木工程标准合同条件

1）FIDIC 合同条件

FIDIC 合同，是指由 FIDIC 制定并推荐使用的合同条件，其特点是由通用条款和专用条款共同构成，制约各方的权利和义务，它是国际咨询工程师联合会编写的土木项目合同条件，唯一专门为土木项目施工在全世界范围发行的标准合同条件。FIDIC 合同条件文本主要包括通用条件和专用条件两个部分，在使用中可利用专用条件对通用条件的内容进行修改和补充，以满足各类项目和不同需要。

FIDIC 系列合同条件的优点是：

（1）具有国际性、通用性、公正性和严密性；

（2）合同各方职责分明，各方的合法权益可以得到保障；

（3）处理与解决问题程序严谨，易于操作。

FIDIC 合同条件把与工程管理相关的技术、经济、法律三者有机地结合在一起，构成了一个较为完善的合同体系。虽然 FIDIC 出版的合同条件大都是跟工程施工有关的，但 IT 项目合同也有可以借鉴的地方。

2）NEC 合同条件

NEC 合同条件是由英国土木工程师协会编制的工程合同体系。立足于工程项目实践，主要条款都用非技术语言编写，合同语句言简意赅，避免了特殊的专业术语和法律术语。NEC 合同条件包括六种主要选项条款、九项核心条件、十五项次要选项条款，发包人可以从中选择适合自己项目的条款。从这个层面上讲，NEC 的灵活性体现了自助餐式的合同条件，适用范围十分广泛。

NEC 合同条件具有现有的其他标准合同条件所无法比拟的优点。

（1）适用范围广。

NEC 合同立足于工程实践，主要条款都用非技术语言编写，避免特殊的专业术语和法律术语。设计责任不是固定地由发包人或者承包人承担，可根据项目的具体情况由发包人或承包人按一定的比例承担责任；工程款支付方式和次要条款可以根据需要自行选择。

（2）为项目管理提供动力。

随着项目管理模式的发展和变化及新的项目采购方式的应用，现有的合同条件不能满足项目的参与各方。而 NEC 强调沟通、合作，通过对合同条款清晰定义，促进项目目标有效地控制。

3）九部委颁布的标准合同条件

由国家发展和改革委员会、财政部、建设部、交通部、铁道部、信息产业部、水利部、民航总局、广电总局九部委联合发布的《标准施工招标文件》于 2008 年 5 月 1 日起试行，内含标准合同通用条款和专用条款。基于通用施工合同条款约 80% 的条款均直接取自于 FIDIC1999 年施工合同条件的事实，业内专业人士认为，《标准施工招标文件》中的通用施工合同条款是中国版的 FIDIC 施工合同条件。《标准施工招标文件》中另外 20% 的条款是根据中国国情对 FIDIC 条件进行的修订、简化、细化和增补。《标准施工招标文件》在相关章节中设置了"专用合同条款"。对于不可能事先确定下来，以及需要招标人根据招标项目具体特点和实际需要补充细化的内容，由招标人在"专用合同条款"中再行补充。

2. 信息系统项目标准通用合同条件

信息系统项目标准通用合同条件包括以下几方面：

（1）业主、承包人、监理人权利义务条款；

（2）合同及其解释条款；

（3）合同内容条款；

（4）合同争议解决条款；

（5）合同索赔条款；

（6）开工与完工条款；

（7）质量条款；

（8）违约条款；

（9）供应、安装、测试、试运行和系统的接收条款；

（10）风险、不可抗力、保险条款等。

11.2.2　标准技术条件

信息系统项目标准技术条件包括以下内容：

（1）系统目标条款；

（2）系统将要满足的业务要求条款；

（3）系统功能实施要求条款；

（4）计算机硬件规范条款；

（5）软件规范条款；

（6）系统管理、实施和安全规范条款；

（7）测试、试运行条款；

（8）信息技术、资料、其他货物和服务的描述条款；

（9）信息技术之间的集成和互用性条款等。

11.2.3　项目技术要求

项目系统建设部分要充分考虑与推荐产品相配合、高效、稳定、安全的软硬件产品，其中软件系统要求 B/S 结构，以满足跨区域进行集中管理的需求，保证整个管理系统采用统一的应用软件、硬件体系结构、协议和标准，使系统能高效地运行。按不限制并发用户数设计硬件系统平台。

1. 主机系统、存储设备、备份系统设计要求

主机系统及存储设备的选型，需充分考虑设备的无故障率，较好的性能价格比，良好的兼容性和扩充性。所选的操作系统及开发工具应成熟、稳定、开放、易于开发及维护。备份系统选择应充分考虑性能价格比，不同的应用系统应尽量采用相同的备份方案。

2. 数据库选型要求

数据库选型需考虑其数据处理能力和并发能力及硬件平台及通信平台的兼容性。充分考虑性能价格比，特别是与现有技术熟悉程度与需求程度相匹配。应充分考虑开发及维护的方便性及维护的成本。

3. 系统架构要求

信息系统应考虑主流和成熟的系统架构，保证业务系统的扩展性及系统在各平台移植时的可行性；应详细说明贵公司所推荐的解决方案的软硬件体系架构（硬件、系统软件、应用软件），如应用到第三方提供的产品如中间件，应说明该产品的性能、产地等并给出具体的性能指标说明或不同产品的对比，如并发用户数、稳定性、扩展性等，并提供应用贵公司解决方案的成功案例。突出信息统一、数据集成的优势，实现初级的数据分析功能，同时为过渡到未来数据挖掘作好准备。

4. 系统安全管理要求

在系统安全管理方面应满足下列要求：

（1）安全措施应在应用程序和操作系统两级分别实现；

（2）系统应在应用程序运行时提供系统管理和进入控制；

（3）系统应能提供按用户的模块功能重设；

（4）系统应为不同的功能应用定义不同级别的安全设置；

（5）遇到服务器崩溃，系统能及时恢复，有效保持正常的运营。

参考文献

[1] 巢国军. C 公司工程项目采购管理的研究 [D]. 成都：电子科技大学，2013：1-20.

[2] 白思俊. 现代项目管理 [M]. 北京：机械工业出版社，2002.

[3] 曹汉平，王强，贾素玲. 信息系统开发与 IT 项目管理 [M]. 北京：清华大学出版社，2006.

[4] 陈立宇. 创发科技软件项目外包采购管理流程优化研究 [D]. 长沙：湖南大学，2013：3-23.

[5] 陈荣秋，周水银. 生产运作管理的理论与实践 [M]. 北京：中国人民大学出版社，2000.

[6] 陈文仰. IT 项目管理中的影响因素分析与对策 [J]. 福建电脑，2006（11）：98-104.

[7] 陈勇强. 项目采购管理 [M]. 北京：机械工业出版社，2002.

[8] 法文玲. IT 企业应重视对项目合同的管理 [J]. 管理科学文摘，2008（3）：62-63.

[9] 樊娟. 高速公路建设工程计量支付系统的设计与实现 [D]. 长沙：湖南大学，2014：10-30.

[10] 菲利普斯. 实用 IT 项目管理 [M]. 冯博琴，译. 北京：机械工业出版社，2003.

[11] 丰景春. IT 项目估价与定价 [M]. 北京：北京交通大学出版社，2011.

[12] 丰景春，杨晨，黄华爱，等. 水利水电工程合同条件应用与合同管理实务 [M]. 北京：中国水利水电出版社，2005.

[13] 冯翀. 浅谈合同争议解决方式之诉讼与仲裁的不同 [J]. 城市建设理论研究，2013（1）：12-15.

[14] 冯煜坤. 浅谈我国 IT 项目管理研究及应用策略 [J]. 中国市场，2014（40）：77-78.

[15] 高薇. 互联网争议解决的制度分析：两种路径及其社会嵌入问题 [J]. 中外法学，2014（1）：1059-1079.

[16] 郭宁. IT 项目管理 [M]. 北京：人民邮电出版社，2012.

[17] 景泽涛. 建设工程项目合同信息管理系统开发与应用 [D]. 成都：电子科技大学，2012：18-43.

[18] 李建苹. 暂估价专业分包工程的合同价款支付控制研究 [D]. 天津：天津理工大学，2014：21-29.

[19] 李小翠. 重型机械制造业物资采购招标评标决策支持系统研究 [D]. 太原：太原理工大学，2010：24-44.

[20] 李勇. IT 项目管理中的影响因素及对策 [J]. 现代商业，2008（14）：60-61.

[21] 李远. IT 项目管理中存在的问题及其改进措施 [J]. 情报探索，2007（4）：115-117.

[22] 林海，杨尊琦. IT 项目管理中应该注意的几个问题 [J]. 数码世界，2003（2）：

194

50 – 51.

[23] 刘绍坚．中国承接国际软件外包的现状、模式及发展对策研究［J］．国际贸易，2007（6）：27 – 32.

[24] 刘硕．浅谈我国 IT 项目管理研究及应用策略［J］．黑龙江科技信息，2014（36）：187 – 188.

[25] 刘玉洁．QZY 信息中心建设项目采购管理评标研究［D］．哈尔滨：哈尔滨工程大学，2007：5 – 30.

[26] 逯舒梅．我国合同条款分类的思考［J］．广州大学学报（综合版），1998（1）：9 – 12.

[27] 吕菱．IT 行业项目管理现状及发展趋势［J］．技术与创新管理，2004（4）：60 – 62.

[28] 梅瑞狄斯．项目管理：管理新视角［M］．郑晟，译．北京：电子工业出版社，2002.

[29] 邱泽国．我国 IT 项目管理研究及应用策略［J］．哈尔滨商业大学学报（社会科学版），2013（1）：55 – 60.

[30] 曲爽．商业网络团购中合同纠纷的法律问题研究［D］．兰州：兰州大学，2013：8 – 26.

[31] 全国注册咨询工程师（投资）资格考试参考教材编写委员会．项目决策分析与评价［M］．北京：中国计划出版社，2007.

[32] 施瓦尔贝．IT 项目管理［M］．杨坤，译．北京：机械工业出版社，2008.

[33] 王成．合同解除与违约金［J］．政治与法律，2014（7）：2 – 11.

[34] 王建东，毛亚敏．建设工程合同的主体资格［J］．政法论坛．2007（4）：171 – 177.

[35] 王盛玮．安全生产信息软件开发项目合同管理研究—以广西水电集团为例［D］．南宁：广西大学，2010：3 – 20.

[36] 王洋．IT 项目成本管理研究［D］．南京：南京理工大学，2011：24 – 44.

[37] 韦献珍．浅议工程管理目标的实现与合同的前期管理［J］．山西建筑，2008（23）：214 – 215.

[38] 文燕．国际软件外包的若干知识产权问题初探［D］．上海：复旦大学，2009：10 – 20.

[39] 吴佳．论合同解除后违约金条款的适用［D］．上海：上海交通大学，2012：22 – 34.

[40] 吴婕．基于互联网的 IT 项目管理方法选择研究［J］．信息系统工程，2016（1）：68.

[41] 项目管理协会．项目管理知识体系指南（PMBOK 指南）［M］．卢有杰，王勇，译．3 版．北京：电子工业出版社，2005.

[42] 忻展红，舒华英．IT 项目管理［M］．北京：北京邮电大学出版社，2006.

[43] 邢春晓．IT 项目管理［M］．北京：机械工业出版社，2015.

[44] 晏玲菊．当事人争议解决方式选择行为研究［J］．上海经济研究，2014（3）：125 – 132.

[45] 晏鹏．D 公司 IT 服务外包管理分析和评价研究［D］．广州：华南理工大学，2012：20 – 47.

[46] 姚纳新．中小企业信息化的项目管理研究［D］．北京：对外经济贸易大学，2003：9 – 18.

[47] 叶俊民．软件工程［M］．北京：清华大学出版社，2006.

［48］于洪玉，常继武．IT 项目管理体系研究与实践分析［J］．金融科技时代，2013（4）：58 - 60.

［49］张娜，王鹏．浅析如何做好 IT 项目管理［J］．信息系统工程，2010（7）：42 - 44.

［50］张志超．IT 项目采购流程管理研究—以 A 日用品公司 IT 项目采购流程管理为例［D］．广州：中山大学，2010：5 - 39.

［51］钟实．电子采购项目管理研究［D］．成都：西南石油大学，2008：22 - 70.

［52］周志银．浅谈工程合同争议及解决对策［J］．黑龙江科技信息，2009（30）：264 - 265.